高等职业教育"十二五"规划教材

高职高专金融类专业任务驱动、项目导向系列化教材

李 建 王雅丽 陈 洁 编著

金融营销

JIN RONG YING XIAO

国防工业出版社

已经推出的理财创新产品就有百余种,但这些创新产品多以吸纳性,趋同性为主,即单纯地模仿国外或同业产品,缺乏个性化。银行产品的同质化现象极其严重,一家银行自主研发出来的产品很快就被同业效仿,严重缺乏自主创新。这种现象出现的原因主要是现在的银行推出理财产品的动机就是单纯的抢占市场份额,而不是真正地从银行的利益出发,是一种单纯的投机行为,有违背银行的经营原则。

(2) 银行金融产品的创新规划的整体性。首先,银行的高层管理者缺乏对于金融产品创新的长远规划,至少应该对于金融产品创新的发展远景做长远计划,金融产品的推出循序渐进,完善各个环节的衔接与操作。这样在首先吸引客户后再针对客户的特点和后续服务等推出金融产品不仅能保障高端客户的不流失,而且还能起到一传十,十传百的更好的宣传效果,为银行带来更多的潜在客户,产品的销售最重要的并不是单纯的销售过程,而是后续的整个产业链的服务。其次银行各个部门从局部的利益出发,争先恐后地推出金融产品,只重视速度和效率,忽略了质量,各个部门之间缺乏信息交流,相似产品的开发,管理的不系统,产品标准化的程度低,规范性差,严重影响了银行金融产品的整体协调性。

(3) 银行的金融产品缺乏个性化的差异性。目前我国的金融产品难以满足多样化的需求。其主要体现在,一方面,我国绝大多数银行缺乏明确的市场定位,产品研发前粗线条的市场划分对客户需求的认知仅仅停留在表面,导致部分客户的需求得不到满足,根据二八定律,银行20%的高端客户创造银行80%的利润,于是许多银行的创新产品盯住那些垄断性行业和大型企业,而中小企业的融资需求却得不到关注和满足。另一方面,因为缺乏合理有效的市场细分,银行推出的单一产品往往面向的是所有的客户群,缺乏为客户量身定做的能力,无法为客户提供个性化解决方案来满足其多样化的要求。

2. 银行金融产品创新不足的原因

(1) 法律法规的不健全及信用环境欠佳。近年来,我国金融业变化巨大,但相应的法律法规却跟不上金融业变化的步伐。首先,银行的理财业务和电子业务缺乏法律支持也缺乏法律的约束,产品创新的要求和相对滞后的法律法规建设之间的矛盾,使得新型的产品之间隐藏着一定的风险。其次,信用观念的淡薄,导致我国的信用环境极其欠佳,信用制度的建立落后于国际经济发展的速度,在为偷税漏税等商业欺诈现象提供了发生的可能的同时,也制约了包括银行产品创新在内的经济金融活动的开展。

(2) 管理体制跟不上业务发展的需要。企业的发展,其管理层的作用是不可忽视的。但银行业管理体制跟不上业务发展的需求。首先,银行缺乏专门的机构或者部门对市场需求信息及同业的金融产品进行研究,从而对于管理做出灵敏的判断与反应。其次,管理者的管理职能没有适应市场的需求及时做出调整。银行业的发展迅速,导致银行业的竞争加大,在短时间内银行业内部的管理层很难调整自己的定位意识到,银行的理财产品也是一种商品,其需要完整的产品宣传、产品推广、产品促销及一系列的后续服务。这就导致银行的产品推广很多环节断裂,而且银行对于人力资源的运用观念淡薄,各种奖励约束机制极其不健全,不能充分发挥员工的自主能动性。导致在银行有时只能看到理财产品的广告宣传,但没有专业人士专业的讲解,产品的营销严重滞后。最后,银行的管理体制在产品的开发中没有形成合力,部门间的职责不清,奖罚不明,各部门以各自的利益为重,普遍存在多一事不如少一事的心理,遇到问题推卸责任,缺乏一定的集体观念。

(3) 领导层缺乏营销意识。当前仍然有许多银行对已经到来的金融产品营销时代反应迟钝,没有意识到好的金融产品会大大提高一家银行的市场竞争力,因而对金融产品的创新的重要性缺乏足够的认识,产品的品牌意识淡薄,在发展的战略决策上没有把金融产品的创新摆在重要的位置,产品开发和推广应用往往缺乏科学性,尚未形成一个有利于调动各级行,各部门和全行员工创新积极性的机制。近年来,各行对科技人员的重视和对产品开发有功人员进行奖励的做法,在稳定科技队伍方面发挥了一定的作用,但对产品创新中其他领域,如市场调研信息,产品设计,产品营销等领域有功人员却缺乏相应的奖励措施,严重伤害了员工的积极性。许多基层营业机构对产品的不足及进行改善的合理化建议、市场真正需求等重要信息业得不到上级行应有的重视。

3. 银行金融产品创新发展策略

(1) 加强金融监管,保护金融产品的创新成果。金融管制是针对业内所有金融机构的全部行为进行管制,而金融监管是主管部门对金融机构的违法违规行为进行监督和管理。目前国际金融创新的形式是放松金融管制,加强金融监管,这是我国需要借鉴的地方。应当逐渐放松利率管制,推进利率市场化的进程,完善人民币汇率形成机制,要稳步加强金融监管。首先,监管可由"法无明文规定即禁止"向"法无禁止皆可为"转变,这点实际上为银行留下了很多自主创新的空间。其次,监管模式上转向目标导向性,即指规定相应监管标准。再次,建立合理的绩效考评制度,构造银行业的良好竞争环境,保护创新成果。

(2) 明确创新战略,加强产品创新的统一规划。首先,银行可在内部成立金融产品创新部门,制定产品创新的战略规划该规划应结合银行自身的特点及市场定位来确定具体的实施步骤,充分利用银行业内部的各种资源优势,调动一切力量,提高创新效率,提高银行在金融业核心竞争力。其次,进行科学的市场细分,坚持个性化、差异化的原则,将具有相似需求量的客户划分为同一类别,特此研发相应产品,即根据客户的业务量、资金量、信誉度等各方面的情况对客户进行分层管理,通过科学的市场细分,使银行产品的开发更具有针对性,更好地实现银行效益。再次,要不断巩固完善,提高产品质量。对现有的服务项目,应继续进行完善、巩固和提高。

(3) 建立科学的人力资源管理机制,推行产品经理制与客户经理制。银行要建立一套科学的人力资源管理机制,通过内部培养,对员工进行新业务、新产品的培训,充分挖掘员工最大潜能和创新意识,通过外部引进,聘用专业知识全面、通晓金融工程、风险管理理财知识,业务能力强的复合型人才,并健全银行内部的激励约束机制,要打造一支高素质的产品开发队伍,重点推行产品经理制与客户经理制,银行产品的推出是为了迎合客户的需求,实行客户经理制,了解客户的需求,反馈到产品经理,产品经理负责设计开发,细分市场,制定推广计划,再配合客户经理进行产品营销,跟进后续服务。

我国银行的金融创新现在的问题存在的主要方面就是监管机制得滞后和银行管理机制的发展不完善。要想让我国金融业保持发展势头,更好更有活力的创新发展,势必要针对这些问题进行改革,只有这样我国金融业才能健康、持久、活力地发展下去。

(资料来源:中国证券网)

问题:

(1) 我国银行产品发展存在哪些问题?

(2) 我国银行产品未来的发展趋势如何?

实训：

金融产品认知

实训项目：引导学生关注银行、证券、保险等最新产品的发布情况，并能够正确区分各类金融产品。

实训目的：了解最新的金融产品名称，包括创新产品。了解每种金融产品的特色及其提供的服务。了解金融产品的广告宣传以及营销方法。

实训要求：对金融产品的类别进行分类，根据每类产品的特色及其功能写出报告。

任务二　金融市场调研

【知识目标】

了解金融市场的含义、特征及其类别；掌握金融市场调研的概念、功能及作用；掌握金融市场调研的程序。

【能力目标】

能够运用金融市场调研的各种方法进行金融市场调研。

【素质目标】

树立客观的金融市场调研态度，能根据金融产品的不同类别选择适当的方法进行金融市场调研。

【引导案例】

华泰证券：给予九阳股份"增持"评级

九阳股份有限公司（九阳股份，002242）是一家专注于饮食领域的家用电器专家。公司以豆浆机为拳头产品，以厨房电器为发展建设核心，同时积极培养豆业、净水两大新兴产业。在品牌建设方面，公司始终坚持围绕"九阳"品牌的大品牌发展战略，打造健康与创新的品牌形象。经过多年持续不断的产品创新和品牌培育，九阳股份已经成为我国健康饮食电器专家。

九阳股份现在不存在限售股，在没有进行新股权融资的前提下，公司不存在限售股解禁抛售的风险。

九阳股份产品分为食品加工机（以豆浆机为主，同时包括榨汁机）、营养煲、电磁炉、豆料和西式小家电五大类。根据公司 2011 年年报数据，食品加工机、营养煲和电磁炉贡献了绝大部分收入，其销售收入分别占公司销售收入的 65.47%、18.14% 和 14.71%。

预计九阳股份 2012 年、2013 年、2014 年 EPS 分别为 0.68 元、0.73 元、0.79 元，对应 PE 为 10.30 倍、9.65 倍、8.90 倍，参考可比公司和 DCF 估值结果，给予公司股票 11 倍~13 倍 PE，对应股价为 7.48 元~8.84 元，给予"增持"评级。

豆浆机疲态渐显

豆浆机是九阳股份拳头产品，1994 年，九阳创始人王旭宁发明了世界上第一台全自动家用豆浆机。豆浆机市场在 2006 年开始逐步启动，而 2008 年"三聚氰胺"事件引爆了豆浆机市场，根据中怡康的数据，2008 年豆浆机销量同比增速超过 120%，2009 年和 2010 年豆浆机销量依然保持50%左右的增速。

正是由于2008年以来豆浆机市场的持续高温,国内市场出现较为严重的透支,2011年豆浆机增长转负,行业进入收缩期,高速增长的行业环境不在。从中怡康监测数据来看,2011年豆浆机销售量同比下降幅度在30%以上,销售额下降25%左右。2012年第一季度市场有所好转,豆浆机销售额同比下降18%左右。我们认为受益于去年较低的基数,2012年全年豆浆机销量降幅将收窄,同比基数的逐步走低使得行业增速有望逐步转正,不过该过程维持的时间还有待进一步观察。

对比行业销量2011年30%的下降幅度,九阳股份以豆浆机为代表的食品加工机2011年同比增速为16.06%,下降幅度远低于行业水平。这也意味着九阳股份在行业环境较差的背景下,相对跑赢了同行业的大部分竞争对手,实现了在行业逆势中的扩张。

从价格变化来看,从2010年第二季度开始,九阳股份豆浆机产品均价持续走高,目前公司豆浆机销售终端平均价格已经达到历史最高点。相对于市场平均价格变化来看,九阳豆浆机价格溢价从2011年第二季度开始回升,目前达到7%左右,体现出九阳豆浆机较大的品牌溢价。

结合九阳豆浆机市场占有率和价格变化,我们认为有两点值得我们注意。第一,九阳豆浆机市场占有率和价格溢价出现同时上涨,说明公司市场占有率的提升并不是依靠降低产品价格取得的,是公司多年来苦心经营"九阳"品牌的成果,充分显示了公司品牌价值和竞争力。第二,由于公司豆浆机市场占有率较大,豆浆机市场平均价格受公司产品价格的影响较大,这也掩饰了九阳豆浆机产品和其他品牌价格之间差距的进一步加大。

(资料来源:华股财经)

2.1　市场的内涵

市场是指某种产品的现实购买者与潜在购买者需求的总和。销售者构成行业,购买者构成市场。市场包含三个主要因素,即有某种需要的人、为满足这种需要的购买能力和购买欲望。用公式来表示为

市场 = 人口 + 购买力 + 购买欲望

构成市场的这三个要素是相互制约、缺一不可的,只有三者结合起来才能构成现实的市场,才能决定市场的规模和容量。所以,市场是上述三个因素的统一。市场是指具有特定需要和欲望,而且愿意并能够通过交换来满足这种需要或欲望的全部潜在顾客。

在交换双方中,如果一方比另一方更主动、更积极地寻求交换,则前者称为市场营销者,后者称为潜在顾客。所谓市场营销者,是指希望从别人那里取得资源并愿意以某种有价之物作为交换的人。市场营销者可以是卖主,也可以是买主。在另一种场合,买卖双方都在积极寻求交换,那么,我们就把双方都称为市场营销者,并把这种情况称为相互市场营销。

2.2　金融市场的定义、构成及特征

金融市场是指资金供应者和资金需求者双方通过信用工具进行交易而融通资金的市

场,广而言之,是实现货币借贷和资金融通、办理各种票据和有价证券交易活动的市场。比较完善的金融市场定义是:金融市场是交易金融资产并确定金融资产价格的一种机制。

金融市场的构成十分复杂,它是由许多不同的市场组成的一个庞大体系。但是,一般根据金融市场上交易工具的期限,把金融市场分为货币市场和资本市场两大类。货币市场是融通短期(一年以内)资金的市场,资本市场是融通长期(一年以上)资金的市场。货币市场和资本市场又可以进一步分为若干不同的子市场。货币市场包括金融同业拆借市场、回购协议市场、商业票据市场、银行承兑汇票市场、短期政府债券市场、大面额可转让存单市场等。资本市场包括中长期信贷市场和证券市场。中长期信贷市场是金融机构与工商企业之间的贷款市场;证券市场是通过证券的发行与交易进行融资的市场,包括债券市场、股票市场、基金市场、保险市场、融资租赁市场等。

和其他市场相比,金融市场具有自己独特的特征:

(1)市场参与者之间的关系是借贷关系和委托代理关系,是以信用为基础的资金的使用权和所有权的暂时分离或有条件的让渡。

(2)金融市场的交易对象不是普通商品,而是特殊的商品——货币资金及其衍生物。

(3)金融市场的交易方式具有特殊性。

(4)金融市场的价格的决定较为复杂,影响因素很多并且波动巨大。

(5)市场交易的场所在大部分情况下是无形的。

2.3 金融市场调研的概念及功能

对金融产品的市场调研是指对金融产品从金融机构到达客户的过程中所发生的全部经营活动资料进行系统、客观的搜集、整理、分析和评估,以了解金融产品的现实市场和潜在市场,并得出结论,为金融机构开发何种金融产品,如何开发等决策的建立提供客观依据。金融机构进行市场调研的最主要目的就是在为客户提供满意的金融产品以获取较高的利润与保持较低的运营成本之间寻找一个平衡点。通过市场调研,金融机构可以了解经营环境的变化,寻找市场机会,开发出目前市场中最需要的金融产品。当然这种行为的最终目标就是创造利润,提高金融机构的经营效益。

金融市场调研的一个基本功能是信息功能,即金融机构采用一定的方法和手段,收集、加工、提供各种市场信息。金融机构从事产品开发,必须以市场信息和环境信息为依据。但是市场信息和环境信息不会自动到达产品开发人员的手中,因此市场调研是获取信息的基本手段和途径。

金融市场调研的另一个基本功能是认识功能,即消除产品开发人员对市场、营销环境以及金融机构本身状况的不确定性认识。由于市场及其环境的复杂性和多变性,金融产品开发人员对其认识总会或多或少地带有一些不确定性,这种不确定性将会影响产品开发的整个过程。因此如何消除这种不确定性是开展金融产品开发的必要条件。市场调研所提供的信息可以有效地消除这种不确定性,使产品开发人员正确认识到自己在开发金融产品过程中所面临的内外部条件。

【案例】

市场调研与数据收集分析

——银行信用卡客户体验研究

在过去的两三年,信用卡市场正值高速增长期。但随着市场竞争加剧,价格竞争白热化,产品同质化越来越严重,发卡及客户维护成本也变得越来越高;信用卡公司要保持竞争优势,独特而完善的客户体验是必需的,只有在可以形成真正的品牌优势和差异化的前提下,信用卡品牌的价值才能有效建立起来。

2008 年与 2009 年,G – CEM(Global Customer Experience Management Organization)对中国主要发卡银行的多渠道客户体验进行了两次调查,涵盖了 15 家主要发卡银行,包括中信实业银行、招商银行、中国银行、兴业银行、深圳发展银行、民生银行、中国建设银行、光大银行、中国工商银行、上海银行、浦发银行、中国农业银行、交通银行、广发银行、平安银行。

此次调查贯穿了整个信用卡客户生命周期的 5 个阶段,从开卡到用卡、积分兑换、还款,再到服务;调查中,影响客户体验的不同渠道,包括面对面、电话、手机短信、在线、DM、传真、联名伙伴或合作商户、媒体、营销策略和活动、内部政策等均有涉及。

调查在 2008 年和 2009 年分别进行。其中,2008 年得到 2555 份数据反馈,2009 年得到2012 份数据反馈。无论是从反馈者的城市分布,还是年龄、性别、教育程度、月收入、信用额度或是每月消费额来看,这两年所取得的数据来源都非常类似。虽然这些数据量并不足以全面说明各家银行实际表现与排名,但可以用作它们之间的相互对照或比较。

调查的主要结论是,在15 家主要发卡银行中,招商银行还是在领跑,不过各个银行之间的差距正在逐渐缩小。调查显示,各银行 2009 年信用卡客户的体验评分比 2008 年均有较大的进步,其中进步幅度最大的环节分别是促销礼品的吸引性、审批速度、商家提供的优惠、支持多币种,以及海外使用、网上支付的便利性、电话支付的便利性、积分礼品兑换方式以及分期付款的安排。

从以上情况可以看出,招商银行在资源投放方面的原则是收益最大化。在一些对客户最重要的体验接触点上,它投放的资源较多,表现得最好,比如说还款方式。调查显示,虽然大量客户表示招行信用卡的积分没有多大用处,但是仍满意招行在还款设置中的人性化,比如"可以还款的网点非常多"、"每月的还款提醒也十分周到"。

招行另一大优势是在国内使用中的便利性。调查显示,招行最早在国内提供了"24 小时失卡万全保障",并且有良好的网银服务和最容易接通的 800 电话银行服务,无论客户想要查询或申请,都能得到快且好的专业服务。相对于其他网银做得不太理想的银行,招行的这些服务在使用者的心中树立了美好的体验感受。

但是,在对客户不十分重要的地方,比如与积分有关的体验接触点、促销礼品的吸引性等方面,招行投放的资源最少。

总体而言,招商银行在所有体验接触点上并不是平均地分配资源,它最懂得收放之道——将客户的喜痛差距(Pleasure-Pain Gap,PPG),也就是喜悦的峰和痛苦的峰之间的差距最大化——这样它就可以最有效地分配有限的资源,最终形成的结果就是总体评分最高。

传统的客户满意度调查告诉我们,一般来说,应该基于不同的行业标准,在每一个细节的所有方面去满足客户。但从招商银行成功的实际例子来看,结论似乎应该改变一下:我们并不需要在所有方面都做得好,而是应该在对客户重要的或是一些其他的重要方面做得非常好;同时,允许在一些地方比竞争对手做得稍差一些,甚至是低于所谓的"行业标准"。只有这样才可以有效地利用资源,最大化价值去跑赢竞争对手。

（资料来源：上海金融学院金融营销学精品课程网站）

2.4　金融市场调研的作用

市场调研可以在市场和金融机构之间建立一个沟通的渠道,将市场中的数据及时反映给金融机构,使金融机构更加了解市场,更加了解目前的金融产品状况。

对于金融机构开发金融产品来说,市场调研主要有以下几种作用：

1. 进行正确的市场定位

市场定位是金融机构根据自身的经营资源和经营能力等内部条件,以及市场需求和营销环境等外部条件,经过科学决策,正确选定自己的目标市场的行为和过程。金融机构内部条件和外部条件的分析都需要经过市场调研,了解和掌握市场以及影响因素的基本状况以及发展趋势。市场调研开展得越好,越有利于金融机构进行正确的市场定位。

2. 了解金融市场环境、发现市场机会

金融市场环境是金融机构开发金融产品的外部影响因素,也就是金融机构无法控制的因素,它包括经济政策的走向、客户状况、国民生产总值、其他金融产品发展动向等。金融产品的开发与金融市场环境息息相关,每种金融产品都有其对应的市场进入时间,在这个时间的市场环境是最适宜该金融产品营销和发展的。因此市场调研能提供信息,帮助金融企业了解金融市场环境,确定金融产品进入市场的最佳时机。另外通过市场调研针对目前的金融市场环境,金融机构可以发现市场机会和问题,对市场进行细分,找出目标市场,有的放矢地开发出适宜目前金融市场环境的金融产品。另外市场调研可以帮助金融机构实行正确的产品开发策略,产品开发策略正确与否直接影响和制约着产品能否顺利销售出去,能否取得良好的经济效益。实行正确的产品开发策略,关键是正确地掌握客户的需求特点,尤其是目标市场客户的需求特点,这些都需要市场调研的帮助。

3. 监测和评估现有产品成果

金融机构可以根据市场调研所收集的数据资料及反馈信息对客户需求的满足程度、顾客需求变动趋向做出评价,并据此对现行的金融产品方案能否继续实施做出判断。金融产品的开发者需要通过市场调研了解客户和潜在的竞争者,掌握自己所占市场份额的大小,分析自己在市场上的优势和劣势,对现有的产品成果做出评价。通过监测和评估现有产品成果可以评价金融机构的影响力,追踪金融机构的形象、知名度和认知度。定期对市场结构和市场份额进行研究可以了解金融机构目前产品的市场表现,为开发何种类型的新产品提供参考依据。

4. 预测未来

通过分析市场结构、产品生命周期、客户需求以及宏观经济环境,对市场未来发展趋势进行分析、研究与判断,为产品开发提供指导。完全精确地预测金融市场的未来是极不可能的,但是市场调研所提供的信息可以帮助金融机构对金融市场的变化趋势做出比较准确的估计,从而开发适宜的金融产品。

2.5　金融市场调研流程

金融市场调研流程分为调研计划撰写——调研问卷设计——调研问卷实施——调研问卷收集、整理——数据分析——调研报告撰写等步骤,具体说来,金融市场调研流程分为 11 个步骤:

(1) 确定市场调研的必要性。

(2) 定义问题。

(3) 确立调研目标。

(4) 确定调研设计方案。

(5) 确定信息的类型和来源。

(6) 确定收集资料。

(7) 问卷设计。

(8) 确定抽样方案及样本容量。

(9) 收集资料。

(10) 分析资料。

(11) 撰写调研报告。

明确调查目的是调查设计的首要问题,只有确定了调查目的,才能确定调查的范围、内容和方法,否则就会列入一些无关紧要的调查项目,而漏掉一些重要的调查项目,无法满足调查的要求。确定调查目的,就是明确在调查中要解决哪些问题,通过调查要取得什么样的资料,取得这些资料有什么用途等问题。衡量一个调查设计是否科学的标准,主要就是看方案的设计是否体现调查目的的要求,是否符合客观实际。

明确了调查目的之后,就要确定调查对象和调查单位,这主要是为了解决向谁调查和由谁来具体提供资料的问题。调查对象就是根据调查目的、任务确定调查的范围以及所要调查的总体,它是由某些性质上相同的许多调查单位所组成的。调查单位就是所要调查的社会经济现象总体中的个体,即调查对象中的一个一个具体单位,它是调查中要调查登记的各个调查项目的承担者。

在确定调查项目时,除要考虑调查目的和调查对象的特点外,还要注意以下几个问题:

(1) 确定的调查项目应当既是调查任务所需,又是能够取得答案的。凡是调查目的需要又可以取得的调查项目要充分满足,否则不应列入。

(2) 项目的表达必须明确,要使答案具有确定的表示形式,如数字式、是否式或文字式等。否则,会使被调查者产生不同理解而做出不同的答案,造成汇总时的困难。

(3) 确定调查项目应尽可能做到项目之间相互关联,使取得的资料相互对照,以便了解现象发生变化的原因、条件和后果,便于检查答案的准确性。

(4) 调查项目的涵义要明确、肯定,必要时可附以调查项目解释。

当调查项目确定后,可将调查项目科学地分类、排列,构成调查提纲或调查表,方便调查登记和汇总。调查表式分单一表和一览表两种,单一表是每张调查表式只登记一个调查单位的资料,常在调查项目较多时使用。它的优点是便于分组整理,缺点是每张表都注有调查地点、时间及其他共同事项,造成人力、物力和时间的耗费较大。一览表是一张调查表式可登记多个单位的调查资料,它的优点是当调查项目不多时,应用一览表能使人一目了然,还可将调查表中各有关单位的资料相互核对,其缺点是对每个调查单位不能登记更多的项目。

调查表拟定后,为便于正确填表、统一规格,还要附填表说明。内容包括调查表中各个项目的解释,有关计算方法以及填表时应注意的事项等,填表说明应力求准确、简明扼要、通俗易懂。

【案例】

潍坊市金融理财产品市场调研情况

单位名称	产品名称	存款利息	现行政策	合作方式	备注
潍坊工行	灵通快线无固定期限超短期产品	非保本浮动收益型理财品 1.90% 本周期收益 = 本期投资本金 × 本期年化收益率 × 本期实际持有期限/365		人民币	20080125—20080202
	2010 年债券投资型理财产品 60 天 SHZQ1036	非保本浮动收益型理财品 最高年化收益率可为 2.1%。预期期末收益 = 投资本金 × 预期年化收益率 × 60/365			20100406—20100411
	2010 年第 10 期人民币理财产品信托 90 天 XT1010	最高年化收益率可为 2.30% – 2.50%			20100406—20100408
	潍坊工行现行政策	运转高效的"大个金"营销机制,瞄准优质客户市场,实施行级领导高层营销、全员全品种营销、金融产品交叉营销、部门联动定向组合营销,提升全行整体合力,为个人金融业务由"坐商"和"行商"管理模式转变为时序管理			

(资料来源:http://blog. sina. com. cn/o8888666)

调查时间是指调查资料所属的时间。如果所要调查的是时期现象,就要明确规定资料所反映的是调查对象从何时起到何时止的资料。如果所要调查的是时点现象,就要明确规定统一的标准调查时点。

调查期限是规定调查工作的开始时间和结束时间。包括从调查方案设计到提交调查报告的整个工作时间,也包括各个阶段的起始时间,其目的是使调查工作能及时开展、按时完成。为了提高信息资料的时效性,在可能的情况下,调查期限应适当缩短。

在调查方案中,还要明确规定调查地点。调查地点与调查单位通常是一致的,但也有不一致的情况,当不一致时,尤有必要规定调查地点。

在调查方案中,还要规定采用什么组织方式和方法取得调查资料,搜集调查资料的方式。

撰写金融市场调研报告必须要注意以下几方面因素:

(1) 必须掌握符合实际的丰富确凿的材料,这是调研报告的生命。丰富确凿的材料一方面来自于实地考察,一方面来自于书报、杂志和互联网。在知识爆炸的时代,获得间接资料似乎比较容易,难得的是深入实地获取第一手资料。掌握大量的符合实际的第一手资料,这是写好调研报告的前提,必须下大功夫。

(2) 对于获得的大量的直接和间接资料,要做艰苦细致的辨别真伪的工作,从中找出事物的内在规律性,这是不容易的事。调研报告切忌面面俱到。在第一手材料中,筛选出最典型、最能说明问题的材料,对其进行分析,从中揭示出事物的本质或找出事物的内在规律,得出正确的结论,总结出有价值的东西,这是写调研报告时应特别注意的。

(3) 用词力求准确,文风朴实。写调研报告,应该用概念成熟的专业用语,非专业用语应力求准确易懂。通俗应该是提倡的。特别是被调查对象反映事物的典型语言,应在调研报告中选用。

(4) 逻辑严谨,条理清晰。调研报告要做到观点鲜明,立论有据。论据和观点要有严密的逻辑关系,条理清晰。论据不单是列举事例,讲故事,逻辑关系是指论据和观点之间内在的必然联系。结构上的创新只是形式问题,不能把主要精力放在追求报告的形式上。调研报告的结构可以不拘一格。

(5) 要有扎实的专业知识和思想素质。好的调研报告,是由调研人员的基本素质决定的。调研人员既要有深厚的理论基础,又要有丰富的专业知识。调研人员一定要具备透过现象洞察事物本质的能力。

2.6　金融市场调研的方法

根据调研目的、调研内容和调研对象的不同,在具体调研过程中可以选择不同的调研方法。通常来说,金融市场营销调研有文献调研法、现场观察法、实验法、询问调研法、问卷调研法等。

1. 文献调研法

文献调研法又叫二手资料调研,它是指通过查询和阅读有关资料掌握相关信息的过程。采用文献法进行调研时,所获得的信息资料相对较多,资料的获取相对也比较容易,所花费的时间也较少,而且调研的费用也较低。但是,采用文献法调研有一定的局限性,主要表现在:二手资料原本为其他目的而收集的,因此在收集时要判断资料的有效性;二手资料大多都是不完整的,很多时候无法满足企业的实际需要。有些资料由于内容的缺失,已经丧失了资料的时效性和可信度;某些二手资料在印刷、翻印、转载、翻译的过程中,很容易出现谬误,在具体引用时需要进一步分析判断。

2. 现场观察法

现场观察法是调研人员在金融市场活动现场对调研对象观察、记录,并取得相关信息的方法。利用现场观察法进行调研时,调研人员不必与被调查对象直接接触,而是利用自身器官或某些设备,对调查对象的活动或现场事实做必要的考察记录,从而取得第一手资料的方法。现场观察法简单灵活,成本费用较低,受外界的干扰因素相对较小,被观察者又处于自然状态,因而取得的资料更具真实性。但是,在利用现场观察法进行调研时,观察的只能是表面现象,对其内在因素不能深入了解,比如说消费者的心理变化和市场变化的原因和动机等。

一般来说,现场观察法具有以下几种:

（1）直接观察法。直接观察法是调研人员到场观察被调查者的行动来收集情报资料的一种方法。比如市场调研人员在商品展销会、订货会、博览会上，或是在工厂、商店等消费者集中的场所或其他场合，直接对市场活动进行观察，从而取得第一手资料。事实上，由于直接观察法简单易行，方便灵活，在市场调研中应用比较广泛。

（2）现场计数法。现场计数法，是指在市场活动现场，通过一定时间的观察计数，从而得到定量的信息。一般来说，采用现场计数法进行调研时，计数的工作量较大，工作内容也比较单调、枯燥，因此，在安排调研人员时，要尽量选择那些工作态度认真、责任心强的员工承担此项工作。

（3）痕迹观察法。痕迹观察法并不是观察市场活动本身，而是通过观察市场上特定活动留下的痕迹来收集市场信息。有时被观察调查者活动的痕迹比观察活动本身更能取得准确的信息。如通过意见簿、回执单和优惠卡等，可以了解市场的反映，就可以收集到一些难以直接获取的信息。

除此而外，还可以运用观察法了解消费者的爱好、兴趣、价值观，了解城市人员流量、客流量，借此判断市场发展的趋势，这是预测市场潜力的重要依据。在采用这种方法进行观察时，最好在一个时期内只集中精力观察一种现象，避免干扰；在观察的同时，要对观察的结果进行及时的记录和整理，调研人员互相之间要核实检查，要尽量减少误差；另外，在调研时要尽量不影响被调研者的活动，要让其保持自然状态，只有这样，调研的信息才能更真实有效。

3. 实验法

它是通过实际的、小规模的营销活动来调查关于某一产品或某项营销措施执行效果等市场信息的方法。实验的主要内容有产品的质量、品种、商标、外观、价格，促销方式及销售渠道等。它常用于新产品的试销和展销。

通常来说，采用实验法进行调研，其优点主要表现在：由于预先在小规模的市场环境中进行实际实验，可以提高工作的预见性，减少盲目性，同时也有利于企业内部进行管理；同时，通过小规模的实验所取得的数据一般地说比较客观，可靠性比较强，可信度较高，排除了主观推论的偏差，比较科学合理。但是，在看到实验法优点的同时，也应该看到它的不足。实验法的优点是相对的，事实上，在实践中影响调研的因素很多，也可能由于某些非实验因素不可控制，导致最终实验结果受一定影响。实验法的缺陷在于只适合于对当前市场变量的观察和分析，无法研究过去的情况，也无法收集到未来的市场变化信息，并且，采用这种方法费用较高。

4. 询问调研法

询问调研法就是调查人员通过各种方式向被调查者发问或征求意见来搜集市场信息的一种方法。它可分为深度访谈、GI座谈会、问卷调查等方法，其中问卷调查又可分为电话访问、邮寄调查、留置问卷调查、入户访问、街头拦访等调查形式。

这种方法在我们的金融调研中运用得较多。采用此方法时应注意：所提问题确属必要，被访问者有能力回答所提问题，访问的时间不能过长，询问的语气、措词、态度、气氛必须合适。

1）传统的电话访问

传统的电话访问就是按照样本名单，选择一个调查者，拨通电话，询问一系列的问题。访问员(调查员)按照问卷,在答案纸记录被访者的回答。调查员集中在某个场所或专门的电话访问间,在固定的时间内开始面访工作,现场有督导人员进行管理。调查员都是经过专门训练的,一般以兼职的大学生为主,或其他一些人员。

2)计算机辅助电话访问(CATI)

在发达国家,特别是在美国,集中在某一中心地点进行的计算机辅助电话访问比传统的电话访问更为普遍。目前在国内有少数调查公司采用。计算机辅助电话访问使用一份按计算机设计方法设计的问卷,用电话向被调查者进行访问。计算机问卷可以利用大型机、微型机或个人用计算机来设计生成,调查员坐在 CRT 终端(与总控计算机相联的带屏幕和键盘的终端设备)对面,头戴小型耳机式电话。CRT 代替了问卷、答案纸和铅笔。通过计算机拨打所要的号码,电话接通之后,调查员就读出 CRT 屏幕上显示出的问答题并直接将被调查者的回答(用号码表示)用键盘记入计算机的记忆库之中。计算机会系统地指引调查员工作。在 CRT 屏幕上,一个问答题只出现一次。计算机会检查答案的适当性和一致性。数据的收集过程是自然的、平稳的,而且访问时间大大缩减,数据质量得到了加强,数据的编码和录入等过程也不再需要。由于回答是直接输入计算机的,关于数据收集和结果的阶段性的和最新的报告几乎可以立刻就得到。

3)入户访问

入户访问指调查员到被调查者的家中或工作单位进行访问,直接与被调查者接触。然后或是利用访问式问卷逐个问题进行询问,并记录下对方的回答;或是将自填式问卷交给被调查者,讲明方法后,等待对方填写完毕或稍后再回来收取问卷的调查方式。这是目前国内最为常用的一种调查方法。调查的户或单位都是按照一定的随机抽样准则抽取的,入户以后确定的访问对象也有一定的法则。

4)拦截访问

拦截访问是指在某个场所(一般是较繁华的商业区)拦截在场的一些人进行面访调查。这种方法常用于商业性的消费者意向调查中。拦截面访的好处在于效率高,但是,无论如何控制样本及调查的质量,收集的数据都无法证明对总体有很好的代表性。这是拦截访问的最大问题。

5)小组(焦点)座谈

小组(焦点)座谈(Focus Group)是由一个经过训练的主持人以一种无结构的自然的形式与一个小组的被调查者交谈。主持人负责组织讨论。小组座谈法的主要目的,是通过倾听一组从调研者所要研究的目标市场中选择来的被调查者,从而获取对一些有关问题的深入了解。这种方法的价值在于常常可以从自由进行的小组讨论中得到一些意想不到的发现。

6)深度访谈法

深度访谈法是一种无结构的、直接的、个人的访问,在访问过程中,一个掌握高级技巧的调查员深入地访谈一个被调查者,以揭示对某一问题的潜在动机、信念、态度和感情。比较常用的深度访谈技术主要有三种:阶梯前进、隐蔽问题寻探以及象征性分析。深度访谈主要也是用于获取对问题的理解和深层了解的探索性研究。

7)投影技法

投影技法是一种无结构的非直接的询问形式,可以鼓励被调查者将他们对所关心问题的潜在动机、信仰、态度或感情投射出来。在投影技法中,并不要求被调查者描述自己的行为,而是要他们解释其他人的行为。在解释他人的行为时,被调查者就间接地将他们自己的动机、信仰、态度或感情投影到了有关的情景之中。因此,通过分析被调查者对那些没有结构的、不明确而且模棱两可的"剧本"的反应,他们的态度也就被揭示出来了。剧情越模糊,被调查者就更多地投影他们的感情、需要、动机、态度和价值观,就像在心理咨询诊所中利用投影技法来分析患者的心理那样。和心理学中的分类一样,投影技法可分成联想技法、完成技法、结构技法和表现技法。

5. 问卷调查法

问卷调查法是最常用的一种调查方法。采用问卷调查可以了解人们对产品的认识程度和喜好程度等。采用问卷调查有许多有利之处,主要表现在:有利于扩大调查区域,增加调查对象的数量,而且不受调查地域的限制;由于被调查者有比较充裕的时间作答,因而所收集的信息质量相对较高;由于问卷是由被调查者自由填写,这样就可以避免面谈调查中受调研人员态度、情绪影响的弊端,信息更客观,更真实,并可以消除调研人员的错误记录和偏见;调研费用相对较低。采用问卷调查的方法不仅可以节省大量的费用,且还可以节省大量的人力。

采用问卷调查的不足之处表现在:问卷调查一般费的时间较长,如果不能进行很好的控制,就很容易使资料失去有效性;问卷的回收率较低。由于被调查者对调查的内容缺乏兴趣,或是被调查者嫌麻烦,不愿意填写,这样,很多问卷往往不能按期回收;容易产生差错。如果问卷的问题设置不够合理,就很容易引起被调查者的误解,另外,由于个人素质等因素的影响,不同的被调查者对调查项目的理解并不一致,这样也容易产生误解。

【案例】

海通证券客户调查表

客户姓名:

性别:　　　　年龄:　　　　职业:　　　　学历:　　　毕业院校:

电话:　　　　传真:　　　　电子邮件:　　　QQ:

住址:

调查人:李××　　　　执业证书全国统一编号:×××××

日期:

1. 您业余喜欢从事什么?　（可多选）

　　A. 健身　　　　　　B. 旅游

　　C. 交友　　　　　　D. 读书

　　E. 上网

2. 您进行投资股票或者其他理财方式的投资经验是多久?

　　A. 从未有过投资经验　　B. 2 年以内

　　C. 3 年 ~ 5 年　　　　　D. 5 年以上

3. 以下理财方式中,您最偏向哪一类?

　　A. 股票,期货等投资类　　B. 基金,保险等保障类

　　C. 储蓄,黄金等储蓄类　　D. 混合型理财

4. 您目前在进行哪方面投资或已经开户? (可多选)

    A. 黄金   B. 股票

    C. 期货   D. 保险

5. 迄今为止,您进行股票或者其他理财方式投资是否有所赢利?

    A. 亏损较大   B. 基本平衡

    C. 略有赢利   D. 赢利丰富

6. 您对您之前的投资赢利情况是否满意?

    A. 非常满意   B. 满意

    C. 不满意   D. 非常不满意

7. 您一般投入多少资金在股市投资上面?

    A. 0 万 ~ 5 万   B. 5 万 ~ 20 万

    C. 20 万 ~ 50 万   D. 50 万以上

8. 您期望的股票投资年化收益率大概是多少?

    A. 能赚钱就好   B. 一年 0% ~ 20%

    C. 年 20% ~ 50%   D. 50% 以上

9. 您是否有时间盯盘,操作股票?

    A. 很有时间,随时都可以看盘买卖股票

    B. 比较有时间,能在收到资讯信息以后及时买卖股票

    C. 比较没时间,工作时间内不允许买卖股票

    D. 非常没时间,一般都是买了股票就放着

10. 您身边的炒股朋友多吗?

    A. 非常多,资金量惊人   B、比较多

    C. 一般   D. 比较少

11. 您一般的操盘手法是如何?

    A. 短线型,追求刺激,承受风险能力高

    B. 中线型,寻求稳健增长

    C. 中长线型,价值投资

    D. 无固定手法,能赚钱就好

12. 您对之前的投资过程中自己的投资心态是怎么评价的?

    A. 心态较差,经常追涨杀跌,或者被套之后不舍得解套,导致亏损

    B. 不太关注股市资讯,不能有效把握市场动态

    C. 基本满意,符合自己投资期望

    D. 非常满意,投资赢利

13. 请选择您对之前的投资过程中自己的投资心态是怎么评价的? 如果您希望改善目前的投资情况,您最希望得到哪方面的帮助?

    A. 来自证券公司的专业服务,比如股票资讯、市场动态等

    B. 来自理财经理对您的一对一理财服务,基于理财经理的个人专业知识而提供的市场买卖期、个股推荐等

    C. 来自于网络等媒体的一些民间投资资讯

D. 与其他股民之间的交流

14. 如果理财经理对您提供 1 对 1 的理财服务,您希望以下哪种方式?

    A. 当面交流

    B. 电子邮件、电话交流、QQ 交流等

    C. 手机短信

    D. 理财经理创建一个平台如 QQ 群等为客户群提供交流场所

15. 理财经理对您提供服务时,您希望通过以下哪种方式?

    A. 本人需要股票资讯时才主动联系理财经理,其他时间不希望被打扰

    B. 理财经理主动发送有价值的股票资讯,并且在股市重要时期不定时主动联系您

    C. 理财经理主动发送有价值的股票资讯,并且经常性的在 QQ 或者电话里面交流股票心得

    D. 既有理财经理自发性的短信资讯服务,又能主动联系理财经理获取资讯

16. 如果您在理财经理的帮助下获得不错的投资收益,您会追加投资吗?

    A. 会,闲置资金较多,股市有收益会追加投资

    B. 会,不过要等到自己有更多的闲置资金

    C. 不会

    D. 看情况而言

17. 近期您有哪些投资计划?（可多选）

    A. 购买汽车   B. 购买保险

    C. 投资股票   D. 投资期货

    E. 投资黄金   F. 投资基金

18. 您需要哪些方面的帮助?（可多选）

    A. 汽车   B. 保险

    C. 股票   D. 期货

    E. 黄金   F、基金

19. 您了解目前我们有哪些优惠措施?（可多选）

    A. 开户免费   B. 开户收费

    C. 开户送大礼   D. 证券转托管费报销

20. 您对我们证券公司有何意见或建议?

非常感谢您的理解和配合,谢谢!

（资料来源:海通证券公司网站）

【拓展案例】

金融投资理财调查问卷

您好!

为深入了解个人投资者对金融知识的掌握与熟悉情况,探究当前经济环境下投资者的理财行为习惯与投资偏好,深圳中金黄金投资管理股份有限公司于 10 月 25 号至 11 月 1 号举办

2011 年金融投资理财调查系列调查活动。待本次调查活动结束后,将对本次问卷调查的各位积极参与者表示感谢,所有填写问卷者均赠送纪念品一份,对问卷及资料填写准确者将从中抽取幸运一、二、三等奖 30 名,以深表谢意:

1. 您的性别:

    男　　　　　女

2. 您的年龄段:

    15～20　　　　21～25　　　　26～30　　　　31～40

    41～50　　　　51～60　　　　60 以上

3. 您的职业:

    公司职员　　　　　事业单位　　　　　创业主

    待业或离休　　　　高端人士　　　　　其他

4. 您的月收入:

    5000 元以下　　　　　　　　　　5000 元～10000 元之间

    10000 元～10 万元　　　　　　　10 万元以上

5. 您对理财情况的了解程度:

    不了解也不感兴趣　　　　　　　不了解但是有兴趣想了解

    有一定的了解　　　　　　　　　精通而且有投资

6. 您一般会使用或想了解哪种投资理财产品:

    银行各类存款　　　　　　　　　投资基金、股票、债券

    信托产品　　　　　　　　　　　黄金外汇

    房地产　　　　　　　　　　　　金融衍生品

    其他

7. 对于个人理财,您准备采取什么方式:

    自己操作　　　　　　　　　　　委托机构操作

    两者结合

8. 您会将您收入中的多大比例购买理财产品:

    10% 以下　　　　　　　　　　　10%～20%

    20%～50%　　　　　　　　　　 50% 以上

9. 您参与投资理财的目的:

    将回报作为生活来源　　　　　　将回报作为消费资金(如结婚、买房)

    为家庭或者个人提供一份未来的生活保障

10. 如果您尚未选择购买理财产品,原因是:

    对理财产品缺乏了解　　　　　　金融机构推出的理财产品缺乏吸引力

    金融机构推出的产品可信度低　　受于资金面的问题

    其他

11. 当面临选择银行、基金、保险、证券、黄金等投资机构的理财产品时,您考虑的是:

    对其的了解程度　　　　　　　　金融机构的信誉

    产品的收益及安全性　　　　　　周围人的选择

    其他

12. 如果您有一定的可支配资金,您会选择哪类风险型的投资理财产品:

　　　年收益正负3%以内的产品　　　　年收益正负3%至正负5%的产品

　　　年收益正负5%至正负10%的产品　　年收益正负10%至正负20%的产品

　　　年收益正负20%以内的产品

13. 对于选择具体的理财产品,您会考虑的是:

　　　产品的信誉　　　　　　　　　　　投资该产品所需的资金

　　　收益性以及安全性　　　　　　　　产品的服务

　　　文化附加值　　　　　　　　　　　其他

14. 您对以下哪些增值服务比较感兴趣:

　　　提供个性化专业理财咨询服务　　　定期举办专业的知识讲座

　　　定期举办交流活动　　　　　　　　定期赠送精美图书

　　　其他

15. 投资理财产品,您最多可承担的损失是多少:

　　　跌幅超过50%　　　　　　　　　　25%~50%

　　　5%~25%　　　　　　　　　　　　不超过5%

　　　难以承受任何风险

16. 您对理财产品的投资期限是:

　　　1年以内　　　　　　　　　　　　1年到3年

　　　3年到7年　　　　　　　　　　　　7年以上

17. 投资有风险,在金融危机下,市场大幅波动,投资产品可能会大幅下跌,您的承受的极限是:

　　　跌幅超过50%　　　　　　　　　　25%~50%

　　　5%~25%　　　　　　　　　　　　不超过5%

　　　难以承受任何风险

18. 您主要是通过哪种途径掌握金融知识:

　　　购买理财书籍　　　　　　　　　　会议讲座

　　　与亲人朋友交流　　　　　　　　　通过电视、网络、媒体等报道

　　　其他

19. 您之前有了解过深圳市中黄金投资股份有限公司吗?

　　　有过了解　　　　　　　　　　　　没听说

　　请准确填写您本人的姓名＿＿＿＿＿＿　联系电话＿＿＿＿＿＿＿＿＿＿,以方便通知您是否幸运获奖。

　　预祝好运,欢迎您继续关注我们的活动。感谢您的参与!

问题:

(1) 金融投资理财调查运用问卷调查法有哪些好处?

(2) 此份金融投资理财调查问卷还存在哪些不足? 如何进行改进?

实训:

金融产品问卷调查设计

实训项目:分组进行金融产品问卷调查的设计。

实训目的:使学生掌握金融产品调查问卷设计的基本技巧和方法,同时培养学生的团队协作能力。

实训要求:制作一份金融产品调查问卷,要求主旨明确、格式规范、思路清晰,问卷的设计有一定的实证研究价值。

任务三　金融营销环境分析

【知识目标】

掌握金融产品营销环境的概念、特征;掌握金融产品宏观营销环境的内容;掌握金融产品微观营销环境的内容。

【能力目标】

能够运用金融产品营销环境的知识分析银行产品的营销环境;能够运用金融产品营销环境的知识分析保险产品的营销环境;能够运用金融产品营销环境的知识分析证券产品的营销环境。

【素质目标】

运用金融营销环境的分析方法,能针对某一创新金融产品进行详细的营销环境分析。

【引导案例】

影响保险产品营销的原因分析

1. 综合因素

现有产品的数量多而绩效不理想的原因是多方面的,一是沿用了多年的一批老产品的保险保障功能已滞后于市场实际需要,亟待更新改造;二是1994年由人民银行统颁布的一批财产险的费率距今已12年时间,需要根据经营数据重新厘定,此外,如高科技新兴产业的风险等级归属需要确立,以便于明确其对应的费率;三是新产品开发的创新体系未能得以建立,创新的有效性受到影响,在监管机构报批或备案的数量庞大的产品中有相当数量的产品雷同;四是不同的产品所需要的资源和能力不匹配。

2. 产品的专业特性导致经营所需资源的差异性

保险人必须关注自己的产品结构,将适合自己经营的主打产品逐渐突出,形成经营的特色。这首先需要经营者正确地认识各类保险产品的专业属性和经营所需要的资源特性。

1）产品的专业特性

财产保险公司所经营的产品承保的标的既涉及了固定的和移动的有形财产,也涉及到了无形的责任、保证、信用以及虽有形但难以估量价值的人的生命和身体。按照承保方式和赔偿方式划分,财产保险又可划分为第一损失保险和赔偿方式、不定值保险和比例赔偿方式、定值保险和赔偿方式以及重置价值保险和赔偿方式。如企业财产保险、机动车辆保险属于"不定值保险",而货物运输保险则属于"定值保险";家庭财产保险适用于"第一危险赔偿方式",责任保险有"期内发生式"和"期内索赔式"两种确定责任保险的责任事故有效期间的方式,赔偿限额分为每次事故赔偿限额和累计赔偿限额;对于意外伤害保险来说,人的生命和身体是无价的,发生事故时是以保险金额为给付限额,采用的是"定额保险合同形式",不适用于财产险的补偿性原则,也就不存在代位追偿、重复投保、超额投保和不足额投保的问题;而信用保险则又是唯一不适用于"大数法则",而是以被保险人的信息为承保基础的特殊产品。从保险合同订立的期限来看,虽然财产保险公司经营的多数是合同期为一年的保险产品,但也有超过一年期的工程保险;甚至时间更长的"长尾巴"的产品责任险,同时也有少于一年期的货物运输保险、旅游险,甚至是以小时为保险期限的航空人意险。从理赔来看,有的涉及到代位求偿,有的要冲减有效保额(如企业财产保险),有的由于不足额投保需按比例赔偿,有的要扣除免赔,有的仅包括不超过保额的施救费,而船舶保险还包括了共同海损、救助费用、施救费用,责任险一般还包括法律诉讼费……由此可见,财产险公司所经营的保险产品不同种类之间存在着较大的差异。

2) 产品的配套资源

目前有些产品如责任险、保证险、信用险、健康险在各家财产险公司的业务中占比过低,其原因是多方面的,既有来自社会大环境的,如责任险有赖于与民事责任相关的法律的制定、保证保险有赖于全社会诚信的提高和信用体系的建立、健康险有赖于医疗体制的改革与医疗行为的规范以及客户的诚信,同时也有来自保险人的原因,例如,缺乏经营管理经验、缺乏专业人才、缺乏数据和信息技术支持等。从产品经营的侧重点划分,笔者将其大致划分为四类:拓展型、管理型、服务型、混合型,其所需要的配套资源各有侧重。

(1) 拓展型。如家庭财产保险、意外伤害保险、企业财产保险,投保标的多,风险分散,"大数法则"可以得到最好的应用,关键在于销售方式的创新,要在拓展方式上下功夫。

(2) 管理型。如机动车辆保险、短期健康险,共同的特点是保源丰富,需求广泛,关键是能否通过有效的管理实现盈亏平衡进而赢利;企业财产保险的日常出险率低,不必像出险频繁的车险需配置数量众多的售后服务人员及资源,但其标的的多样性和复杂性需要的是专业的保前查勘和理赔查勘定损;卫星、桥梁、地铁等特殊风险保险还有赖于承保公司的品牌和再保险的分保支持;健康险产品需要具有临床医务经验的专业核保核赔人员以及管理水平好的定点合作医院;信用险是唯一不适用于"大数法则"的,它是以被保险人的信息为承保基础的,需要保险公司具备能够做出专业风险评价的人才、信息、经验以及 IT 系统。

(3) 服务型。如以旅行者为目标的含意外伤害保险、财产保险和责任保险在内的旅行综合保险,其产品的经营和管理并不复杂,关键是能否有配套的服务及时响应。

(4) 混合型。机动车辆保险的经营重点在于核保核赔的管控,经营服务网络、零配件报价系统以及快速便捷的服务等。既是管理型的产品,更是服务型的产品;进出口货运险既要积极拓展,又需要加强风险管控,不仅要建立一支了解国际贸易知识、进出口货运险特性、海商法的展业和核保核赔队伍,还需要在境外建立广泛的理赔检验代理机构,以做好在境外受损货物的损失查验工作;投资型保险产品既要选择好销售渠道,积极拓展客户,同时更要有赖于资金运用的成效。通过以上从不同角度对保险各类产品专业属性的分析可以看出,不同的产品在实际经营过程中需要不同的资源和能力来加以支持,否则是难以深入的。由于上述产品要求经营者具备不同的资源和能力加以支持,但资源和能力具有有限性,因此,对于目前财产险公司经营的主要产品按类分析,有利于认清产品各自的专业属性和对特定资源的要求,避免盲目经营。

(资料来源:中国保险学会网)

3.1　金融营销环境概述

金融营销环境广义上是指所有能影响金融企业实现其经营目标的一切因素的总和。美国著名营销学家菲利普·科特勒将营销环境定义为:"企业的营销环境是由企业营销管理职能外部的因素和力量组成的,这些因素的力量影响营销管理者成功地保持与其目标市场顾客交换的能力。"即营销环境是指与企业营销活动相关的所有外部因素与力量之和。这一定义对于金融企业也同样适用,因此,金融营销环境是指金融企业生存和发展所需的、独立于企业之外的、对企业营销绩效起着潜在影响并约束其行为的各种外部因素或力量的总和。

按照对企业影响的程度及范围的大小,将环境划分为两大类:宏观市场营销环境与微观市场营销环境。

金融营销环境具有:客观性、变动性、复合性、差异性特点。

3.2　宏观环境分析

宏观环境包括政治法律环境、经济环境、人口环境、自然环境、技术环境、社会文化环境等。

1. 政治法律环境

政治法律环境是指一个国家或地区的政治制度、体制、方针政策、法律法规等方面。这些因素常常制约、影响企业的经营行为,尤其是影响企业较长期的投资行为。具体来说,政治环境主要包括国家的政治制度与体制,政局的稳定性以及政府对外来企业的态度等因素;法律环境主要包括政府制定的对企业经营具有刚性约束力的法律、法规,如反不正当竞争法、税法、环境保护法以及外贸法规等因素。如果企业实施国际化战略,则它还需要对国际政治法律环境进行分析,例如,分析国际政治局势、国际关系、目标国的国内政治环境以及国际法所规定的国际法律环境和目标国的国内法律环境。

2. 经济环境

经济环境是指构成企业生存和发展的社会经济状况,社会经济状况包括经济要素的性质、水平、结构、变动趋势等多方面的内容,涉及国家、社会、市场及自然等多个领域。构成经济环境的关键战略因素包括:GDP 的发展趋势、利率水平的高低、财政货币政策的松紧、通货膨胀程度及其趋势、失业率水平、居民可支配收入水平、汇率升降情况、能源供given成本、市场机制的完善程度、市场需求情况等。这些因素往往直接影响着企业的经营,如利率上升很可能会使企业使用资金的成本上升;市场机制的完善对企业而言意味着更为正确的价格信号、更多的行业进入机会等。企业的经济环境分析就是要对以上因素进行分析,运用各种指标,准确地分析宏观经济环境对企业的影响,从而使其战略与经济环境的变化相匹配。

1）消费者收入分析

收入因素是构成市场的重要因素，甚至是更为重要的因素。因为市场规模的大小，归根结底取决于消费者的购买力大小，而消费者的购买力取决于他们收入的多少。企业必须从市场营销的角度来研究消费者收入，通常从以下四个方面进行分析。

（1）国民生产总值。它是衡量一个国家经济实力与购买力的重要指标。国民生产总值增长越快，对商品的需求和购买力就越大，反之，就越小。

（2）人均国民收入。这是用国民收入总量除以总人口的比值。这个指标大体反映了一个国家人民生活水平的高低，也在一定程度上决定商品需求的构成。一般来说，人均收入增长，对商品的需求和购买力就大，反之就小。

（3）个人可支配收入。指在个人收入中扣除消费者个人缴纳的各种税款和交给政府的非商业性开支后剩余的部分，可用于消费或储蓄的那部分个人收入，它构成实际购买力。个人可支配收入是影响消费者购买生活必需品的决定性因素。

（4）个人可任意支配收入。指在个人可支配收入中减去消费者用于购买生活必需品的费用支出（如房租、水电、食物、衣着等项开支）后剩余的部分。这部分收入是消费需求变化中最活跃的因素，也是企业开展营销活动时所要考虑的主要对象。这部分收入一般用于购买高档耐用消费品、娱乐、教育、旅游等。

（5）家庭收入。家庭收入的高低会影响很多产品的市场需求。一般来讲，家庭收入高，对消费品需求大，购买力也大；反之，需求小，购买力也小。另外，要注意分析消费者实际收入的变化。注意区分货币收入和实际收入。

2）消费者支出分析

随着消费者收入的变化，消费者支出会发生相应变化，继而使一个国家或地区的消费结构也会发生变化。

（1）消费结构。德国统计学家恩斯特·恩格尔于1857年发现了消费者收入变化与支出模式，即消费结构变化之间的规律性。

（2）恩格尔系数。恩格尔所揭示的这种消费结构的变化通常用恩格尔系数来表示，即

恩格尔系数 = 食品支出金额／家庭消费支出总金额

恩格尔系数越小，食品支出所占比重越小，表明生活富裕，生活质量高；恩格尔系数越大，食品支出所占比重越高，表明生活贫困，生活质量低。恩格尔系数是衡量一个国家、地区、城市、家庭生活水平高低的重要参数。企业从恩格尔系数可以了解目前市场的消费水平，也可以推知今后消费变化的趋势及对企业营销活动的影响。

3）消费者储蓄分析

消费者的储蓄行为直接制约着市场消费量购买的大小。当收入一定时，如果储蓄增多，现实购买量就减少；反之，如果用于储蓄的收入减少，现实购买量就增加。居民储蓄倾向是受到利率、物价等因素变化所致。人们储蓄目的也是不同的，有的是为了养老，有的是为未来的购买而积累，当然储蓄的最终目的主要也是为了消费。企业应关注居民储蓄的增减变化，了解居民储蓄的不同动机，制定相应的营销策略，获取更多的商机。

4）消费者信贷分析

消费者信贷，也称信用消费，指消费者凭信用先取得商品的使用权，然后按期归还贷款，完成商品购买的一种方式。信用消费允许人们购买超过自己现实购买力的商品，创造了更多的

消费需求。随着我国商品经济的日益发达,人们的消费观念大为改变,信贷消费方式在我国逐步流行起来,值得企业去研究。

3. 人口环境

人口是市场的第一要素。人口数量直接决定市场规模和潜在容量,人口的性别、年龄、民族、婚姻状况、职业、居住分布等也对市场格局产生着深刻影响,从而影响着企业的营销活动。企业应重视对人口环境的研究,密切关注人口特性及其发展动向,及时地调整营销策略以适应人口环境的变化。

人口数量是决定市场规模的一个基本要素。如果收入水平不变,人口越多,对食物、衣着、日用品的需要量也越多,市场也就越大。企业营销首先要关注所在国家或地区的人口数量及其变化,尤其对人们生活必需品的需求内容和数量影响很大。

人口结构分析对金融营销也非常重要。

(1)年龄结构。不同年龄的消费者对商品和服务的需求是不一样的。不同年龄结构就形成了具有年龄特色的市场。企业了解不同年龄结构所具有的需求特点,就可以决定企业产品的投向,寻找目标市场。

(2)性别结构。性别差异会给人们的消费需求带来显著的差别,反映到市场上就会出现男性用品市场和女性用品市场。企业可以针对不同性别的不同需求,生产适销对路的产品,制定有效的营销策略,开发更大的市场。

(3)教育与职业结构。人口的教育程度与职业不同,对市场需求表现出不同的倾向。随着高等教育规模的扩大,人口的受教育程度普遍提高,收入水平也逐步增加。企业应关注人们对报刊、书籍、计算机这类商品的需求的变化。

(4)家庭结构。家庭是商品购买和消费的基本单位。一个国家或地区的家庭单位的多少以及家庭平均人员的多少,可以直接影响到某些消费品的需求数量。同时,不同类型的家庭往往有不同的消费需求。

(5)社会结构。我国绝大部分人口为农业人口,农业人口约占总人口的80%。这样的社会结构要求企业营销应充分考虑到农村这个大市场。

(6)民族结构。我国是一个多民族的国家。民族不同,其文化传统、生活习性也不相同。具体表现在饮食、居住、服饰、礼仪等方面的消费需求都有自己的风俗习惯。企业营销要重视民族市场的特点,开发适合民族特性、受其欢迎的商品。

4. 自然环境

企业的自然环境(或物质环境)的发展变化也会给企业造成一些环境威胁和市场机会,这个方面的主要动向表现为以下几点。

(1)某些自然资源短缺或即将短缺。地球上的自然资源有三大类:①取之不尽、用之不竭的资源,如空气、水等;②有限但可以更新的资源,如森林、粮食等;③有限又不能更新的资源,如石油和煤等矿物。

(2)环境污染日益严重。许多国家对自然资源管理的干预日益加强。环境保护意识与市场营销观念相结合所形成的绿色市场营销观念,正成为20世纪90年代和21世纪市场营销的新主流。绿色市场营销观念要求企业在开展市场营销活动的同时,努力消除和减少生产经营对生态环境的破坏和影响。这就是强调企业在进行市场营销活动时,要努力把经济效益与环境效益结合起来,尽量保持人与环境的和谐,不断改善人类的生存环境。

5. 技术环境

技术环境指的是企业所处的社会环境中的技术要素及与该要素直接相关的各种社会现象的集合,技术不仅是指那些引起时代革命性变化的发明,而且还指与企业生产有关的新技术、新工艺、新材料的出现和发展趋势以及应用前景。变革性的技术正对企业的经营活动发生着巨大的影响,这些技术包括网络、基因、纳米、通信、智能计算机、超导、电子等方面。技术进步创造新的市场,改变企业在行业中的相对成本及竞争位置,为企业带来更为强大的竞争优势。企业要密切关注与本企业产品有关的科学技术的现有水平、发展趋势及发展速度,对于相关的新技术,如新材料、新工艺、新设备或现代管理思想、管理方法、管理技术等,企业必须随时跟踪,尤其对高科技行业来说,识别和评价关键的技术机会与威胁是宏观环境分析中最为重要的部分。

【案例】

玩 转 拉 卡 拉

"拉卡拉",简单地说就是借助安装在商业区和住宅区便利店的智能刷卡终端机,银联卡持卡人可以自助完成信用卡还款、手机充值、公共事业缴费等一系列金融事务。而这些服务对于个人而言都是免费的。

2006 年,在某次 IT 圈的饭局上新浪创始人王志东问孙陶然最近在忙什么。孙陶然说,他正在做一个金融服务项目,取名"乾坤",有望改变人们的生活方式。王志东却说,这个名字不好,不通俗不上口,不如跟着他正在做的产品——"拉瓦拉瓦"改叫"拉卡拉卡"。为了避免模仿的痕迹,孙陶然最后接受了"拉卡拉"这个名字。巧合的是,在上海话中,"拉卡"正是"刷卡"的意思,而"拉卡拉"的星星之火也正是首先在上海点燃的被戏称为"排队排出来"的项目——"拉卡拉",简单地说就是借助安装在商业区和住宅区便利店的智能刷卡终端机,银联卡持卡人可以自助完成信用卡还款、手机充值、公共事业缴费等一系列金融事务。而这些服务对于个人而言都是免费的。拉卡拉一开始并没有清晰的模式,最初开发的系统是为企业提供专业的电子账单接收、处理、支付服务,第一步业务是为伊利集团提供企业资金回缴服务。但事实表明,企业方面往往都有专门跑银行的人,银行网点的多少对其影响不大。因此,拉卡拉决定进入和消费者相关的领域。2007 年 3 月,拉卡拉完成第二轮 800 万美元融资的同时,投资人明确约定,拉卡拉必须全力进入便利店,"没有什么比便利店更加合适的了,无处不在的连锁网络一旦被利用起来,会产生很大的想象空间。"长期以来,金融服务行业的业态是一种类似"各司其职、按劳分配"的"社会主义"模式。但是拉卡拉扮演的好似一个合纵枢纽的角色,而对签约商户而言,拉卡拉又充当着"账单整合者"的角色。通过拉卡拉的 EBPP 平台,不同客户的账单资料可以被整合成统一的格式,并集中呈现在拉卡拉账单上,商户可以借此有效地掌握消费者信息。

随着"线下便利支付市场"的兴起,越来越多的企业开始进入这个领域。2008 年 11 月,拉卡拉与支付宝达成战略合作,中国最大的线上支付平台与线下支付渠道自此结为一家。支付宝家拉卡拉的模式,实际上是让电子商务和传统支付方式实现了更为平顺的对接:消费者在进行网上购物、电话购物、邮政购物后,可以在周边的便利店网点刷卡支付,回收"交易凭条"。与此同时,拉卡拉也成立了自己的 B2C 电子商务网站,与淘宝相比,这一网站更为便捷,消费者只需从网站上记住商品编号,然后到便利店里的拉卡拉终端上刷卡,即可完成交易。这一商务网站模式还可以与便利店等其他商务进行合作。

便利店并不需要把所有的商品都摆在货架上，一些特殊的商品只要有销售目录就可以，购买完成后，消费者再到便利店取货。依托拉卡拉的平台，便利店就能够在"不需进货、不需配送、不需改造收银系统"的情况下，迅速开展多种电子商务。2009 年年内，拉卡拉将实现在便利店兑换信用卡积分、车房贷还款、交通罚款等新业务。

（资料来源：新周刊 2009 年 16 期）

6. 社会文化环境

社会文化环境是指企业所在社会中成员的民族特征、文化传统、价值观念、宗教信仰、教育水平以及风俗习惯等因素。从影响企业战略制定的角度来看，社会文化环境可分解为人口、文化两个方面。人口因素对企业战略的制定有着重大的影响。例如，人口总数直接影响着社会生产总规模；人口的地理分布影响着企业的厂址选择；人口的性别比例和年龄结构在一定程度上决定了社会需求结构，进而影响社会供给结构和企业生产；人口的教育文化水平直接影响着企业的人力资源状况。文化环境对企业的影响是间接的、潜在的和持久的，文化的基本要素包括哲学、宗教、语言与文字、文学艺术等，它们共同构筑成文化系统，对企业文化有重大的影响。企业对文化环境分析的目的是要把社会文化内化为企业的内部文化，使企业的一切生产经营活动都符合环境文化的价值检验。另外，企业对文化的分析与关注最终要落实到对人的关注上，从而有效地激励员工，有效地为顾客服务。

企业的最高管理层做出市场营销决策时必须研究这种文化动向：

（1）国际市场营销决策必须了解和考虑各国的文化差异。不同国家的人们各有不同的态度或看法、风俗习惯。

（2）市场营销决策还要着重调查研究亚文化群的动向。每一种社会或文化内部都包含若干亚文化群，如青少年、知识分子等。这些不同的人群也是消费者群。由于他们各有不同的生活经验和环境，又有一些不同的信念、价值观念、风俗习惯、兴趣等，因而他们各有不同的欲望和行为。

（3）图腾文化与市场营销禁忌。图腾文化是民族文化的主要源头，它渗入市场营销工作的全过程，往往决定着市场营销活动的成败。图腾文化影响着一个社会的方方面面，包括影响工商企业的行为并构成企业文化的基础。

【案例】

文化对营销的影响

语言文字是文化的载体，也是文化的要素之一。据语言学家声称，目前世界上起码有3000 多种语言。其实，每种语言就是某种文化的代表，依此类推，当今世界亦有 3000 多种文化。企业在开展国际营销活动时，应充分重视对语言文字的研究。语言文字是人们在国际营销中相互沟通的主要工具。通信联系、洽谈合同、广告宣传等都离不开语言文字。要搞好国际营销必须十分注意语言文字的适用性。

还应注意语言文字的翻译问题。翻译实际上是两种文化的交流，稍有不慎便可能出现错误。例如，美国通用汽车公司生产的"Nova"牌汽车，在美国很畅销，但是销往拉丁美洲却无人问津，原因是拉美许多国家都讲西班牙语。而"Nova"一词在西班牙语中译为"不动"，试想一下,谁愿意买"不动"牌汽车呢?相反,"Benz"和"BMW"这两个汽车品牌在翻译成中文时却翻译得恰到好处,"Benz"译为"奔驰","BMW"译为"宝马","奔驰"和"宝马"都给人一种快的感觉,这种品牌的汽车,让人听起来就舒服。

不同国家的人们对于某些数字往往也有喜好和禁忌之分,认为某些数字吉利或不吉利。我国和非洲许多国家的人们传统上喜欢双数;日本人喜欢用三或五为一套;西方人惯以"打"(dozen)为计数单位;我国不少地区认为"8"是幸运的数字。特别值得注意的是不同地区对某些数字的禁忌。在我国、日本、韩国等一些东方国家,不少人把"4"视为预示会带来厄运的数字;印度认为以"0"结尾是不祥之兆;"13"这个数字在西方基督教徒较多的国家里最让人们忌讳,在这些国家,很多宾馆、办公大厦没有第13层,12层上面就是14层。开展国际营销时,经常要与数字打交道,比如商品计价、商品编配、宴请人数等,都不能忽视这些细节。

3.3 微观环境分析

微观环境是指对企业服务其顾客的能力构成直接影响的各种力量,包括企业本身及其市场营销渠道企业、市场、竞争者和各种公众,这些都会影响企业为其目标市场服务的能力。

1. 客户

客户是指使用进入消费领域的最终产品或劳务的消费者和生产者,也是企业营销活动的最终目标市场。客户对企业营销的影响程度远远超过前述的环境因素。客户是市场的主体,任何企业的产品和服务,只有得到了客户的认可,才能赢得这个市场,现代营销强调把满足客户需要作为企业营销管理的核心。

客户分为企业客户和个人客户。

(1)企业客户。

企业客户主要有国有企业。

随着国企现代企业制度的建立,对我国金融企业营销具有以下重要影响:一是在建立现代企业制度中,部分缓解国有大型企业对金融企业的资金需求压力;二是国家要选择每个行业的龙头企业作为国有金融企业支持的重点;三是国有金融企业要支持一批大型企业,增强其市场竞争力。

(2)个人客户。

随着个人投资观念、消费变化等,对金融企业营销具有以下重要影响:一是储蓄营销的难度不断增加,储蓄存款在银行资金中的比例将会继续下降;二是贷款需求尤其是消费性贷款需求呈上升趋势。

客户分析的市场类型分为五类。

消费者市场,指为满足个人或家庭消费需求购买产品或服务的个人和家庭。

生产者市场,指为生产其他产品或服务,以赚取利润而购买产品或服务的组织。

中间商市场,指购买产品或服务以转售,从中赢利的组织。

政府市场,指购买产品或服务,以提供公共服务或把这些产品及服务转让给其他需要的人的政府机构。

国际市场,指国外购买产品或服务的个人及组织,包括外国消费者、生产商、中间商及政府。

上述五类市场的客户需求各不相同,要求企业以不同的方式提供产品或服务,它们的需求、欲望和偏好直接影响企业营销目标的实现。为此,企业要注重对客户进行研究,分析客户的需求规模、需求结构、需求心理以及购买特点,这是企业营销活动的起点和前提。

2. 竞争者

竞争是商品经济的必然现象。在商品经济条件下,任何企业在目标市场进行营销活动时,不可避免地会遇到竞争对手的挑战。即使在某个市场上只有一个企业在提供产品或服务,没有"显在"的对手,也很难断定在这个市场上没有潜在的竞争企业。

企业竞争对手的状况将直接影响企业营销活动。如竞争对手的营销策略及营销活动的变化就会直接影响企业营销,最为明显的是竞争对手的产品价格、广告宣传、促销手段的变化,以及产品的开发、销售服务的加强都将直接对企业造成威胁。为此,企业在制定营销策略前必须先弄清竞争对手,特别是同行业竞争对手的生产经营状况,做到知己知彼,有效地开展营销活动。

金融企业营销中的竞争包括银行企业与非银行金融机构间的金融竞争、金融企业间的同业竞争。

(1)银行企业与非银行金融机构间的竞争。

一是造成我国银行企业的储蓄存款不断下降,增加银行的储蓄竞争与营销。二是促使我国金融业向低利和微利方向发展,失去了行业优势。

(2)金融企业间的同业竞争。

随着我国金融改革的不断深入,我国金融企业的机构和成分增多。一是打破了国有金融企业一统天下的垄断局面,激发和增强了金融竞争;二是外资银行的进入,给我国带来了世界一流的、最新的金融企业经营管理理论、方法、手段、技术等。

3. 金融企业本身

企业开展营销活动要充分考虑到企业内部的环境力量和因素。企业是组织生产和经营的经济单位,是一个系统组织。企业内部一般设立计划、技术、采购、生产、营销、质检、财务、后勤等部门。企业内部各职能部门的工作及其相互之间的协调关系,直接影响企业的整个营销活动。

营销部门与企业其他部门之间既有多方面的合作,也经常与生产、技术、财务等部门发生矛盾。由于各部门各自的工作重点不同,有些矛盾往往难以协调。如生产部门关注的是长期生产的定型产品,要求品种规格少、批量大、标准订单、较稳定的质量管理,而营销部门注重的是能适应市场变化、满足目标消费者需求的"短、平、快"产品,则要求多品种规格、少批量、个性化订单、特殊的质量管理。所以,企业在制定营销计划,开展营销活动时,必须协调和处理好各部门之间的矛盾和关系。这就要求进行有效沟通,协调、处理好各部门的关系,营造良好的企业环境,更好地实现营销目标。

4. 社会公众

社会公众是企业营销活动中与企业营销活动发生关系的各种群体的总称。公众对企业的态度,会对其营销活动产生巨大的影响,它既可以有助于企业树立良好的形象,也可能妨碍企业的形象。所以企业必须采取处理好与主要公众的关系,争取公众的支持和偏爱,为自己营造和谐、宽松的社会环境。

社会公众分析的对象如下:

（1）金融公众。主要包括银行、投资公司、证券公司、股东等，他们对企业的融资能力有重要的影响。

（2）媒介公众。主要包括报纸、杂志、电台、电视台等传播媒介，他们掌握传媒工具，有着广泛的社会联系，能直接影响社会舆论对企业的认识和评价。

（3）政府公众。主要指与企业营销活动有关的各级政府机构部门，他们所制定的方针、政策、对企业营销活动或是限制，或是机遇。

（4）社团公众。主要指与企业营销活动有关的非政府机构，如消费者组织、环境保护组织，以及其他群众团体。企业营销活动涉及到社会各方面的利益，来自这些社团公众的意见、建议，往往对企业营销决策有着十分重要的影响作用。

（5）社区公众。主要指企业所在地附近的居民和社区团体。社区是企业的邻里，企业保持与社区的良好关系，为社区的发展作一定的贡献，会受到社区居民的好评，他们的口碑能帮助企业在社会上树立形象。

（6）内部公众。指企业内部的管理人员及一般员工，企业的营销活动离不开内部公众的支持。应该处理好与广大员工的关系，调动他们开展市场营销活动的积极性和创造性。

5. 营销中介

营销中介是指为企业营销活动提供各种服务的企业或部门的总称。

营销中介对企业营销产生直接的、重大的影响，只有通过有关营销中介所提供的服务，企业才能把产品顺利地送达到目标消费者手中。营销中介的主要功能是帮助企业推广和分销产品。

营销中介分析的主要对象如下：

（1）中间商。指把产品从生产商流向消费者的中间环节或渠道，它主要包括批发商和零售商两大类。中间商对企业营销具有极其重要的影响，它能帮助企业寻找目标顾客，为产品打开销路，为顾客创造地点效用、时间效用和持有效用。一般企业都需要与中间商合作，来完成企业营销目标。为此，企业需要选择适合自己营销的合格中间商，必须与中间商建立良好的合作关系，必须了解和分析其经营活动，并采取一些激励性措施来推动其业务活动的开展。

（2）营销服务机构。指企业营销中提供专业服务的机构，包括广告公司、广告媒介经营公司、市场调研公司、营销咨询公司、财务公司等。这些机构对企业的营销活动会产生直接的影响，它们主要任务是协助企业确立市场定位，进行市场推广，提供活动方便。一些大企业或公司往往有自己的广告和市场调研部门，但大多数企业则以合同方式委托这些专业公司来办理有关事务。为此，企业需要关注、分析这些服务机构，选择最能为本企业提供有效服务的机构。

（3）物资分销机构。指帮助企业进行保管、储存、运输的物流机构，包括仓储公司、运输公司等。物资分销机构主要任务是协助企业将产品实体运往销售目的地，完成产品空间位置的移动。到达目的地之后，还有一段待售时间，还要协助保管和储存。这些物流机构是否安全、便利、经济直接影响企业营销效果。因此，在企业营销活动中，必须了解和研究物资分销机构及其业务变化动态。

（4）金融机构。指企业营销活动中进行资金融通的机构，包括银行、信托公司、保险公司等。金融机构的主要功能是为企业营销活动提供融资及保险服务。在现代化社会中，任何企业都要通过金融机构开展经营业务往来。金融机构业务活动的变化还会影响企业的营销活动，比如银行贷款利率上升，会使企业成本增加；信贷资金来源受到限制，会使企业经营陷入困境。为此，企业应与这些公司保持良好的关系，以保证融资及信贷业务的稳定和渠道的畅通。

3.4 金融市场宏观、微观环境分析法

1. 环境发展趋势分析法

环境发展趋势基本上分为两大类:一类是环境威胁;另一类是市场营销机会。环境威胁是指环境中一种不利的发展趋势所形成的挑战,如果不采取果断的市场营销行动,这种不利趋势将伤害到企业的市场地位。

市场营销机会是指对企业市场营销管理富有吸引力的领域。在该领域内,企业将拥有竞争优势。这些机会可以按其吸引力以及每一个机会可能获得成功的概率来加以分类。任何企业都面临着若干环境威胁和市场机会。

企业最高管理层可以用"环境威胁矩阵图"和"市场机会矩阵图"来加以分析、评价。可能会出现四种不同的结果:

① 理想业务,即高机会和低威胁的业务。
② 冒险业务,即高机会和高威胁的业务。
③ 成熟业务,即低机会和低威胁的业务。
④ 困难业务,即低机会和高威胁的业务。

企业对所面临的主要威胁有三种可能选择的对策:

① 反抗,即试图限制或扭转不利因素的发展。
② 减轻,即通过调整市场营销组合等来改善环境适应,以减轻环境威胁的严重性。
③ 转移,即决定转移到其他赢利更多的行业或市场。

2. "SWOT"分析法

环境分析的方法常采用"SWOT 分析法"。

"SWOT 分析法"是将对企业内部和外部条件各方面内容进行综合和概括,进而分析组织的优势与劣势、面临的机会和威胁的一种方法。具体表示内容如下:

"S"——Strength(优势)

"W"——Weakness(劣势)

"O"——Opportunity(机会)

"T"——Threats(威胁)

其中,优势(S)与劣势(W)主要分析企业自身的实力及其与竞争对手的比较,而机会(O)和威胁(T)则将注意力放在外部环境的变化及对企业可能受到的影响上。

【案例】

网上银行营销策略及其市场环境分析

山东农村信用社的网上银行业务在 2011 年 5 月 24 日正式推出。网上银行业务的推出,标志着山东农村信用社通过信息科技创新进一步提高了金融服务水平,使其在金融市场的竞争中更加具有优势。如何将此项业务成功地向客户营销,并使客户从中受益,从而实现互利共赢是我们认真思考和研究的课题。

1. 网上银行的营销推广策略

(1) 网上银行的广告营销策略。农村信用社的网上银行业务的推广,采用了多种形式的

广告营销方式,为信息的有效传递发挥了重大作用。不仅通过 DM 单、POP 立式广告、设立路牌广告等广告营销策略,近距离地将广告信息传递给消费者;同时也可通过山东省农信网站、LED 电子显示屏以及短信平台等科技媒介方式,向客户介绍最新产品,让消费者对网上银行业务有了全方位的了解,从而刺激消费者的购买需求。

(2) 网上银行的其他营销策略。网上银行的推广,除了广告营销策略之外,还少不了内部员工的积极营销与推广。外勤人员积极向客户介绍网上银行的相关信息,积极促成网上银行业务的成功办理。此外,柜面日常营销也是网上银行营销策略的重要组成部分。

2. 农村信用社网上银行市场的 SWOT 矩阵分析

随着社会经济的发展,金融行业更是展开激烈的竞争。农信社正确分析了所处的环境,不断地发展创新,开发了网上银行业务,以此提高自身在金融市场上的竞争力。下面通过 SWOT 矩阵分析网上银行业务推广面临的机会与威胁,从而扬长避短,利用自身的强项成功推广网上银行业务。农村信用社网上银行市场 SWOT 分析如下:

(1) 优势(Strengths)。山东农村信用社是全省营业网点和从业人员最多、服务范围最广、资金规模最大的综合性、多功能地方金融机构;在服务范围内有相当数量的客户群体;网上银行的推出以制定低于其他金融机构手续费为优惠方案,以低价格制胜;网上银行业务的开展以良好的科技服务平台为支撑。

(2) 劣势(Weaknesses)。网上银行处于产品开发初期,开始推广阶段,相关服务项目仍需要改进和完善;农村信用社以服务"三农"为宗旨,很多客户群体都是中小企业和农村、农民,其安全意识较强,对网络存在一些不信任感,可能会影响到网上银行的开展。

(3) 机会(Opportunities)。农村信用社通过网上银行的技术开发,为拓展市场、增加客户群体带来机会;有利的政治、金融环境;"新生代农民工"成为农民大军的主力,其文化知识水平较高、接受新事物的能力较强,愿意尝试新产品带来的便捷;农村信用社网上银行市场的机会,还来源于农村信用社快速、便捷的服务理念和对现有发展战略及发展目标的坚持。

(4) 威胁(Threats)。激励的金融市场竞争;其他商业银行完善的网上银行服务,是来自外部环境的最大威胁;网络的不安全性,是众多客户不愿选择网上银行业务的原因之一。

企业发展的环境是不断地发展变化的,环境的变化给企业带来机会和威胁,也是企业创新的动力源泉,正确的营销策略具有影响环境变化的能动作用。在网上银行的推广过程中,充分利用农村信用社的强项,以信息科技创新为支撑,用自身的竞争优势在网上银行市场上占有大量的客户源,在金融市场的激烈竞争中立于不败之地。

(资料来源:临沂资讯网)

3. "PEST"分析法

"PEST"为一种企业所处宏观环境分析模型。具体标示内容如下:

"P"——Political(政治)

"E"—— Economic(经济)

"S"——Social(社会)

"T"——Technological(科技)

这些是企业的外部环境,一般不受企业掌握,这些因素也被戏称为"pest(有害物)"。

【拓展案例】

民生银行2009金融行业环境分析

1. 宏观环境

1）政治环境

去年,中国履行加入世贸组织的承诺,开放金融市场,监管层也倾向于逐步放开市场,并且一些股改之后的大型国有金融企业,如中国银行、中国工商银行、中国建设银行等,纷纷回归A股市场。在这一系列利好因素的作用下,金融行业出现了繁荣。

2）经济环境

中国经济持续高速的增长,房地产和股市异常火爆。在人民币升值预期的影响下,外国投资者都看好中国市场,大量外国资本涌入中国市场。

但是,在今年年初,中国出现了通货膨胀,央行连续加息和提高准备金率也抑制不了经济过热,央行还使用一些其他方法防止通货膨胀。与此同时,物价上涨也成为一个严重的问题。高房价也从一个经济现象演变成危及民生和社会稳定的政治问题。

3）文化环境

中国由于历史原因,金融业的发展不同于西方国家,曾经出现过断层,至今也没有形成完整的、成熟的金融体系。而且在中国古代,儒家思想占主导地位,商人的社会地位很低。中国原本是自给自足的农耕经济,也没有形成现代商业。再后来,受马克思激进的政治干预思想的影响,很多商业活动是被禁止的。例如,中国人对房地产的认识就都不同于西方,中国一直是农耕社会,开发商富豪和房奴,就像地主和农民,土地问题在中国两千年历史上都是一个能够引起社会动荡的问题。

4）技术环境

中国金融业尽管使用了一些先进的技术,如网上银行、ATM自助取款机等,但是,由于商业信用的缺失,有很多涉及信用货币的业务都没有开展,也缺乏相关技术。

2. 行业分析

1）民生银行SWOT分析

优势(Strength):机制灵活,产品设计能力优秀,定位于中小企业。

弱势(Weakness):资金成本过高,网点太少。

机会(Opportunity):利用中小企业的优势,进一步提高业务。

威胁(Threat):容易受到大型国有商业银行和外资银行的夹击。

2）潜在的竞争者

小银行,如浙商银行、中信银行等,以及新建立的银行。

3）竞争分析

竞争对手名称:中国银行、中国工商银行、中国建设银行、招商银行、花旗银行。

(资料来源:金融界)

问题:

（1）民生银行2009金融行业环境分析分析的是宏观环境还是微观环境?还可以从哪些方面进行进一步分析?

（2）该分析运用的方法是否得当？为什么？

实训：

金融产品市场环境分析

实训项目：分组进行不同类别金融产品的市场环境分析。

实训目的：使学生掌握金融产品市场宏观环境和微观环境分析的基本技巧和方法，同时培养学生的全局意识。

实训要求：制作一份金融产品市场环境调查报告，要求思路清晰，方法得当，分析合理。

任务四　金融客户分析

【知识目标】

了解金融客户的类型；掌握影响客户购买的主要因素；掌握购买决策的类型以及购买过程的具体步骤。

【能力目标】

能够运用所学知识正确地区别对待影响金融客户购买的各类因素。

【素质目标】

树立全面的分析意识，能确实分析影响各类金融客户购买的主要因素，进行各类金融产品的营销。

【引导案例】

邮储银行保定市分行"鼎卡"信用卡的营销案例

1. 产品介绍

作为邮储银行蓄势已久推出的首张信用卡，自推广以来，该卡得到了广大邮储银行新老客户的青睐。储蓄银行首款信用卡是国内首张终身免年费的标准信用卡。卡面以"鼎"作为设计图案，既表现出邮政历史文化底蕴、雄厚实力以及精诚守信、一诺千金的内涵，也表现邮政储蓄银行"鼎力为您"的服务承诺。蓝绿色的卡片背景象征着和平、生命与希望，为生活注入轻松爽朗、便捷时尚的用卡理念。

邮储银行信用卡方便灵活、费率优惠。邮储银行遍布全国的36000多个网点，让您无论身在何处都可以轻松还款。账单日灵活选择，自主安排最后还款的时间。"任意分"账单分期"笔笔分"交易分期随心选择，分期起点金额低，免利息，手续费低，一个电话即可轻松分期。24小时客服热线4008895580实时设置交易密码和查询密码，消费额超过500元更有免费短信提醒，密码短信双重保护，用卡放心。

2. 市场背景

保定地区经济增长速度位居全省前列，2009年城镇居民人均可支配收入的金额和增幅，在全省各地市中名列上游。人均消费性支出金额也比上年有较大增长。尤其是市区、涿州、高碑店、定州等地区的居民收入增加更为迅速，居民有很强的消费能力，对贷记卡认知度较高。作为贷记卡发卡的必争之地，保定地区的贷记卡发卡市场竞争非常激烈，为抢占市场份额各家银行投入了巨额的宣传资源进行市场拓展。而邮储银行保定市分行的贷记卡发卡面临着发卡起步晚、宣传投入不足,宣传策划没有延续性,品牌认知度相对较弱等现实困难。

总行信用卡中心于 2008 年 10 月 10 日推出的首张信用卡"鼎卡"是邮储银行贷记卡业务发展的里程碑。为了推动贷记卡发卡量和用卡频次的提高,邮储银行保定市分行银行卡部利用国庆、中秋假期抓住假日旅游休闲的热点,在 2009 年 9 月至 2009 年 10 月期间与多处名胜旅游景点联合策划开展了"鼎卡"贷记卡的营销活动,活动期间涵盖了国庆、中秋、老师节等几个重要节日,通过整体的组织策划和有效的宣传投入,取得了很好的实际效果。

3. 营销案例

1）抓住消费热点,创新品牌主题内涵

实行长假制度后,休闲类消费需求被充分释放,旅游休闲业得到发展,改变了人们的消费偏好,诱发了购物、娱乐、旅游的消费高潮。银行卡客户节日期间具有跨区域消费和集中性消费的特点,保定地区的旅游休闲业对华北地区的辐射力和影响力显著增强。随着人们生活质量的不断提高和消费观念的转变,旅游已成为时下居民的一种重要的生活方式。贷记卡目标群体为收入较高、属于社会消费主流人群的中青年客户,保定市分行银行卡部抓住客户群体的特点,并结合国庆、中秋喜庆的节日气氛,为"鼎卡"信用卡品牌中增添了"快乐"的主题内涵,所有策划都围绕着这个主题开展。

2）精心策划活动,营销快乐假日

主题确定了以后,保定市分行银行卡部积极与在保定地区有较强影响力的旅游购物景点进行接触。经过多次的拜访和沟通,根据营销活动目标客户的需求,选定了安新县白洋淀、涞水县野三坡、雄县温泉城及白沟箱包城作为合作伙伴。前三处景点以旅游及自驾车观赏为特色,白洋淀被誉为"华北明珠",野三坡毗邻北京,温泉城与天津临近,特别是自驾车游览区,非常适合全家游玩,历来是节日旅游的热点地区。而白沟箱包城被誉为"北方最大的箱包集散地",如今已经与南方的义乌小商品市场齐名,不但是经商贸易的热点地区,也是旅游购物的好去处。

保定市分行银行卡部提出的"营销快乐假日"的概念得到了以上四个景点地区的赞同和认可,贷记卡的目标群体也和旅游购物的客户构成基本吻合,最终三个旅游景点不仅以较低价格提供了门票,还免费提供纪念品作为"鼎卡"贷记卡开卡礼品。最终,双方拟订了"凭鼎卡贷记卡消费满 1000 元可获赠 1 张景点门票或相应购物抵扣券,申请鼎卡贷记卡并消费满 5 笔,可以获赠 1 个旅游景点纪念品"的活动内容。

3）投放主流媒体,兼顾自有渠道

随着营销经验的积累,保定市分行越来越意识到,有效的策划和投放才能引起关注。

首先,为了让贷记卡营销活动在激烈的市场竞争中引起关注,保定市分行聘请知名广告公司对活动主题和画面进行了精心设计,力求让客户对"鼎卡"贷记卡品牌产生更多的认可和偏好。在"营销快乐假日"的主导下,贷记卡营销活动不只为持卡人创造快乐的购买体验,更让持卡人通过刷卡达到一定金额就能亲身感受大自然的美丽和体验悠闲假期的快乐。

其次,在公交车、电台、电视、电梯电视等主流媒体长期投放广告,扩大"鼎卡"贷记卡曝光率。例如,针对保定市区主流消费群体在人流量大的公交车 1 路、2 路、8 路投放广告,覆盖所有公交车途径站点和线路。为了扩大鼎卡贷记卡曝光率在主流电台、电视台的新闻节目长期投放广告。这些针对性的媒体广告,基本上覆盖了社会消费主流人群的中青年客户群的生活、工作的领域,有效传播了营销信息。

第三,发挥全市邮储银行网点分布广,人流量大的特点,印制了宣传单张、海报、ATM 档板等宣传物料,做好宣传部署。此外还充分利用旅游景点的售票窗口、手机短信、对账单、收单商户、积分兑换网站、95580 客服等渠道,提高活动的渗透率和关注度。

4. 活动效果

此次的营销活动引起了客户对贷记卡的关注和用卡热情。通过对收回的客户调查问卷的统计,绝大部分客户对活动形式、活动内容表示非常满意,不少客户都表示,活动礼品超值且全家都能受益。据统计,活动期间日均咨询电话量达 100 个以上,日均登记预约客户量达 30 个以上。2009 年 10 月,全市当月银行卡消费额(含借记卡)达 2.4 亿元,比上月增长了 0.6 亿元,增长率为 33%,当月商户手续费达 20 多万元,并为以后全市贷记卡发卡工作打下了很好的基础。

通过有针对性的宣传活动,以上四个旅游购物景点扩大了在全市的知名度,通过赠送门票产生的客源也为旅游景点带来了餐饮、纪念品销售等方面的收益。景点管委会均表示有机会还会与邮储银行开展类似的活动。

此次活动还在营销主题、品牌联合等方面进行了有益的尝试,积累了一定的经验,取得了较好的效果。

解释:

如何在资源投入有限的情况下,获得最好的营销效果,是每个市场人员经常思考的问题。在实际工作中,往往会发生投入了宣传资源却没有获得预期效果,活动内容不被目标群体接受,活动执行过程难以监控等问题,任何一个细节都会对活动效果产生重要影响。本策划案例的成功主要采取了以下营销策略:

一是创新品牌内涵。"鼎卡"贷记卡是在保定市拥有的知名度不高,大多数客户对它的认识,仅仅停留在借记卡的层面。很多客户并不了解邮储银行卡中还有贷记卡这个产品。如何让客户在较短的时间内产生对鼎卡贷记卡的印象,是一个重要的问题。贷记卡作为一个功能强大的金融产品,如果只是简单描述功能,会让人觉得繁琐和无味,根本无法引起目标客户的兴趣。本策划案例中保定市分行银行卡部以"快乐"作为突破口,不仅给目标客户感官上的愉悦,更让其产生了刷贷记卡享受快乐假期的愿望。此外,对于尚未拥有贷记卡的客户,也起到了很好的激励作用

二是以目标客户需求为出发点。保定市地区经济发展不均衡,在经济较繁荣的地区,各家银行贷记卡的目标客户群体基本雷同,即 25 岁~40 岁,收入较高、属于社会消费主流人群的中青年客户。营销活动是为了更好地推动业务发展,决不是应付之举。综观各家银行在节日期间的贷记卡营销活动,大多数以刷卡送积分、刷卡抽奖为主要内容,客户难免产生审美疲劳。本策划案例中保定市分行银行卡部认为目标客户群体在享受自由的生活方式的同时也会注重快乐的家庭生活,选择全家游玩的四个旅游购物景点正好满足了客户的节日需求。

三是探索银行卡业务促销"双赢"新模式。以往保定市分行银行卡部在开展促销活动时往往是单方面行动,造成投入大、收效成本高的局面,忽视了调动合作伙伴参与促销的积极性,使得现行的促销活动局限性很大,不能充分利用现有资源。本着互惠互利原则,本策划案例中促销活动的受益者不单单是银行一方,通过赠送门票产生的客源为旅游景点带来了餐饮、纪念

品销售等方面的收益,通过返还抵扣券的形式扩大了商户的销售额,通过全地区的宣传也提升了四个旅游购物景点的知名度。双方的共同合作使得在促销的形式上、深度上,以及经费的分摊等方面都会有了更高的层次提升。

客户是金融机构的金融产品的购买者,金融机构若想开发出市场需要的金融产品就要研究客户的心理和行为,对客户进行分析。开发产品前要知道客户的类型、客户的需求、客户的行为,这些信息都是金融机构开发金融产品的基本依据。金融机构的进行产品开发的一切活动都要以满足客户需求为中心,因为只有满足了客户需求的金融产品才是好的金融产品,才是具有赢利能力的金融产品。

4.1 金融机构客户类型

金融市场上的交易主体均是金融机构的客户,他们是个人、家庭、企业、金融机构、政府,还包括一些事业单位和社会团体。这些金融机构的交易主体对金融产品有着不同的需求,根据需求的不同,我们可以从另一个角度对金融机构的客户进行分类。

1. 投资者

投资者是金融市场上的资金盈余者,他们出让资金的使用权,保留资金的拥有权,以取得获取报偿达到资产增值的目的。投资者包括各种存单的持有者,债券的持有者,股票、基金的持有者等。根据不同的投资对象,投资者所承受的风险,得到的回报也各不相同。

2. 筹资者

筹资者是金融市场上的资金短缺者,他们通过金融机构在金融市场上筹集资金,使用投资者的资金,但是不对资金具有拥有权。只有符合条件的资金短缺者才能成为筹资者,例如,向银行借款必须满足一定的信用条件,在证券市场上筹集资金也要通过严格的审核。

3. 套利者

套利者也是以获取回报为目的的出资人,但是与投资者不同的是,套利者以投机为主要目的,投机往往可以获取比投资更高的资金回报率,但是风险也更高。投机者的泛滥会给金融市场带来极大的混乱,阻碍金融市场的健康发展,因此政府和金融市场的监管部门需要通过管理和监督抑制过度投机,维持金融市场的正常秩序。

4. 保值者

这类客户并不以获取资金回报为目的,他们只求自己的资金不贬值即可,因此保值者会持有一些具有保值功能的金融产品,如政府金边债券、国库券、保值储蓄等。

5. 投保者

这类客户就是保险公司的保险受益凭证的持有者。在投保者向保险公司支付了保费并签订了保险合约后,就有权利要求保险公司按照保险凭证事项对其保险标的物履行保险责任。

6. 信用中介者

主要是指在投资者和筹资者之间发挥着信用保证作用的机构,如银行。信用中介者可以弥补投资者的信息不对称性,使其放心进行投资,保证其在投资期满时可以按时收回本金和利息。

7. 佣金获取者

在金融市场中存在一些专门以获取佣金为目的的客户,主要是指发挥证券发行代理、承销、经纪和咨询等作用的金融中介机构,如证券公司、金融咨询公司等。

由上述分类我们可以看出,金融机构的客户需求主要有三类,一类是资金的供给者,目的有投资、投机、保值和保险;一类是资金的需求者,目的是获取资金的使用权;一类是既不提供资金也不使用资金的中间人,他们以获取佣金、手续费、代理费为目的。

另外从金融机构客户的交易量大小也可以将金融机构的客户分成两类

(1)散户。主要是指交易相对分散且交易量小的客户,如一些小企业、小机构等,但主要指的是社会公众。同大宗客户一样,散户可能是资金的供给者也可能是资金的需求者,但从总体看来,散户一般是资金的供给者,是社会中的一般投资者,我们称散户市场为客户市场。散户由于交易次数多而且每次交易量较小,需要金融机构投入更多的人力物力,因此成本相对较高,利润较低。但是由于散户数量众多,因此如果能吸引大部分的散户,其利润也是可观的,因此金融机构也可以开发出适合散户的金融产品以获取利润。

(2)大宗客户。主要是指交易相对集中且交易量较大的客户,如政府、各种企业、金融机构等。这些大宗客户可能是资金的供给者也可能是资金的需求者,我们称大宗客户市场为组织市场。金融机构可以从大宗客户对金融产品的购买中获取较高的利润,因此如何吸引大宗客户的"眼球"是金融机构开发金融产品必须考虑的因素。

4.2　影响客户购买的主要因素

客户对金融产品的购买决策在很大程度上受到社会文化、个人经历、心理等因素的影响,它们对客户购买行为的影响程度各不相同,客户的购买决策是多种影响因素共同作用的结果。

1. 文化因素

文化因素对客户的购买行为具有最广泛和最深远的影响,文化因素包括文化、亚文化和社会阶层。

1)文化

文化是人类社会历史实践过程中所创造的物质财富和精神财富的总和,它既包括人们的信仰、行为准则、价值观、风俗习惯,也包括社会环境和物质环境。文化是影响人类欲望和行为的最基本的决定因素。金融产品开发人员必须深刻认识到客户所处的文化环境,并时刻注意其的变化。例如,在某些国家保险意识弱,那么在这种地区开发保险产品就是不明智之举。还比如,在香港,50 岁~60 岁的人很少购买人寿保险,因中国人有一种传统的说法,即在这一年龄买人寿保险是坏运气的前兆,这将极大地妨碍这一年龄段的人寿保险产品的购买。因此50岁~60 岁年龄段的人们对保险产品的消费就产生部分的空白,如何开发新的金融产品填补这块空白是产品开发人员需要深入考虑的问题。

2)亚文化

每种文化都包含着更小的亚文化。亚文化反映同一社会中各种群体的不同特征,如不同的价值观念、消费习惯、生活习惯和风俗习惯等。亚文化群体共分四种类型:民族群体、宗教群体、种族群体和地理区域群体。例如,在一些普遍认为是比较贫困的地区也会存在部分富有的人,这些人们也会对某些金融产品产生需求,针对这部分人开发出的金融产品就是对亚文化分析的结果。

3）社会阶层

社会阶层是指在社会范围内依照一定标准划分的社会等级,可见社会阶层即社会等级,不同的阶层对金融产品的需求是不同的,因此产品开发需要对不同阶层进行分析。不同阶层的需求差别更多地存在于各阶层使用金融产品的强度上而不是在阶层内部。一般认为较低的社会阶层的人趋向于借入资金供自身消费,对新型的储蓄方式要求不多;较高社会阶层的人则趋向于以消费以外的其他目的借入资金,如提高家庭的生活质量的贷款等,这些人对信贷的态度比其他人更加积极。对社会阶层的分析可以帮助产品开发人员了解客户不同的价值观、信仰和购买的类型及其形成原因,有助于分析人员进行市场细分和客户行为预测。

2. 社会因素

社会方面的因素包括参照群体、家庭、社会角色和地位。

1）参照群体

参照群体是指那些直接或间接影响客户看法和行为的群体,他们对客户的看法和行为起诱导和带动的作用。参照群体可以通过直接或间接的途径向客户传递某种有用的信息,客户也往往会效仿参照群体的行为。因此把这些参照群体的因素考虑到产品开发中来,可以带动更多的消费群体。

"参考团体"分为三种类型。

（1）成员资格型参考团体。

（2）接触型参考团体。

（3）向往型的参考团体。

2）家庭

家庭是社会最基本的组织细胞,也是最典型的消费单位,家庭对购买行为的影响主要取决于家庭规模、家庭的性质,以及家庭的购买决策等几个方面。

家庭的生命周期可划分为八个主要阶段。

（1）单身阶段。

（2）备婚阶段。

（3）新婚阶段。

（4）育婴阶段(满巢1)。

（5）育儿阶段(满巢2)。

（6）未分阶段(满巢3)。

（7）空巢阶段。

（8）鳏寡阶段。

家庭决策分为:集中与分散决策、独断决策与协商决策、男主型与女主型。

家庭对客户的购买行为具有重要的影响,因为人们的价值观、兴趣、爱好和生活习惯在很大程度上是在家庭生活中形成的。例如,父母会对小孩子开立哪种账户产生影响,成熟的子女也会给父母对金融产品的选择产生影响。不同类型的家庭具有不同的消费倾向,在子女较小的家庭中,有关教育类的金融产品可能会受到青睐;在收入较高的家庭中,消费信贷具有广阔的市场。有的家庭需要方便、快捷的金融服务;有的家庭则倾向于对可以带来稳定收入的金融产品的购买。

【案例】

为家庭幸福加温!
——按揭信用卡项目说明书

公司名称:深圳发展银行　　　　提交公司名称:深圳发展银行

为持卡人提供更经济实惠的消费方式,让消费也能"赚钱",减轻房贷压力,房子更快成为家!

全家齐刷卡,积分抵月供!

积分抵月供,还贷更轻松。

最高1%回馈,消费更实惠。

全家齐刷卡,积分共累积。

积分不清零 房贷终受益。

按揭信用卡将不断推出衣食住行等各项优惠,让持卡人能以更经济实惠、更便利轻松的方式进行家庭消费,落实按揭信用卡成就幸福家庭的理念。

(资料来源:经济观察网)

3）社会角色和地位

随着一个人的成长,他将在不同的社会群体中扮演不同的社会角色,每一个角色都对应着一种社会地位。一个人对金融产品的购买行为在某种程度上受其担当的角色和社会地位的影响。在转换角色的同时,贯穿整个生命周期的客户行为也会随之改变,因而购买决定也会发生改变。金融机构必须分离出这些特定的市场细分区,针对不同的市场细分区开发不同的金融产品。

3. 个人因素

1）年龄

不同年龄段的客户对金融产品有着不同的需要,这一点与前述个别因素有些重复。年龄因素对客户对金融产品消费的影响主要有:年龄较小的孩子需要家长为其挑选教育类的金融产品;年轻夫妇一般则选择消费信贷和保险等金融产品;具有稳定收入的年老者更需要金融机构提供的储蓄投资等服务。

2）职业

职业会影响一个人的收入,进而影响其消费模式。经济状况是客户个人购买能力的决定因素。收入高的人可能会将富余的资金拿出来投资,而且收入高的人一般生活水平也较高,他们可能会为了进一步提高生活质量而积极地参与消费信贷;而收入低的人在满足和基本生活需求之后没有多少富余的资金,他们一般将其储蓄起来,为将来储备。另外从事不同职业的人往往思维方式也不相同,对金融产品的理解也存在一定的差异,如从事风险性较高的职业的人会对保险险种的需求更大。

3）生活方式

具有不同生活方式的客户对金融产品的需求各不相同。喜欢追赶潮流的人可能会大胆尝试对新的金融产品购买;因循守旧生活的人喜欢购买一些具有保值功能的金融产品……,了解不同客户的生活方式,对金融产品开发活动很有意义。

4. 心理因素

客户的购买行为除了受上述因素影响之外,还受心理因素的影响。心理因素包括动机、知觉、学习、信念和态度等方面的内容。要了解客户购买行为的动机,就要研究这些心理过程。

动机是指引起人们某种行为、维持该行为并将该行为导向一定目标的心理过程。动机是人的行为的直接原因,动机能够及时引导人们去探求满足需要的目标,因为未满足的需要会形成动机。因此金融产品开发者只有深入研究客户的不同消费动机,才能设计出满足客户不同层次需要的金融产品。

知觉是个体通过其感官对外在刺激和被感知对象形成整体印象的过程。人们对客观事物的知觉是积极主动的,这种积极主动的知觉会影响客户的行为。因此金融机构在产品开发过程中一定要注意以下几点:开发的新产品要符合本机构一贯的形象,符合长期发展战略;与客户做好沟通,消除客户种种疑虑;通过各种途径减少新的金融产品在客户心中的不确定性和担心,这样可以培养客户对金融机构良好的形象知觉、产品知觉和风险知觉。

信念和态度也会影响客户的购买行为。信念是顾客在思想上对某刺激物的信任程度。例如,同一金融机构发行的 3 年和 5 年的债券,某人可能就认为 3 年期的债券期限适中,利率较高,因此他就会购买 3 年期的债券。金融机构应关注客户对金融产品形成的信念,将这个因素加入到金融产品当中,这样的金融产品才与客户的购买行为相适应。态度是顾客对某刺激物的倾向性评价和行为。例如,有的人认为对金融产品的投资安全性最重要,因此他就可能会投资于国债之类的金融产品,有的人认为收益性最重要,因此他就可能会投资于风险较高但利润也高的期货类金融产品。

【案例】

网络银行消费者行为分析

随着人们生活水平的进一步上升,家庭的财富积累速度也越来越快。因此人们对于理财的需求也日趋旺盛。与此同时,人们的工作及生活节奏也越来越高效。在这种大环境下,人们对各种便捷、有效的金融服务和金融产品有了相应的需求。

2009 年 1 月 13 日公布的《中国互联网络发展状况统计报告》显示,我国网民数已达到 2.98 亿人,手机网民数则首次超过 1 亿人。我国互联网普及率达到 22.6%,这意味着不到 5 个中国人当中就有 1 人是网民,该比例也首次超过 21.9% 的全球平均水平。而伴随着互联网的普及以及电子商务的日益成熟,网上银行以其速度快、手续费低等优点,吸引了越来越多的网民开始尝试使用网上银行业务。

随着互联网和电子商务的普及,网上银行这种业务模式也越来越成熟。对于广大银行用户而言,通过网上银行办理转账、汇款、购物、缴费等业务,与传统银行网点相比,具有交易速度快、避免到银行网点排队、手续费低等优点,越来越多的网民开始尝试使用网上银行业务。从中国互联网络信息中心 2008 年 12 月的调研结果显示,目前正在使用和已使用过网上银行专业版系统的网民占到全部网民的 33.4%,也就是近一亿的网民使用过网上银行专业版。同时,国内还有 66.4% 的网民还没有使用网上银行专业版,说明还有一个庞大的潜在用户市场。2009 年上半年以来,中国平均每分钟就新增近 100 个网民,已有五分之一的网民开始使用网上银行和网上炒股,约有四分之一强的网民在网上购物。各大银行也针对此种需求推出了各类产品和服务,如理财软件、炒股软件、支付软件等。

（3）评价方案。主要对所收集的各种信息进行整理，形成不同的购买方案，然后按照一定的评估标准进行评价和选择。

评价案分为以下几种情况：

① 单因素独立评价。

② 多因素联合评价。

③ 词典编辑式评价。

④ 互补式评价。

（4）做出决策。进行评价和选择后，形成购买意图，最终进入做出购买决策和实施购买阶段。

在形成购买意图和做出决策之间，仍有一些因素会使消费者临时改变其购买决策，主要来自两个方面，一是他人的态度，二是意料之外的变故。

决定进行购买以后，还会在执行购买的问题上进行一些决策，大体包括几方面。

① 支付方式决策。

② 数量决策。

③ 实践决策。

④ 品种决策。

（5）购买后的感觉和行为。消费者的评价行为一般要涉及以下几个问题。

① 产品属性，即产品能够满足消费者需要的特性。

② 属性权重，即消费者对产品有关属性所赋予的不同的重要性权数。

③ 品牌信念，即消费者对某种品牌优劣程度的总的看法。

④ 效用函数，即描述消费者所期望的产品满足感随产品属性的不同而有所变化的函数关系。

⑤ 评价模型，即消费者对不同品牌进行评价和选择的程序和方法。

4.4　以客户为中心的组织结构

1. 以客户为中心的原因

客户关系管理对企业竞争力有至关重要的影响。

企业以客户为中心的原因主要表现在以下几个方面。

（1）客户关系管理大大缓解了高度波动的市场环境下企业的经营风险。

（2）客户关系管理极大地提高了企业的赢利能力。

（3）客户关系管理是企业的独特优势。

（4）客户关系管理大大增强了企业在新经济环境中的竞争力。

2. 以客户为导向的特点

客户关系导向的企业战略作为一种新的企业战略思维，主要具有以下特点。

（1）客户关系导向的企业战略是建立在无形资源基础上的。

（2）客户关系导向的企业战略强调竞争合作，追求非零和合作博弈的竞争结果。

（3）客户关系导向的企业战略具有更多的柔性，可以随着环境和客户需求的变化而迅速调整适应。

（4）客户关系导向的企业战略偏重于动态分析,更加注重环境方面的动态化,即注重外部环境不连续变化时企业的竞争优势分析。

3. 依据客户导向构建组织结构

随着我国经济体制改革的逐步深入和市场化进程的不断加快,中资银行所面临的外部经营环境发生了根本性的变化。

（1）服务市场由过去的以产品为主转向以客户为主。

（2）服务功能由过去的单一性转向全面性。

（3）这一切均催促中资银行改革的步伐,组织结构市场化再造就是要适应经营环境的变化,在现有的体制框架下,通过经营范式的转换,提高经营管理水平。

4.5　金融企业客户忠诚度的维护

忠诚客户管理是顾客关系管理的核心和关键。

忠诚顾客是指对特定的金融企业或其某位员工、经理、某种产品服务产生较厚的感情,长期地、经常性地来企业办理业务,表现出特有的喜爱与惠顾,而对竞争者企业的营销活动具有免疫能力,并能主动地向其周围的人推荐该企业及其主管、产品服务的老顾客。

1. 管理忠诚顾客的注意点

（1）了解影响顾客忠诚度的因素。

影响顾客忠诚度的因素主要有金融机构的覆盖面与顾客流动性、现有业务。

（2）在顾客与本企业发生业务联系和顾客生命周期的每一个阶段,都抓住开发顾客忠诚度的机会。特别要在创造、开发新顾客的早期就开始培养顾客的忠诚度。

（3）促成顾客偏好。

（4）建立顾客信赖关系。

2. 建立金融企业的忠诚文化,培养忠诚的员工

3. 确定以忠诚为基础的关系战略

管理忠诚顾客不仅要掌握顾客心态与行为,更要注意建立长期、互信的顾客关系,这就需要制定明确的关系战略。

一般情况下,这种关系战略包括如下内容:

（1）确定目标。

（2）识别顾客需要及其忠诚倾向。

（3）建立顾客忠诚的途径。

（4）确定资格标准与细分市场。

（5）保持关系营销能力。

（6）测试效果。

【案例】

Brian D. Fulton:汽车金融提升客户忠诚度

9月6日—7日,由中国国际贸易促进委员会汽车行业委员会、成都市人民政府主办的2012年全球汽车论坛在成都娇子国际会议中心举办。本届全球汽车论坛的主题定为"在变革

的时代塑造行业的未来",着重探讨中国汽车在世界格局中的定位和世界的融合以及由此引起的深层次的问题。

在主题为"汽车金融与中国的汽车服务"的全体会议中,梅赛德斯—奔驰汽车金融(中国)有限公司总裁兼首席执行官布莱恩 D. 福顿发表主题演讲,他表示,对于车企而言,与代理商的资源进行整合,打造一站式金融服务,支持代销商提供金融服务,满足他们的金融服务需求能够帮助代理商成功制造客户忠诚度,与代理商保持长期的合作关系也能够打造品牌形象。

【拓展案例】

寻找蓝海:金融业的营销创新

客户世界会员沙龙"金融行业客户管理与客户价值提升"主题演讲

我们今天讲的是金融行业的客户管理及客户价值的提升,我还没有看名单,不知道有多少人和金融行业有关。但是无论如何都可以做个假定,我们中间的任何一个人都是金融行业的客户,每个人掏一下兜都可以掏出现金、银行卡,信用卡、存折等各种各样的工具。应该说 2005 年和 2006 年对中国整个金融行业讲都是重要的,尤其是 2006 年,我觉得有这么几个标志。今年的 12 月 11 号,中国金融业要与国际接轨,对中资企业的保护和对外资企业的限制都没有了,这是第一个很重要的里程碑。再说第二个里程碑。你们的钱都存到了银行,对于所在比重最大的金融机构,到今天为止,公司的改革、公司的治理结构、公司的风险管理是有很大变化的。有些银行已经上市,上市也是很重要的标志,当然,上市只是一个表征,我说的 2006 年的第二个标志,中国最主要的金融机构,包括工、农、招商、他们在按照国际的标准要求自己,当然我们也希望他们按照国际标准来等待自己的客户,尽管这段路还很漫长。当然还有第三个原因,我不知道有多少人关心证券,2006 年的时候,中国要完成股权分置改革,这也是一件很了不起的事情。当年为了引进证券市场,大家在姓资姓社方面摇摆,为了做到这个事情,我们创造出一个办法,就是把国有股权和流通股权分开,流通股上市,国有股不上市。当年的想法是保证国有股的控股地位。没有想到生出十多年这么一个怪胎,股市一再出现问题。大家都在讲股权分置改革,我们也很高兴,从去年到今年,高层也下了死命令,今年的股权分置改革也会结束。股权分置改革在金融业看,也就是中国的证券市场有了一个发展的热土,这个基础是好的,在国际市场投资市场面前,有了很好的资本市场。反过来说,证券市场制度化的缺陷被纠正之后,对中国的各个行业,对各个行业中的佼佼者运用资本工具、金融工具,得到较好的发展是有帮助的。所以说,股权分置改革在中国过去 10 年、今后 10 年甚至更远,都是一个重要的里程碑。

我今天的题目是中国金融营销创新与客户关系管理。我今天讲的银行比较多些,证券行业,今年这几个月交易量非常大,所以证券公司已经把这几个月停滞不前的事情,比如证券集中、风险管理、客户管理的提倡,我想都会很快提起来。保险行业这些年的成长非常快,每年同比增长都在 40% ~ 50%,对于中国这样一个保险的宽度、深度都不太高的国家,这个增长是很快的。其他一些小规模的金融机构,基金、信托、财务公司,对客户的重视、管理都在不断加强。这些行业利用信息化手段,管理客户、分析客户,尽量为客户服务的提供的举措也在不断增加。我们看到金融机构与我们直接相关的客户分两类,一类是个人客户，一类是企业客户，当然还有第三类就是金融从业机构，不是我们今天关心的。那么，对个人客户来讲呢，我们看到了这样一条几乎是指数型上升的曲线。标志着中国这 20 年来，还富于民的政策得到了很好的贯彻。老百姓手里有钱了，才会对金融机构有价值，所以这条价值曲线基本和金融机构的价值曲线相吻合。在中国，为了提升客户价值，金融机构就要去研究老百姓的金融需求，这个需求也是在不断变化的，钱都比较少的时候，每个家庭储蓄保值的需求很明显，不要亏掉了。当他的手头的资产已经到了一定量的时候，就要考虑融资，考虑增加新的需求。从这点上看，金融机构过去传统的产品，今天我们已经看到像信用卡等，已经成为今天竞争的热点。现在媒体频率最多的广告就是金融产品，信用卡、贷款、按揭等，下一阶段我相信，当每个人口袋里都可以掏出好几张信用卡的时候，有些信用卡就要关张了，因为他们已经赚不到钱了，也会有一些金融机构把经济投资在新的领域，比如说各种理财、投资啊，比如说高风险的工具啊。同样公司的金融业务也会不断地成长，过去金融机构银行有存款、汇款、贷款，今天针对金融机构来讲，也有了一些新的业务，票据业务、现金管理、公司贷款、银团贷款等这些方面的发展非常快，这也是根据客户的需求在不断变化。在这个时候我们就说，对金融机构来讲需要不断的创新，创新有两个立足点，你为客户能够带来价值吗，创新的一个立足点就是企业有没有灵敏性。大的企业之间都有一个问题就是官僚作风，结构脱节、业务和管理两张皮等，当客户有了需求，这些庞大的企业是没有人理睬你的。各个消费者在庞大的机构面前真是软弱无力。一个大机构面对客户的时候确实有些问题，当客户有需求的时候，机构是否能够满足他，有什么难题的时候，能够为他们提供好的服务。如果一个机构的创新的要求不能用来解决灵敏性的问题，他就会遇到很大的麻烦。另外一个问题就是协同性的问题，一个机构内部有前台、后台，在业务方面有做技术的，有做业务的、财务的，有做审核的，有做风险管理的、行政管理的，一件事情很多时候需要一个企业中，几个部门协同作业，一起来完成一个业务流程。当一个企业的灵敏性问题、协同性问题解决了，这个企业的价值就有了起码的基础，变革就要从这两点开始。

客户的价值许多企业都已经看到，我在这里就不多说了。以客户为中心，客户价值的提升是当今管理者运用的一个必不可少的重要工具。这是企业以客户为中心的一个内部组织体系。不管如何，这个组织机构要承担对客户的管理，对市场、对渠道管理、对销售管理、服务管理以及接触管理。然后用一些技术工具管理风险管理绩效，最终去代客户实现战略规划，实现生命周期，实现客户细分的执行。最终的目标是为客户实现价值。这时我们在技术层面建设的客户管理系统，要用 IT 结构配合业务架构，比如用信息技术为基础，一方面在业务操作方面，要注意营销、促销，反过来要有数据仓库、知识仓库，加上商业智能、BI 知识，支持企业的决策和管理的需要。因为决策不是管理者拍脑袋拍出来的，要有一些数据有严格的分析，有一些规律性的挖掘。在这两者的基础上，企业才能够有和客户的介入，才能通过呼叫中心、网络、营业厅等，直接和客户进行接触。每个企业都有不太一样的，有些偏重于网络，有的偏重于呼叫中心，有的要用现场等，这些都没有关系，我想每个企业要用一些技术架构配合业务架构，而不是说为了建呼叫中心而用呼叫中心。

就金融机构来说，刚才说了金融机构有许多的渠道，还有个很重要的渠道就是网点，我们来做一个简单的估算，还拿工行来举例子。工行个人客户有 4 亿~5 亿账户，这 4 个多亿的账户每天在工行处理的交易是 2 千万~4 千万笔，现在工行的网点从过去的 4 万多个减少到现在的 2 万多，一个网点每天要做 2 千笔左右业务，平均到每个窗口要处理 200 笔以上的业务。在国外银行，一个前台服务人员每天处理的业务在 100 笔以下，超过 100 笔以后，在服务质量、差错率等方面就会出现很大的偏差。中国现在这样，我们说一个简单的原因就是人太多了。我们经常会说银行的服务太差了，骂得一塌糊涂。服务确实很难，一个是业务量巨大，服务质量无法得到保证。发展电子银行有一个好处就是减少前台的业务量，那么那些重要的、复杂的、过程比较慢、对风险管理要求比较高的管理可以放在柜台去做，而一些低风险的、低技术含量的、可以快速处理的，比如取钱、取现金，就可以用其他方式解决。最好减少用现金，这也是一个趋势。银行网点的地位非常重要，网点的定位从过去简单的去招待客户等，将来会发展成为对重要客户的管理等。看美国从 1984 到 2000 年，银行网点的数量在增加，银行的数量在下降，而中国却是相反的，银行的数量在上升，每个银行的网点数量在下降。工行从 4 万多减到现在的 2 万多个，建行从 3.8 万减到 2.6 万个，中国农业银行从过去超过 6 万多减到现在 4 万多，网点的减少是因为有一些替代作用，有替代的手段出现。

在这里我举个例子，就是花旗银行台湾分行，它在北京已经有了 3 个点了。我去参观了它的网点，觉得也有些讲究，它进入中国台湾地区的时间已经很长了，中国台湾银行的竞争是非常激烈的，在 1997 年之前，中国台湾地区的银行机构有 200 多家，花旗不算特别有名的，从 1998 年开始，花旗制定了 CRM 战略，当时他们面临是否要去各个城市去建网点，最后没有建网点，而建了个电话银行，到现在为止，花旗在中国台湾地区只有 11 个网点。有人统计过到 2005 年年底，北京有 8800 个网点，而花旗在中国台湾地区只有 11 个网点，当然它还有一个呼叫中心，每月为超过 120 万人次提供服务。到 2000 年时，这个呼叫中心是中国台湾地区排名第 10 的零售银行。它电话银行所做的不光是简单的银行业务，它有约 280 位专业电话理财人员。这说明用呼叫中心代替银行网点，还是有一些依据的。其实国内也有这样的例子。1996 年时开始做电话银行，2000 年时做网络银行，谁也没有想到网络银行发展到今天这个地步，事实总是超出我们今天的想象，要抓住我们今天这个核心命题：围绕客户关系管理和客户价值提升去做些事情。

（资料来源：王广宇，《客户世界》2006 年 7 月 19 日，北京，客户世界会员沙龙"金融行业客户管理与客户价值提升"主题演讲。）

问题：

1. "金融行业客户管理与客户价值提升"主题演讲全文的核心是什么？
2. 联系实际，我国目前的金融客户管理发展方向是什么？

实训：

金融客户分析

实训项目：分组进行不同类型的金融客户分析。

实训目的：使学生掌握影响金融客户决策的基本因素，同时树立学生的"以客户为中心"的管理意识。

实训要求：制作一份金融客户分析报告，要求能明确体现不同类型金融产品客户的特点。

任务五　金融营销 STP 战略

【知识目标】

了解金融营销 STP 战略的概念;掌握金融市场细分;掌握目标市场的选择。

【能力目标】

能够运用所学知识正确的进行金融市场细分。

【素质目标】

建立金融营销 STP 战略意识,能将所学知识运用到金融产品营销中去。

【引导案例】

交通银行"2010 沃德财富博览会"

时间:2010 年 6 月 19—20 日

交通银行在上海国际会议中心举办"2010 沃德财富博览会",此次盛会吸引了来自国内政府机构、金融界、企业界的数百位名流与近万名交行客户。

交通银行沃德财富管理的目标是:为高端客户提供高品质服务,为大众客户提供优质便捷服务。为实现这一目标,交通银行推进沃德财富管理发展的策略包括三个方面:一是发挥交通银行在国际化、综合化经营方面的先发优势,坚持客户分层服务策略,强化 5P(产品、渠道、服务、推广、价格)服务体系。二是坚持以管理的个人客户资产(AUM)统领客户资产配置策略,并在考核激励体系方面形成以 AUM 为核心指标的个人财富管理考核管理体系。三是坚持集团内协同发展和与第三方合作联盟联动发展策略。发挥好子公司对个人财富管理的专业支撑,同时发挥上海"双中心"建设带来的政策和资源优势,建立起覆盖面广、合作较深、积极创新的第三方战略合作联盟,形成交行特色。

交通银行始建于 1908 年(光绪三十四年),是中国早期四大银行之一,也是中国早期的发钞行之一。1958 年,除香港分行仍继续营业外,交通银行国内业务分别并入当地中国人民银行和在交通银行基础上组建起来的中国人民建设银行。为适应中国经济体制改革和发展的要求,1986 年 7 月 24 日,作为金融改革的试点,国务院批准重新组建交通银行。1987 年 4 月 1日,重新组建后的交通银行正式对外营业,成为中国第一家全国性的国有股份制商业银行,总行设在上海。

作为中国首家全国性股份制商业银行,自重新组建以来,交通银行就身肩双重历史使命,它既是百年民族金融品牌的继承者,又是中国金融体制改革的先行者。

交通银行在中国金融业的改革发展中实现了六个"第一",即第一家资本来源和产权形式实行股份制;第一家按市场原则和成本—效益原则设置机构;第一家打破金融行业业务范围垄断,将竞争机制引入金融领域;第一家引进资产负债比例管理,并以此规范业务运作,防范经营风险;第一家建立双向选择的新型银企关系;第一家可以从事银行、保险、证券业务的综合性商业银行。交通银行改革发展的实践,为中国股份制商业银行的发展开辟了道路,对金融改革起到了催化、推动和示范作用。

2004 年 6 月,在中国金融改革深化的过程中,国务院批准了交通银行深化股份制改革的整体方案,其目标是要把交通银行办成一家公司治理结构完善,资本充足,内控严密,运营安全,服务和效益良好,具有较强国际竞争力和百年民族品牌的现代金融企业。在深化股份制改革中,交通银行完成了财务重组,成功引进了汇丰银行、社保基金、中央汇金公司等境内外战略投资者,并着力推进体制机制的良性转变。2005年6月23日,交通银行在香港成功上市,成为首家在境外上市的中国内地商业银行。2007年5月15日,交通银行在上海证券交易所挂牌上市。目前,交通银行已经发展成为一家"发展战略明确、公司治理完善、机构网络健全、经营管理先进、金融服务优质、财务状况良好"的具有百年民族品牌的现代化商业银行。

明确的发展战略。面对复杂的外部经营环境、日趋刚性的资本约束和逐步推进的利率市场化改革,基于深化股份制改革已取得阶段性成果、发展已经迈上新的历史台阶,交通银行从2005年开始实施管理和发展的战略转型。2008年,我们经过全面分析讨论,在承继交行既有的发展目标和战略转型系列工作的基础上,进一步明确了"走国际化、综合化道路,建设以财富管理为特色的一流公众持股银行集团"的发展战略。这一战略目标,充分考虑了交行在国际业务领域和综合金融领域多年经营的先发优势,延续了交行不断推进战略转型、强化财富管理业务导向的一贯方针,保证了战略的协调性和延续性,为交行未来的发展指明了更加清晰的路径。

完善的公司治理。在成功引进汇丰银行、全国社保基金理事会、中央汇金公司等境内外战略投资者后,交通银行股权结构更加多元化。同时,完善公司治理的基本制度已经确立,完善的公司治理架构基本建成,董事会的战略决策作用、高级管理层的经营管理职责和监事会的监督职责都得到充分发挥,股东大会、董事会、监事会和高级管理层之间各自发挥良好效能,又相互制衡的机制基本形成。

健全的机构网络。交通银行拥有辐射全国、面向海外的机构体系和业务网络。分支机构布局覆盖经济发达地区、经济中心城市和国际金融中心。目前,除西藏、青海外,交通银行在内地各省、直辖市、自治区设有省级分行29家,在全国148个地级以上城市设立了营业网点2625个。海外机构方面,交通银行在纽约、东京、中国香港、新加坡、首尔、中国澳门、法兰克福设有分行,在伦敦、悉尼设有代表处。与全球125个国家和地区的1000多家银行建立了代理行关系。全行员工7.7万人。

先进的经营管理。交通银行秉承"发展是硬道理,是第一要务;质量是硬约束,是第一责任;效益是硬任务,是第一目标"的经营理念,始终坚持业务发展和风险控制并重,实施了以经济资本绩效考核为核心的激励约束机制;建立了全面的风险管理体制;推进了组织架构再造和业务管理的垂直化改造;建设了在国内处于领先水平的数据大集中工程。同时,按照"互谅互让、互惠互利、长期合作、共同发展"的要求,交通银行与汇丰银行的合作紧密而富有成效,先进的理念、技术、产品不断引进,对提升交通银行的经营管理水平产生了十分积极的影响。

优质的金融服务。交通银行充分发挥自身优势,在金融产品、金融工具和金融制度领域不断探索创新,形成了产品覆盖全面,科技手段先进的业务体系,通过传统网点"一对一"服务和全方位的现代化电子服务渠道相结合,为客户在公司金融、私人金融、国际金融和中间业务等领域提供全面周到的专业化服务。交通银行专注于为中高端客户提供优质的服务,以"沃德财富"和"交银理财"品牌分别为高端和中端客户提供高附加值的服务和产品。拥有以"外汇宝"、"沃德财富账户"、"交银理财账户"、"蕴通财富"、"太平洋卡"、"全国通"、"展业通"、"基金超市"为代表的一批品牌产品,在市场享有盛誉,市场份额在业内名列前茅。与战略合作伙伴汇丰银行合作推出的"中国人的环球卡"——太平洋双币信用卡,目前在册卡量已达到 777 万张。综合经营方面,交通银行 2005 年 8 月与全球顶尖资产管理公司施罗德集团合资设立交银施罗德基金管理公司,是国内首批银行系基金公司之一;2007 年,交通银行并购重组了湖北国际信托投资有限公司,经监管机构批准发起设立交银金融租赁有限公司,并在香港成立了交银国际控股有限公司及其子公司交银国际亚洲有限公司、交银国际证券有限公司、交银国际资产管理有限公司,在综合经营领域迈出了坚实的步伐。进入 2008 年,交通银行成功入股常熟农商行;发起设立了大邑交银兴民村镇银行。

良好的财务状况。抓住境外成功上市后品牌和市场形象提升的有利时机,交通银行加快业务拓展步伐,经营活力充分显现,各项业务实现健康快速协调发展,综合实力日益增强,财务状况居于国内同业领先水平。截至 2008 年末,交通银行资产总额为 2.68 万亿元;资本充足率为 13.47%;平均资产回报率(ROAA)为 1.19%;平均净资产回报率(ROAE)为 20.10%;减值贷款率为 1.92%。按总资产排名,交通银行位列世界 1000 家大银行第 66 位,按一级资本排名,交通银行位列第 54 位。

5.1　金融营销 STP 战略概述

市场细分(Market Segmentation)的概念是美国营销学家温德尔・史密斯(Wended Smith)在 1956 年最早提出的,此后,美国营销学家菲利浦・科特勒进一步发展和完善了温德尔・史密斯的理论并最终形成了成熟的 STP 理论(市场细分(Segmentation)目标市场选择(Targeting)和市场定位(Positioning))。它是战略营销的核心内容。

金融服务的 S-T-P 战略:具体是指 S——Segmentation(市场细分),T——Targeting(目标市场选择),P——Positioning(产品定位)。

STP 理论是指企业在一定的市场细分的基础上,确定自己的目标市场,最后把产品或服务定位在目标市场中的确定位置上。具体而言,市场细分是指根据顾客需求上的差异把某个产品或服务的市场划分为一系列细分市场的过程。目标市场是指企业从细分后的市场中选择出来的决定进入的细分市场,也是对企业最有利的市场组成部分。而市场定位就是在营销过程中把其产品或服务确定在目标市场中的一定位置上,即确定自己产品或服务在目标市场上的竞争地位,也叫"竞争性定位"。

其中需要注意的是目标市场和定位的区别在于能否为自己的产品树立特定的形象,使之与众不同,在消费者的心目中为公司的品牌选择一个占据这重要位置的过程,其过程需要结合自身的实力合理地确定经营目标,顺应国际市场的变化,提供综合化服务。确定产品市场大小、发展潜力及空间,然后再根据目标市场、公司的实际情况来定位。

STP 理论的根本要义在于选择确定目标消费者或客户,或称市场定位理论。根据 STP 理论,市场是一个综合体,是多层次、多元化的消费需求集合体,任何企业都无法满足所有的需求,企业应该根据不同需求、购买力等因素把市场分为由相似需求构成的消费群,即若干子市场。这就是市场细分。企业可以根据自身战略和产品情况从子市场中选取有一定规模和发展前景,并且符合公司的目标和能力的细分市场作为公司的目标市场。随后,企业需要将产品定位在目标消费者所偏好的位置上,并通过一系列营销活动向目标消费者传达这一定位信息,让他们注意到品牌,并感知到这就是他们所需要的。

STP 战略优势在于有助于企业发掘市场机会,开拓市场并且企业能够充分利用现有资源,获得竞争优势,还有利于企业了解各细分市场的特点,制定并调整营销组合策略。具体地说有以下几点:

(1) 有利于选择目标市场和制定市场营销策略。市场细分后的子市场比较具体,比较容易了解消费者的需求,企业可以根据自己经营思想、方针及生产技术和营销力量,确定自己的服务对象,即目标市场。针对着较小的目标市场,便于制定特殊的营销策略。同时,在细分的市场上,信息容易了解和反馈,一旦消费者的需求发生变化,企业可迅速改变营销策略,制定相应的对策,以适应市场需求的变化,提高企业的应变能力和竞争力。

(2) 有利于发掘市场机会,开拓新市场。通过市场细分,企业可以对每一个细分市场的购买潜力、满足程度、竞争情况等进行分析对比,探索出有利于本企业的市场机会,使企业及时做出投产、移地销售决策或根据本企业的生产技术条件编制新产品开拓计划,进行必要的产品技术储备,掌握产品更新换代的主动权,开拓新市场,以更好适应市场的需要。

(3) 有利于集中人力、物力投入目标市场。任何一个企业的资源、人力、物力、资金都是有限的。通过细分市场,选择了适合自己的目标市场,企业可以集中人、财、物及资源,去争取局部市场上的优势,然后再占领自己的目标市场。

(4) 有利于企业提高经济效益。前面三个方面的作用都能使企业提高经济效益。除此之外,企业通过市场细分后,可以面对自己的目标市场,生产出适销对路的产品,既能满足市场需要,又可增加企业的收入;产品适销对路可以加速商品流转,加大生产批量,降低企业的生产销售成本,提高生产工人的劳动熟练程度,提高产品质量,全面提高企业的经济效益。

5.2 金融市场细分

【案例】

德国施豪银行专攻住房金融

在德国从事住房金融业务的主要金融机构有四大类型,即信贷银行、储蓄银行、抵押银行和住房储蓄银行。其中,住房储蓄银行是专业办理住房储蓄业务的金融机构,其贷款额占全部住房贷款额的 23% 左右。

施豪银行成立于 1931 年,是德国 34 家住房储蓄银行中最大的一家,截至 2001 年底,资产总额为 324 亿欧元。2001 年度施豪银行新签合同 89 万份,合同额达 207 亿欧元,市场份额占 25.8%,位居同行业第一名。目前,每 13 位德国公民中就有一位是施豪银行的客户,每 4 个家庭便有 1 个与施豪银行签订了住房储蓄合同,施豪银行被客户誉为最友好的银行。

施豪银行经过 70 年的实践积累形成的经营技术及经营管理体制,已成为施豪银行的无形资产,并已在捷克、斯洛伐克、匈牙利等国家通过与当地银行建立合资银行,将其独有的技术诀窍和经营管理体制注入合资银行,在当地开展住房储蓄业务,取得了较好的经营业绩。

在斯洛伐克,施豪银行于 1992 年与当地及奥地利的合作伙伴合作,建立了该国第一家住房储蓄银行,到 2001 年底,市场占有率是 68%。在捷克,施豪银行于 1993 年与当地的两家银行合作建立了合资住房储蓄银行,到 2001 年底,市场占有率是 41%,已成为捷克共和国最重要的提供住房融资的机构,该银行现已是欧洲第二大住房储蓄银行,仅位于施豪银行之后。

在匈牙利,施豪银行于 1997 年与当地最大的合作银行建立了合资住房储蓄银行,到 2001 年底,市场占有率是 31%。从 1999 年起,施豪银行就希望与建设银行合作建立住房储蓄银行,将其技术诀窍及管理优势与建行的网络优势结合起来,在中国开展住房储蓄业务。

市场细分是指营销者通过市场调研,依据消费者的需要和欲望、购买行为和购买习惯等方面的差异,把某一产品的市场整体划分为若干消费者群的市场分类过程。每一个消费者群就是一个细分市场,每一个细分市场都是具有类似需求倾向的消费者构成的群体。

市场细分包括四个条件。

(1) 每一个细分市场的特性必须是可确定的和可度量的。

(2) 每个子市场都应当可以通过适当的营销策略有效获得。

(3) 每个子市场都必须具有产生利润的潜力。

(4) 不同的子市场单独对应不同的营销活动。

金融营销市场细分的基础:是指"用于将消费者分类的消费者某个特征或某组特征"。细分的基础广义上可分为两类:"特定的消费者"基础和"特定的情况"基础。

市场细分的利益:首先,市场细分有利于企业发现最好的市场机会,提高市场占有率;其次,市场细分还可以使企业用最少的经营费用取得最大的经营效益。

1. 按地理因素细分(Geographical Segmentation)

按地理因素细分,就是按消费者所在的地理位置、地理环境等变数来细分市场。因为处在不同地理环境下的消费者,对于同一类产品往往会有不同的需要与偏好,例如,对农业保险标的物的选购,南方和北方的农作物差别非常大。因此,对消费品市场进行地理细分是非常必要的。

1) 地理位置

可以按照行政区划来进行细分,如在我国,可以划分为东北、华北、西北、西南、华东和华南几个地区;也可以按照地理区域来进行细分,如划分为省、自治区,市、县等,或内地、沿海、城市、农村等。在不同地区,消费者的需求显然存在较大差异。

2) 城镇大小

可划分为大城市、中等城市、小城市和乡镇。处在不同规模城镇的消费者,在消费结构方面存在较大差异。

3) 地形和气候

按地形可划分为平原、丘陵、山区、沙漠地带等;按气候可分为热带、亚热带、温带、寒带等。

2. 按人口因素细分(Demographic Segmentation)

按人品因素细分,就是按性别,年龄、职业、家庭人口、家庭生命周期、民族、宗教、国籍等变数,将市场划分为不同的群体。由于人口变数比其他变数更容易测量,且适用范围比较广,因而人口变数一直是细分消费者市场的重要依据。

按人口因素细分具体内容如下:

1) 性别

按性别可将市场划分为男性市场和女性市场。不少商品在用途上有明显的性别特征。在购买行为、购买动机等方面,男女之间也有很大的差异,如女性比较看重金融产品的外形和相关的积分优惠,男士则是注重金融产品的最大收益,对外观要求不高。

2）年龄

不同年龄段的消费者,由于生理、性格、爱好、经济状况的不同,对消费品的需求往往存在很大的差异。因此,可按年龄将金融市场划分为许多各具特色的消费者群,如儿童市场、青年市场、中年市场、老年市场等。不同消费群对金融产品的需求不同,例如,儿童市场一般是家长给孩子买相关教育基金或教育保险,青年市场注重个性化服务,中年市场在意的是整体收益,老年市场偏重养老保障等。

3）家庭人口

据此可分为单身家庭(1人)、单亲家庭(2人)、小家庭(2人~3人)、大家庭(4人~6人,或6人以上)。家庭人口数量不同,在对金融产品的需求等方面都会出现需求差异。

4）民族

世界上大部分国家都拥有多种民族,我国更是一个多民族的大家庭,除汉族外,还有55个少数民族。这些民族都各有自己的传统习俗、生活方式,从而呈现出各种不同的商品需求,因此在促销时必须了解我国不同民族的相关习俗。如我国西北少数民族饮茶很多、回族不吃猪肉等。

5）职业

不同职业的消费者,由于知识水平、工作条件和生活方式等不同,其消费需求存在很大的差异,如教师比较注重实际操作性,文艺工作者则比较注重美观等方面的需求。

6）教育状况

受教育程度不同的消费者,在志趣、生活方式、文化素养、价值观念等方面都会有所不同,因而会影响他们的购买种类、购买行为、购买习惯。

7）收入

收入的变化将直接影响消费者的需求欲望和支出模式。根据平均收入水平的高低,可将消费者划分为高收入、次高收入、中等收入、次低收入、低收入五个群体。收入高的消费者就比收入低的消费者购买更高价的产品。

【案例】

美国大通银行的市场细分

美国大通银行已经成功地将它的消费金融服务业务瞄准了中间商,而不是终端用户。它在买车融资和学校贷款业务上名列全美第一。

它是否应该将这种业务营销模式继续对其他领域的中间商进行推广呢?例如,提供抵押贷款业务;或者它应该投资来发展目前排名第五的个人信用卡业务呢?一个企业能否同时在业务市场和消费市场营销上都有出色的表现呢?

美国大通银行曼哈顿公司通过非分支机构的方式经营着75%的消费服务业务,而像美国国家银行和芝加哥第一银行等竞争对手却在通过建立广泛的分支机构的方法来形成自己的网络。美国大通银行采取的是一种比较巧妙且有利可图的战略。

当以分行业务为主的大银行仍然将消费者服务当作一种终端用户业务坐等客户上门时,美国大通银行却看到了一种完全不同的景象。通常,有两种本质不同的消费服务业务,一类是终端用户业务,一类是中间商业务。当遇到个人借贷和个人信用卡方面的需求时,终端用户会采取主动,这时银行分支机构才会有业务。与个人融资业务相对应地,产品和服务的融资业务,即消费融资业务又是另外一回事,在这一块,提供产品和服务的中间商往往对这一类融资业务采取主动。

几年前,学生们及家长去各分行申请入学贷款,住房购买者到处寻找抵押贷款,买车的人士经常将各种相关的融资业务进行比较。由于计算机化的普及,使得对中间商的融资业务变得更加容易。融资已经成为核心产品和核心销售过程中的一个部分。那些能迅速为中间商提供技术服务和融资服务的金融产品提供者将赢得这一块市场,并且能成为整个销售环节中不可缺少的一个部分。

汽车中间商推动了汽车金融家的出现。

美国大通银行通过最新的计算机系统已经成功地赢得了 7000 多个汽车中间商,该系统可以在三分钟内核准顾客的贷款业务。学院和大学的财务主管会向需要贷款的人士提出建议,如同房地产经纪人为其客户寻找抵押贷款一样。美国大通银行成长的一个关键因素是集中精力开发那些提供产品和服务的中间商,而将个人融资业务留给那些成本较高的分支机构去做。

今天,美国大通银行是学生贷款、汽车贷款的第一大供应商,是第三大抵押服务的创始人和服务商。它正不断地加大技术投入来保持并提升目前的地位,同时正寻找其他可以为中间商提供服务的新领域。她是一家 B2B 式的面向消费产品及服务中间商的融资业务供应商,这是一种很好的业务定义。

现在的问题是美国大通银行如何配合它在全美的信用卡业务? 目前它的这方面业务排名是第五位;目前在纽约州和德克萨斯州有高成本的区域分支机构。对信用卡而言,美国大通银行是应当继续投入大笔的资金来进行每年约 3 亿份的邮寄和 1.4 亿次的电话销售呢? 还是应当通过加大技术投入和中间商网络建设来加强与需要提供消费融资的信用卡卖主、汽车中间商、学校、房地产经纪人、其他的零售商以及急需消费融资的厂商建立更加紧密的融资供应关系呢?

美国大通银行加大了对高技术和获取业务利润的投入,而让中间商去开展终端营销。

在前面,我们已经描述了消费融资和个人融资的区别,美国大通银行最好能坚持扮演向消费产品及服务生产商和供应商提供融资服务的角色。作为在纽约和德克萨斯州具有 600 个分支机构的大企业,美国大通银行被个人融资服务市场所吸引,并且投入了大量的资金进行品牌和业务的传播。但是,今天选择哈佛的学生不再关心入学贷款从何处而来,而是直接由哈佛校方负责安排。关心融资来源的是哈佛校方,而不是哈佛的学生。对美国大通银行来说,比较明智的做法是将技术和赢利点集中精力于哈佛和其他一些中间商身上,它应当努力向消费产品及服务的生产商或中间商进行品牌推广,在这一方面,美国大通银行有其技术优势。

当美国国家银行的思路从"广泛建立分支机构"向"技术立业"的方向转化时,它将会发现,像美国大通银行这样拥有良好的中间商价值的融资供应商已经牢牢地掌握了一些消费产品及服务中间商,新进入者将难以与美国大通银行这些对手竞争。

3. 按心理因素细分(Psychographic Segmentation)

按心理因素细分,就是将消费者按其生活方式、性格、购买动机、态度等变数细分成不同的群体。

1) 生活方式

生活方式是人们对工作、消费、娱乐的特定习惯和模式,不同的生活方式会产生不同的需求偏好,如"传统型"、"新潮型"、"节俭型"、"奢侈型"等。这种细分方法能显示出不同群体对同种商品在心理需求方面的差异性。

2）性格

消费者的性格对产品的情爱有很大的关系。性格可以用外向与内向、乐观与悲观、自信、顺从、保守、急进、热情、老成等词句来描述。性格外向、容易感情冲动的消费者往往好表现自己,因而他们喜欢购买能表现自己个性的产品;性格内向的消费者则喜欢大众化,往往购买比较平常的产品;富于创造性和冒险心理的消费者,则对新奇、刺激性强的商品特别感兴趣。

3）购买动机

即按消费者追求的利益来进行细分。消费者对所购产品追求的利益主要有求实、求廉、求新、求美、求名、求安等,这些都可作为细分的变量。因此,企业可对市场按利益变数进行细分,确定目标市场。

4. 按行为因素细分（Behavioral Segmentation）

根据购买者对产品的了解程度、态度、使用情况及反应等将他们划分成不同的群体,叫行为细分。许多人认为,行为变数能更直接地反映消费者的需求差异,因而成为市场细分的最佳起点。按行为变量细分市场主要包括以下几方面:

1）购买时机

根据消费者提出需要、购买和使用产品的不同时机,将他们划分成不同的群体。

2）追求利益

消费者购买某种产品总是为了解决某类问题,满足某种需要。然而,产品提供的利益往往并不是单一的,而是多方面的。消费者对这些利益的追求时有侧重,如对办不同档次的信用卡有的追求经济实惠、方便快捷,有的追求提前消费,还有的则偏向于使用显示出社会地位等不一而足。

3）使用者状况

根据顾客是否使用和使用程度细分市场。通常可分为经常购买者、首次购买者、潜在购买者、非购买者。大公司往往注重将潜在使用者变为实际使用者,较小的公司则注重于保持现有使用者,并设法吸引使用竞争产品的顾客转而使用本公司产品。

4）使用数量

根据消费者使用某一产品的数量大小细分市场。通常可分为大量使用者、中度使用者和轻度使用者。大量使用者人数可能并不很多,但他们的消费量在全部消费量中占很大的比重。

5）品牌忠诚程度

企业还可根据消费者对产品的忠诚程度细分市场。有些消费者经常变换品牌,另外一些消费者则在较长时期内专注于某一或少数几个品牌。通过了解消费者品牌忠诚情况和品牌忠诚者与品牌转换者的各种行为与心理特征,不仅可为企业细分市场提供一个基础,同时也有助于企业了解为什么有些消费者忠诚本企业产品,而另外一些消费者则忠诚于竞争企业的产品,从而为企业选择目标市场提供启示。

6）购买的准备阶段

消费者对各种产品了解程度往往因人而异。有的消费者可能对某一产品确有需要,但并不知道该产品的存在;还有的消费者虽已知道产品的存在,但对产品的价值、稳定性等还存在疑虑;另外一些消费者则可能正在考虑购买。针对处于不同购买阶段的消费群体,企业进行市场细分并采用不同的营销策略。

7）态度

企业还可根据市场上顾客对产品的热心程度来细分市场。不同消费者对同一产品的态度可能有很大差异，如有的很喜欢持肯定态度，有的持否定态度，还有的则处于既不肯定也不否定的无所谓态度。针对持不同态度的消费群体进行市场细分并在广告、促销等方面应当有所不同。

【案例】

中信理财之"财富盛宴"

2007 年 12 月 1 日起至 2007 年底，中信银行在全国范围内推出了中信理财之"财富盛宴"大型营销活动，以年末到期产品收益全面超预期为切入点（例如，中信理财之"新年计划 2 号"产品成立不到一年，实现了 21.68% 的绝对收益），重点突出"中信理财"专家理财、稳健获取较高收益的特点。同时，结合"中信理财"品牌及其所倡导的理念，总行与分行联动，媒体宣传与推介会活动相结合，全面推出了一系列满足客户不同风险偏好和收益要求的十几款理财产品，取得了良好的营销效果，在年末理财产品市场上获得了巨大成功。

市场细分的有效标志主要有：①可测量性，即各子市场的购买力能够被测量；②可进入性，即企业有能力进入所选定的子市场；③可赢利性，即企业进行市场细分后所选定的子市场的规模足以使企业有利可图。

市场细分作为一个比较、分类、选择的过程，应该按照一定的程序来进行，通常有这样几步：

1. 正确选择市场范围

企业根据自身的经营条件和经营能力确定进入市场的范围，如进入什么行业，生产什么产品，提供什么服务。

2. 列出市场范围内所有潜在顾客的需求情况

根据细分标准，比较全面地列出潜在顾客的基本需求，作为以后深入研究的基本资料和依据。

3. 分析潜在顾客的不同需求，初步划分市场

企业将所列出的各种需求通过抽样调查进一步搜集有关市场信息与顾客背景资料，然后初步划分出一些差异最大的细分市场，至少从中选出三个分市场。

4. 筛选

根据有效市场细分的条件，对所有细分市场进行分析研究，剔除不合要求、无用的细分市场。

5. 为细分市场定名

为便于操作，可结合各细分市场上顾客的特点，用形象化、直观化的方法为细分市场定如某旅游市场分为商人型、舒适型、好奇型、冒险型、享受型、经常外出型等。

6. 复核

进一步对细分后选择的市场进行调查研究，充分认识各细分市场的特点，本企业所开发的细分市场的规模、潜在需求，还需要对哪些特点进一步分析研究等。

7. 决定细分市场规模，选定目标市场

企业在各子市场中选择与本企业经营优势和特色相一致的子市场，作为目标市场。没有这一步,就没有达到细分市场的目的。

经过以上七个步骤,企业便完成了市场细分的工作,就可以根据自身的实际情况确定目标市场并采取相应的目标市场策略。

5.3 目标市场选择

著名的市场营销学者麦卡锡提出了应当把消费者看做一个特定的群体,称为目标市场。通过市场细分,有利于明确目标市场,通过市场营销策略的应用,有利于满足目标市场的需要。即目标市场就是通过市场细分后,企业准备以相应的产品和服务满足其需要的一个或几个子市场。目标市场,就是企业决定要进入的那个市场部分,也就是企业拟投其所好,为之服务的那个顾客群。

确定目标市场涵盖战略时,有三种选择:无差异策略、差异性策略、集中性策略。

1. 无差异策略

无差异策略,又称无差别市场策略、无差异性市场营销,是指金融企业将整个市场视为一个目标市场,用单一的营销策略开拓市场,即用一种产品、一种市场营销组合满足市场上所有客户的需求,其理论基础是成本的经济性。实质是金融企业不进行市场细分,把整个市场视作一个大的、同质单独目标市场。企业向整体市场提供标准化的产品,采取单一的营销组合,并通过强有力的促销吸引尽可能多的购买者,这样不仅可以增强消费者对产品的印象,也会使管理工作变得简单而有效率。

无差异化营销的依据如下:

1)差异性小

市场细分虽然是寻找整体市场差异化的过程,但企业有可能在整体市场进行细分后,发现各子市场之间的相似性超过了差异化,各子市场的差异较小,此时,在不同的市场才采用不同的措施没有多大的实际意义,反而会造成资源浪费。

2)同质产品

企业所经营的产品,客观上具有纯粹的市场同质性,市场对产品的要求是一样的或者是非常接近的,所以,只能采取无差异化的营销措施。

3)成本较低

企业通过评估各细分子市场,发现整合营销比有针对性的营销所需的成本明显较低时就应该进行无差异化营销。

无差异化营销的最大优点在于成本的经济性,就像制造上的"大量生产"与"标准化"一样:单一产品线可减少生产、存货和运输成本;无差异的广告计划能使企业经由大量使用而获得媒体的价格折扣;不必进行市场细分化所需的营销研究与规划,可降低营销研究的成本与管理费用。

但这种策略可能引起激烈的竞争,实行无差异营销的直销商一般针对整体市场,当同行中有许多人如法炮制之后,可能发生大市场内竞争过度,而小市场却乏人问津的情况。

2. 差异性策略

差异性策略,是指金融企业把某种产品总市场分成若干个子市场后,从中选取两个或两个以上的子市场作为自己的目标市场,并分别为每一个目标市场设计一个专门的营销组合。市虽然网上银行的人数和使用频率都在增加,但是仍然存在一些问题。如一些年龄较大的网民,他们在接受一些新鲜事物的时候需要较长的时间,同时也需要更久的时间来培养使用习惯。还有一些网民虽然年轻,但也存在部分所谓的"网络障碍症",即一想到要输入那么长的号码、要下载安全控件,还要用 USBkey 就头疼。

但随着网络技术的不断进步,电子商务的不断成熟,消费者必然要进入到网络时代。他们对金融产品和金融服务的需求也会越来越多样化。

4.3 购买决策

金融市场营销者需了解消费者如何真正做出购买决策,即了解谁做出购买决策,购买决策的类型以及购买过程的具体步骤。

1. 参与购买的角色

人们在购买决策过程中可能扮演不同的角色,包括发起者、影响者、决策者、购买者、使用者。

2. 购买行为类型

根据参与者的介入程度和品牌间的差异程度,可将消费者购买行为分为四种

(1)习惯性购买行为。

(2)寻求多样化购买行为。

(3)化解不协调购买行为。

(4)复杂购买行为。

3. 购买决策过程

在复杂购买行为中,消费者的购买决策是一个动态发展的过程,一般可将其分为五个阶段:确认问题、收集信息、评价方案、做出决策、买后行为。

(1)确认问题。指消费者所追求的某种需要的满足。

需要的满足根据其性质的不同可分为几种不同的类型。

① 日常问题。

② 紧急问题。

③ 计划解决的问题。

④ 逐步解决的问题。

(2)收集信息。就是寻找和分析与满足需要有关的商品和服务的资料。

消费者一般会通过以下几种途径去获取其所需要的信息。

① 个人来源。

② 商业来源。

③ 公共来源。

④ 经验来源。

消费者所收集的信息主要有三个方面的内容。

① 恰当的评估标准。

② 已经存在的各种解决问题的方法。

③ 各种解决问题的方法所具备的特征。

场细分差异性策略对风险较小,能更充分地利用目标市场的各种经营要素。其缺点表现在成本费用较高。所以,这种策略一般为大中型金融企业所采用。

差异化营销,核心思想是"细分市场,针对目标消费群进行定位,导入品牌,树立形象"。是在市场细分的基础上,针对目标市场的个性化需求,通过品牌定位与传播,赋予品牌独特的价值,树立鲜明的形象,建立品牌的差异化和个性化核心竞争优势。差异化营销的关键是积极寻找市场空白点,选择目标市场,挖掘消费者尚未满足的个性化需求,开发产品的新功能,赋予品牌新的价值。差异化营销的依据,是市场消费需求的多样化特性。不同的消费者具有不同的爱好、不同的个性、不同的价值取向、不同的收入水平和不同的消费理念等,从而决定了他们对产品品牌有不同的需求侧重,这就是为什么需要进行差异化营销的原因。

差异化营销不是某个营销层面、某种营销手段的创新,而是产品、概念、价值、形象、推广手段、促销方法等多方位、系统性的营销创新,并在创新的基础上实现品牌在细分市场上的目标聚焦,取得战略性的领先优势。

企业采用差异化营销策略,可以使顾客的不同需求得到更好的满足,也使每个子市场的销售潜力得到最大限度的挖掘,从而有利于扩大企业的市场占有率。同时也大大降低了经营风险,一个子市场的失败,不会导致整个企业陷入困境。差异化营销策略大大提高了企业的竞争能力,企业树立的几个品牌,可以大大提高消费者对企业产品的信赖感和购买率。多样化的广告、多渠道的分销、多种市场调研费用、管理费用等,都是限制小企业进入的壁垒,所以,对于雄厚财力、强大技术、拥有高质量的产品的企业,差异化营销是良好的选择。

同时,差异化具有自身的局限性,最大的缺点就是营销成本过高,生产一般为小批量,使单位产品的成本相对上升,不具经济性。另外,市场调研、销售分析、促销计划、渠道建立、广告宣传、物流配送等许多方面的成本都无疑会大幅度的增加。这也是为什么很多企业做差异化营销,市场占有率扩大了,销量增加了,利润却降低了的原因所在。

3. 集中性策略

集中性策略,金融企业把某种产品总市场按一定标准细分为若干个子市场后,从中选择一个子市场作为目标市场,针对这一目标市场,只设计一个营销组合,集中人力、物力、财力投入到这一目标市场。

集中性策略就是在细分后的市场上,选择两个或少数几个细分市场作为目标市场,实行专业化生产和销售。在个别少数市场上发挥优势,提高市场占有率。采用这种策略的企业对目标市场有较深的了解,这是大部分中小型企业应当采用的策略。集中性策略能更仔细、更透彻地分析和熟悉目标顾客的要求,能集中精力、集中资源于某个子市场,效果更明显,其所设计出的营销组合更能贴近客户的需求,从而能使金融企业在子市场或某一专业获得垄断地位。这一方法适用于资源不多的中小金融企业。

采用集中性策略,能集中优势力量,有利于产品适销对路,降低成本,提高企业和产品的知名度。但有较大的经营风险,因为它的目标市场范围小,品种单一。如果目标市场的消费者需求和爱好发生变化,企业就可能因应变不及时而陷入困境。同时,当强有力的竞争者打入目标市场时,企业就要受到严重影响。因此,许多中小企业为了分散风险,仍应选择一定数量的细分市场为自己的目标市场。

综上所述,三种目标市场策略各有利弊。选择目标市场时,必须考虑企业面临的各种因素和条件,如企业规模和原料的供应、产品类似性、市场类似性、产品寿命周期、竞争的目标市场等。

选择适合本企业的目标市场策略是一个复杂多变的工作。企业内部条件和外部环境在不断发展变化，经营者要不断通过市场调查和预测，掌握和分析市场变化趋势与竞争对手的条件，扬长避短，发挥优势，把握时机，采取灵活的适应市场态势的策略，去争取较大的利益。

5.4　产品定位

企业为了使自己生产或销售的产品获得稳定的销路，要从各方面为产品培养一定的特色，树立一定的市场形象，以求在顾客心目中形成一种特殊的偏爱。这就是市场定位。企业通过为自己的产品创立鲜明的特色和个性，从而塑造出独特的市场形象。

市场定位的主要方法有：根据属性和利益定位价格和质量定位、用途定位、使用者定位、产品档次定位、竞争局势定位，以及各种方法组合定位等。

企业在重新定位前，尚需考虑两个主要因素：一是企业将自己的品牌定位从一个子市场转移到另一个子市场时的全部费用；二是企业将自己的品牌定在新位置上的收入有多少。

【拓展案例】

遍地葵花遍地金
——招商银行"金葵花"理财品牌与服务体系运作成功之道

20余年的改革开放，中国大地奇花竞展，招商银行就是中国金融市场上一朵斗妍的奇葩。"一招鲜，吃遍天"，凭着一股创新精神，招商银行在日趋激烈的金融市场上，赢得了广大客户的青睐。尤其是2002年10月推出的"金葵花"（SUN FLOWER）理财，在中国金融市场新一轮高端客户的争夺战中获取主动，产品推出一年后，"金葵花"理财品牌和服务体系，获得"中国首届杰出营销奖"银奖，这是唯一进入这次评选决赛的国内金融企业。

成功绝不是偶然的。回望"金葵花"的成长经历，我们不难看出"金葵花"不仅仅是一张小小的银行卡，一种理财套餐和优质的服务，而是招商银行创新经营的一个缩影，是招商银行在愈加激烈的金融竞争大潮中战略智慧的体现。

1."金葵花"的诞生与STP战略的运用

"金葵花"理财的产生体现了招商银行营销理念的日臻成熟，从"金葵花"的设计思路、营销过程到最终成功，正是营销体系最好的实践。

STP战略是现代营销学核心战略之一。STP是细分市场（Segmenting）、选择目标市场（Targeting）和产品定位（Positioning）三个步骤第一个字母的缩写。"金葵花"的诞生正是SPT战略在银行业中的最佳运用。

1)"金葵花"产生的背景

我们先来看一组事件回放：

2001年12月，中国正式加入世界贸易组织。

2002年3月，南京爱立信倒戈，中资银行爆发大地震。

2002年10月，招商银行推出"金葵花卡"。

"入世"甫定，当不少国人还在"狼来了"的惊恐中，外资银行已不费吹灰之力，亮出了分食中国金融市场的第一张"多米诺骨牌"。在中资银行没有任何反应的情况下，南京爱立信掉转船头：以中资银行无法提供无追索权的保理业务为由，一夜之间，还清了中资银行的19.9亿元贷款，旋即向美国花旗银行上海分行贷出了同额贷款，引发了中国银行业的大地震。公众几乎众口一词，直言中资银行服务尚未能与国际接轨，专业人士和银行业内也深刻反省，认为金融产品菜单的贫乏是遭遇黄金客户背弃的关键。

一时间，有人无奈，有人痛惜，有人呐喊，一场争论在全国沸沸扬扬。此后，金融产品的创新层出不穷，各家银行纷纷推出了"仓单质押"、外汇票据买断等新业务。然而，中国银行业的危机仅仅限于一个"爱立信倒戈"吗？国内银行单靠这种"散打"能否应对愈加残酷的金融竞争？"银行营销"已成为各家银行的心头之痛。

招商银行就在这个时候，审时度势，细分市场，按照整体战略规划，采用"避开大路占两厢"的战术，开始重点关注起零售业务的高端市场，在这片刚刚开垦的土地上悄然撒下金黄的种子，一片黄澄澄的"葵花"迅速开到了全国各地，开到了高端客户的心里。"金葵花"，一个全新的理财品牌和服务体系，让世人为之耳目一新。

2）细分市场（Segmenting）

中国"入世"之前，嗅觉灵敏的外资银行已大批涌入，纷纷在中国的各大城市建立"根据地"，这不仅是中国金融市场上同杯分羹的争食，而是对中国银行业经营理念和市场定位的一场冲击波。

"爱立信事件"之前，各家银行的业务已经从原有的信贷业务和储蓄业务两大类转变为明确划分出公司业务和个人业务两个大的目标市场。但在进一步的细分上却显不足。零售业务仅仅停留在传统的吸收存款和规模有限的个人贷款业务上。银行所关注的"大客户"都是"爱立信"、"贝尔"这样的企业集团，而个人业务的高端客户营销几乎还是一片处女地。当时，很多银行的大堂豁然开敞，一览无余。在高高的柜台前，你根本无法识别谁腰缠万贯，谁尚可温饱，大家享受的都是同等待遇。

在发达国家的银行业中，零售银行业务收入构成银行收入的重要来源。在过去几年里，美国的私人银行业务利润率一直高达35%～40%，恒生银行零售银行业务实现的利润在总利润中的占比平均为48%以上，个人理财业务普遍成为外资银行重要的核心竞争力。零售银行业务将是未来银行业竞争的焦点！因此，细分零售业务市场，抓住个人高端客户，成为银行业发展的必然。招商银行意识到了这一点，并用"金葵花"这把金黄的钥匙打开了贵宾室的大门，把那些日进斗金的高端客户，从排着长长的队伍中请到了这个专属的空间。

3）选择目标市场（Targeting）

表面上看，"金葵花"产品品牌和服务体系是招行的一招"先发制人"。但实质上，"金葵花"理财的推出，体现了招商银行善用局势取胜的一贯作风。招行的每一次出招，都不是简单的"就事论事"，而是在纵观时局和趋势之后的准确出击。"爱立信事件"让招行感到的不仅仅是金融产品的匮乏，而是整个银行业竞争的转舵。随着经营环境变数的日渐增多，大企业在与银行的博弈中，将越来越占据主动权。因此，招商银行很鲜明地确立了自己的中长期目标：增加零售银行业务的利润贡献度，逐步改变单纯依靠存贷差赢利的经营模式。

按照"马特莱法则"，零售业务80%的利润产生于20%的客户。既然要加大零售业务的发展步伐，当然要抓住这20%的客户。

与狼共舞，知己知彼才能百战百胜。在这场角逐中，中国的商业银行与外资银行各有优劣势。国外银行长于灵活多样的经营模式、优质的服务和丰富的产品种类，这些很容易满足个人高端客户的需求,但其劣势是外资银行会有一个时期的"水土不服",中国的银行要能与之抗衡,必然要在战略上把营销高端客户放到重要地位,要在外资银行"水土不服"期内迅速强身健体,打牢基础,零售业务的高端客户这一目标市场的选择已经毫无退路! 但另一方面也表明,推出"金葵花"这样的个人客户高端产品,时机已经成熟。正如在 2003 年第一届中国"杰出营销奖"决赛中招商银行对"金葵花"诞生背景的陈述:

"从背景来看,第一,中国家庭财产状况的改变决定了市场和个人客户对银行服务的需求,不再是简单的汇率上的服务或简单的中转型服务,整个社会对个人理财有了一定的需求;第二,中国加入 WTO 后,逐渐进入中国市场的国外商业银行首先关注的正是个人高端用户,他们成熟的经验和成熟的品牌势必导致竞争格局的巨大变化;第三,招行经过 17 年的发展已形成一定的客户基础,具备了个人理财的基本条件;第四,招行一直倡导勇于创新的企业文化,率先开创金葵花也成为一个必然。"

4)产品定位(Positioning)

"金葵花"的产品定位是:向在招商银行日均存款或资产(含股票、国债、基金等)市值合计超过 50 万元的客户提供高品质、个性化的各类综合理财服务。潜在的描述是:这些客户拥有一定的财富,对于新鲜的事物有一定的接受能力,没有太多的闲暇时间自己打理财富。

让我们再看一下招商银行对"金葵花"诞生的陈述:

"从长期看,招行目前的客户群是 2500 万,假定居民家庭财富在 30 万以上的比例为 1%,总数就是 250 万,所以金葵花 50 万的客户目标是有可能达到的,但这是一个长期不断追求的过程,需要不断地设定阶段性目标。我们原计划到今年底金葵花客户量达到 4 万人,目前看 4 万人是能够实现的。"(此处应引用"金葵花"理财产品体系的介绍,原作者引用的部分属于"targeting")

2."金葵花"理财品牌和服务体系设计思路

1)"金葵花"的寓意

产品的设计首先是它的内涵。在"金葵花"体系设计中,体现了视觉、知觉、感觉完美寓意的结合。

在英文单词里,"SUN FLOWER"的意思是"向日葵",表明该理财服务体系与用"葵花"作为卡面图样的招行"一卡通"同出一源,一脉相承;

"金葵花"理财业务像葵花一样蕴含朝气和生机,有着广阔的发展前景;

"金葵花"的"金"代表理财业务服务于"一卡通"个人客户当中的黄金客户,金黄色是一个代表尊贵的颜色,金在中国传统文化里是一个代表富贵的词,无论是在感觉上还是在视觉上,都给了客户一种尊重和美好的感觉;

金色的葵花围绕太阳旋转,标志着金葵花理财服务以客户和市场为中心,折射出"因您而变"的经营理念。

另外,还有一个寓意,无论是媒体还是非正式的公开场合,从来没有被提及,或许根本就是招行人在产品设计思路之外的演绎。但在招行人的心里,这个寓意包含了对企业发展壮大的期盼和美好的愿望。葵花是花籽数量较多的一种植物,"金葵花"当然也就结"金籽"了,"金籽"就是他们的黄金客户,每一个招行人都希望黄金客户越来越多。

2)从"熊猫"到"葵花"

"金葵花"并非招商银行的第一个理财产品概念。10 年前"一卡通"的发行让招商银行成了业内第一个吃螃蟹的人,那是国内第一张实现全国通存通兑的银行卡,也成为我国金融服务的一次重大突破。此后,招商银行在"穿州过省,一卡通行"的强大宣传攻势下,一举博得银行理财产品的头彩。

第一张"一卡通"储蓄卡上的图案是一个憨态可掬的大熊猫!但这个大熊猫并没有在招商银行的"一卡通"上停留太久,很快,大熊猫就被葵花的图案所代替,而这张印有大熊猫的银行卡也就如大熊猫一样稀有了。如果今天有人拿出这张"熊猫卡",一定能招来惊羡的眼光,毕竟,它代表了当时先进的理念和超前的生活方式,拥有它,意味着10年前你已经走在了社会的前列。这或许正是招商银行的成功之处,不管在哪个阶段,它的产品都能紧贴时代的脉搏。今年,招商银行大张旗鼓地进行"一卡通"的10周年纪念活动。熊猫卡作为"一卡通"的原始形象被展示出来,人们得以一睹芳容。

用营销学的标准来看,从"熊猫"到"葵花",招行这一不经意的举措,却预示了招商银行经营理念和市场营销意识的转变。熊猫是一种稀有动物,将熊猫作为"一卡通"的形象固然可爱,但难免让客户联想到"一卡通"就像大熊猫一样稀有和珍贵。这是典型的以产品为中心,以银行为中心的定位。而葵花向阳,招行是葵花,客户是太阳,银行要为客户提供优质的服务,葵花的卡面设计恰巧与招行随后归纳总结出的"因您而变"的经营理念不谋而合,标志着招商银行向"以市场为导向,以客户为中心"的转变。

3)"金葵花"理财品牌及服务体系设计

银行产品开发和创新的目的包括满足客户需求、提升银行形象、增加收益。

"金葵花"理财品牌跟一般金融产品的品牌和营销不同,"金葵花"理财第一次把服务体系引进到产品中来。这就使得"金葵花"在产品及服务体系的设计上很容易满足上述三个要点。

满足客户的需求。尽管当年"一卡通"是"一种高科技的电子化理财工具——储蓄一卡通",在这张小小的卡片上兼有通存通兑、自动转账、贷款融资、存款查询、自动识别、账目打印等功能,但与如今现代化的理财工具相比还有一定的差距。据说,当时招商银行"储蓄一卡通"的开发研制和推出总共只用了50天的时间。从产品创新的角度看,这种"速成"对于抢占"第一"起到了很大的作用,但其中的科技内涵还有待丰富。同时,最初的"一卡通"面对的是一个贫富悬殊的客户群,所有的客户在这张卡里享受的服务是一样的。

随着社会的发展,个人资产逐渐增大,高端客户对资产的需求不再仅仅满足于存取款,对增值的需求越来越大,理财也就成了为客户服务的一项重要内容。同时,高端客户也不再满足于和普通客户共同站在一米线外等候办理业务,他们希望不要浪费太多的时间,需要有人提醒资金到期转存,提醒购买更好的理财产品,需要有人为他们设计理财规划……"金葵花"正是基于客户的这种需求,在产品设计上,把产品功能与服务体系融为一体。"金葵花"的服务体系包括七个方面:一对一理财顾问、专享理财空间、定制理财信息、多种超值优惠、全国漫游服务、24小时在线咨询、方便到家的服务渠道。

(1)与尊贵地位的吻合。"一对一"是"金葵花"理财的核心。产品推广初期,围绕"理财顾问"服务,招商银行建立了近千名高素质的客户经理团队,他们经过专门的职业培训,对客户提供专业、贴心的理财服务,让每一位"金葵花"客户都感觉到拥有"金葵花"就拥有了自己的理财顾问。专门设置了全国统一的"金葵花"客户服务热线(95555电话银行VIP服务组);统一设计发行全国通用的"金葵花"贵宾卡,精美的卡片设计及外包装,充分彰显贵宾客户尊贵身份;无论你在哪里,只要拿出那张小小的卡片,就可以在全国各地享受贵宾厅、出游资讯服务、紧急支援服务、财物保管等服务。

（2）与理财需求的吻合。"金葵花"推出后，招行专门设计了"理财规划"系统，客户经理借助这个系统，可以为个人高端客户提供更佳的投资理财规划服务；创造性地集中全行资源，在全国开发"金葵花"特约商户，在特约商户中购物，"金葵花"客户可以享受到更优惠的价格和服务。根据客户理财的主要需求，招行还推出了"易贷通"、"投资通"和"居家乐"三大套餐；成立了外汇通工作室，每日定向为贵宾客户提供个性化理财资讯服务。

（3）与使用需求的吻合。"金葵花"使用的便捷是大家公认的，转账汇款、异地通存通兑、存款证明……你可以自己亲自操作：电话银行、网上银行、贵宾室或理财中心办理，也可以全权委托给电话银行的人工服务，这些服务还可以减免很多手续费。这在很大程度上满足了富人的使用需求。

提升银行形象。"金葵花"的推出与招行历年来的创新和引领银行业新潮流的形象相映成辉。"金葵花"品牌及服务体系推出之时，正是中国银行业大打理财产品品牌的时期，个人理财在银行业已经红红火火地开展起来，个人理财中心、个人理财工作室、金融超市……在银行业竞相开放。招行的"一卡通"曾经掀起的个人理财业务大潮已风起云涌，在这个时候，"金葵花"的推出，再次成为银行业个人理财业务的一个亮点。"金葵花"是第一个把理财品牌及服务体系捆绑推广的金融产品，让世人耳目一新。刚一面世，就吸引了公众的眼球，并在国内银行业掀起波澜，实施客户分层服务策略、争夺高端客户迅速成为国内金融服务的竞争热点，多家银行纷纷推出了高端客户理财服务。"金葵花"，又一次成为招商银行创新形象的代表。

增加收益。银行创新产品的最终目的还是要增加银行的收益，选择高端客户正是招商银行遵循 20/80 法则而做出的战略决策，事实表明，此项服务的推出对于促进招商银行个人金融业务发展的作用是巨大的。

"金葵花"推出当年已初见成效，短短两个月中，"金葵花"贵宾客户达到 3.07 万户，增加了 21%，交易量占全行零售业务交易的比例超过了 60%。

2003 年第一季度，资产规模排名第六的招商银行，储蓄存款增幅跃居全国第一位。2004 年末，招行金葵花客户达到了 5.8 万户，户均存款余额 110 万元。"金葵花"理财客户占比 1.5%，为招行吸纳了 30% 的储蓄存款余额。2005 年 6 月末，招行全行"金葵花"客户已达 6.6 万户，存款占比达 34%。在这些数字增长的背后，更赢得了不可估量的品牌价值。

3. 成功的营销推广

产品设计出来后，招商银行凭借巨大的品牌效应，运用强势营销的策略，把一个子品牌做到了极致。

"金葵花"的营销推广采取全国联动、统一部署的模式。由总行制定营销手册和方案，然后在全国各地分行同时开展营销推广和促销活动，形成了全行联动、波澜壮阔的营销攻势。

（1）内部营销。在推出金葵花之前，招商银行花了很多精力做内部的营销和改造，统一思想，统一架构。"金葵花"强调的是"一对一服务"，需要大量的客户服务人员，招行配套建立了客户经理队伍，并对相关人员进行培训，提高从业人员的综合素质。在设施上，当年招商银行在全国装修改造了 67 个"金葵花"理财中心、228 个"金葵花"贵宾室、250 个"金葵花"贵宾窗口，把高端客户从大厅里"请"到了专属的理财空间，这些高端客户从此不用排队,不用等候,节省了富贵的时间。在服务上,进一步整合前后台的业务流程,确保"金葵花"客户办理业务畅通无阻。在产品设计上,不断加强理财产品的开发,丰富金葵花的内涵和外延。

(2) 媒体营销。在信息高度发达的现代社会,媒体宣传是非常有效的一种传播手段。2002 年 10 月 10 日,招商银行总行在深圳大张旗鼓地举行了"金葵花"新闻发布会,同时要求在一个月之内各分支机构同时在当地举行新闻发布会。当年招行在全国各地共举办了 16 个新闻发布会,100 多场产品推介会。包括中央电视台、一些地方电视台在内的 20 家电台、25 家电视台,以及一些报纸、杂志等媒体都对"金葵花"进行了全面深入的报道,其影响力和宣传效果都达到了预期目的。

(3) 文化营销。鉴于"金葵花"客户群体的特征,招商银行在"金葵花"的营销传播上大打文化牌。推广初期就在全国各地配套推出了一系列的讲座,9 个月的时间共举办了 21 场讲座。2003 年 1 月 1 日新年之夜,在深圳大剧院内,招商银行还举办了"金葵花之光——中外名曲新年音乐会",影响颇大,深受好评。

(4) 主题营销。根据高端客户的生活和消费习惯,招商银行选择在一些高档社区、娱乐场所等地,围绕"金葵花"开展一些相关的主题活动。这些主题活动多姿多彩,如"金葵花客户交流酒会";"茗茶话理财"客户联谊活动;"健康、美丽金葵花客户联谊会"……形式新颖,主题突出,推广效果很好。

(5) 公益营销。在营销"金葵花"过程中,公益营销也是招商银行根据高端客户的心理所开展的营销活动。2004 年 11 月 8 日,招商银行和宋庆龄基金会在深圳联合主办了首届"金葵花"杯爱心慈善高尔夫球邀请赛,当天捐助和募集的 105900 元款项将全部用于宋庆龄基金会"西部园丁培训计划——金葵花培训项目"。招行兰州分行籍迁兰州招银大厦建成使用之际,向省教育厅捐赠 300 万元"金葵花教育助学基金"。北京分行举行了"'金葵花''六一'爱心总动员"公益活动。组织"金葵花"客户,为北京靳家堡中心小学校捐赠了 33 台计算机……这些公益活动,又为富贵的"金葵花"平添了一份爱的温馨。

(6) 节日营销。利用节日期间营销,可以让高端客户在休闲中从容接受"金葵花"概念。如三八节期间,南京招行公开成立了"金葵花女子沙龙",开展围绕女性理财、保健、美容、亲子、婚姻等主题的知识讲座、产品体验、主题沙龙等活动。圣诞节,招商银行宜昌支行在"平湖号"五星豪华游轮上举办"招行金葵花之夜圣诞晚会"。

(7) 互动营销。客户经理会经常通过邮件、短信、E-mail、拜访等方式,与客户保持密切联系,利用调查问卷、询问需求、会议交流、举办抽奖活动等,不断吸引客户对"金葵花"的互动,既了解了客户需求,又让客户增加了对"金葵花"的认知度和依赖感。尤其是为期两个月的"金葵花理财、积分有奖天下游"全国营销活动,影响面大,参与人数多,起到很好的推动效果。

(8) 联动营销。联动营销分两种,一是内部联动,如与公司业务、外汇业务的联动,相关支行、相关部门之间的联动等等,既增进了内部关系,又增强了营销的战斗力。还有一种是与外部的联动。如招商银行深圳市福田支行、尊皇高尔夫国际网络俱乐部与深圳市恩情实业有限公司共同举办的"金葵花——尊贵生活 品质享受"客户沙龙活动。与东原—中央美地会所联合举办了以"购房置业投资活动"为主题理财沙龙,北京建国路支行与房地产商联合举办的康城之旅联谊活动等。

4. 推波助澜的品牌宣传

"金葵花"理财在短时间内成为了中国银行业理财的一大品牌。这是一个令招行人骄傲的女儿,从她出生的那一天起,就注定了她的品牌身份。

当年在"金葵花"理财产品与服务体系新闻发布会上,招商银行副行长李浩宣称,招行有信心将"金葵花"理财打造成继"一卡通"和"一网通"之后的又一知名品牌,力争在中外资银行个人理财领域愈演愈烈的争夺战中赢得一席之地。几年来,招商银行精心打扮着这颗"掌上明珠"。不管是在招商银行的大楼里、"一网通"的网站上,还是在招商银行的各类宣传中……随处可见"金葵花"的品牌标识、产品介绍。在每一个分行、支行、网点,那一簇簇娇艳的金黄,映衬着招行醒目的红色。几乎有招行的地方就可以看得到"金葵花"的影子,每一个招行声音的背后都有"金葵花"的伴音。招商银行对"金葵花"的厚爱、对"金葵花"的呵护,从每一个细节里都可以体现出来。"金葵花"就是招行,有招行就有"金葵花",这种信息已经通过各种渠道和方式潜移默化地传递到公众的意识里,强势品牌的带动效应发生了作用,这正是招商银行的品牌推广成功之处。

5. "金葵花"背后的文化

凡到过深圳的人,都应该看到过招商银行总行那幢造型别致的大楼,它醒目地矗立在深南大道旁,仿佛张扬着招行的创新精神。

2005 年 8 月 12 日,招商银行行长马蔚华用一把特制的钥匙——巨大的金葵花贵宾卡开启了象征财富的大门,宣告总行营业部"金葵花"财富管理中心正式开业。这是招行专为高端客户精心打造的服务场所。从此,这个位于招商银行总行大厦三层的"金葵花财富管理中心",也将随着"金葵花"的遍地开放而成为品牌的另一个象征。

从一楼大厅右前方的一部电梯上行到三层,接待人员起身轻声向你问候,右边墙上一片金黄色的葵花图案让你的眼睛为之一亮,即刻能够感受到一股富贵气息。这里共分为接待区、交流咨询区、网上银行区、业务办理区和财富顾问区五大区域,有齐全的设备,有可口的饮品和小食,有高品味的读物……几个衣着整齐、举止得体、具有专业素质的客户经理亲切地与你款款而谈,置身其中,仿佛就是温暖舒适的家!

再到位于深圳车公庙的泰然支行,这是招行的 VI 样板网点,尽管空间比总行的财富管理中心小了许多,但贵宾区、快速区、自助区……一应俱全,一进大门,迎面的大堂经理同样的亲切自然,聊起"金葵花",介绍起金融服务,如数家珍,仿佛就是一个浓缩的财富管理中心。这时我们才深深体会到,硬件只是形式,文化才是产品品牌的真正支撑。招商银行的"金葵花"正是凝结了招行人的勤劳、敬业和创新精神,是招商银行企业文化的厚积薄发。"金葵花"并不乏步其后尘者,但是否做到了"金葵花"的水准? 我想,每一个人心里都有一杆称。

还是借用"杰出营销奖"上招商银行有关负责人对"金葵花"的一段陈述来对全篇作一总结:

"金葵花不仅仅是产品营销,而是一个服务体系的营建;金葵花品牌是以人为中心,以不断提高理财水平为核心;金葵花品牌是一个不断推动、不断完善的过程,这个过程永无止境;我们将金葵花品牌理解为一种文化,招行所做的一切实际上是在引导整个社会的理财文化。"

问题:

(1) 招商银行"金葵花"理财如何成功运用了 STP 战略?

(2) "金葵花"理财品牌的服务体系设计有何独到之处?

实训:

金融营销 STP 战略的运用

实训项目: 选择一种金融产品,分组进行该产品金融营销 STP 战略的设计。

实训目的: 使学生掌握金融营销 STP 战略的基本方法,使学生能够亲自制作一份策划书,真正地学以致用。

实训要求: 制作一份金融产品的 STP 战略策划报告,要求策划需符合该金融产品的特征和行业背景,具有一定的可操作性。

任务六　金融营销策略选择

【知识目标】

了解金融营销策略的概念;掌握金融营销传统策略。

【能力目标】

能够运用所学知识正确地进行各类金融产品不同营销策略的选择。

【素质目标】

建立适合中国特色地金融营销策略意识,能针对各类金融产品进行不同策略的选择。

【引导案例】

中国商业银行市场营销战略分析

1. 我国商业银行市场营销战略存在的问题

1) 粗放型的商业银行营销战略

我国商业银行在营销策略上还属于一种粗放型的管理,主要表现为还缺乏一套完整的 Probe 市场调查——Partition 市场细分——Prefer 市场选择——Position 市场定位管理机制,这种情况下,我国商业银行的客户资源开发和利用远不能令人满意,同时也使得市场定位、产品策略出现偏差。例如,最近新推出的产品:商业银行跨行存取业务,由于缺乏市场调查,导致业务费用远远高于客户的期待,导致产品使用率不高。

2) 我国商业银行市场营销组合(4P)策略过于单一

这一问题主要体现在商业银行的价格策略与促销策略上。价格策略方面,衍生金融产品、个人资产业务、中间业务是我国商业银行的软肋,所以目前收费项目较少。但是在收费项目上,显然缺乏市场细分与市场定位,导致针对性差,没能体现出"二八定律"。在促销策略上,目前商业银行采用较多的是广告促销策略,但是在销售促进、公共关系等促销手段的利用上,远不如西方发达国家的商业银行。

3) 我国商业银行国际化营销程度相对较低

以我国四大商业银行中的中国银行为例,它是国际化程度最高的。2004 年中行资产和利润分布分别为：中国内地为 78.06%、74.62%；港澳地区为 24.47%、23.79%；其他境外地区为 5.5%、1.59%，尽管中国银行在港澳地区以外的其他国家和地区拥有数十家海外机构，但是总体业务占比较低，而其他三大商业银行该比率则更低。

4）我国商业银行营销策略观念相对落后

我国商业银行营销策略观念相对落后。例如，部分银行营销过程中，片面追求"关系"忽略真正意义上的关系营销；一些银行为了吸引更多的客户资源采取一系列不正当的做法，"拉关系"甚至违规操作。忽视客户在服务过程中的核心地位，服务提供与客户要求脱节；银行更多地市关注员工是否严格按规定办理每一项业务，缺乏与客户的沟通与互动。

2. 我国营销环境战略的 SWOT 分析与外部经验借鉴

1）我国商业银行营销战略的 SWOT 分析

（1）SWOT 分析原理。

SWOT 分析理论是企业战略分析的常用方法，它是通过对企业外部环境的优势（Strength）和劣势（Weakness）、机会（Opportunity）与威胁（Threaten）的分析，从而形成企业的发展战略。

（2）我国商业银行营销环境的 SWOT 分析。

① 我国银行的外部机遇大于威胁，这直接告诉我们，加入 WTO 后，尽管我国银行业将面临巨大的挑战，但是机会大于挑战，只有通过竞争，才能提高其核心竞争力。②与国外银行相比，我国商业银行内部劣势大于内部优势，与外资银行相比，我国商业银行在营销手段、营销战略、营销配套管理组织方面均处于绝对的落后地位。仅有的优势根本不足以弥补大面积的技术落后，因此，我国商业银行目前在商业运营过程中应采取 WO 争取型战略，以抓市场机遇为主，通过不断弥补自己的先天缺陷，才能在竞争中取得优势。

2）国外商业银行营销战略借鉴

（1）美国商业银行的营销管理模式。美国商业银行的专家认为，银行经营的危险就在于只埋头办理传统的银行业务，而放弃对银行的监测工作，银行只有通过后者才能鉴定当前提供的服务是否符合客户的需要。为此，市场营销活动应主要致力于：①一揽子的服务方式，即系列化业务服务。为了适应客户在生命周期中所处的不同情况，美国商业银行将各类金融产品和服务项目进行配套，以从整体上满足和解决客户的各种需要。②针对性的服务方式。围绕客户需要，同时，这种服务还向客户提供集业务员、咨询员、情报员为一体的"个人银行家"，负责对客户的财务状况提供咨询，并对客户所需的金融服务项目做出安排，帮助客户处理遇到的困难。③关系营销。就是建立起跨越多层次的职能、业务项目和地区、待业界限的人际关系。"关系经理"不仅推销银行传统业务，而且还为客户提供并办理新的业务，使潜在的客户变成现实的"用户"，成功地实现账户渗透和业务的发展。此外，美国商业银行还注重加强公共关系，这是赢得公众好评是银行服务的基础。

（2）日本商业银行的营销管理模式。日本国内的学者认为，随着金融自由化的日益推广和普及、市场准入障碍的消除和市场竞争机制的加入，金融服务业将不可避免地沿着制造业和零售业的路子发展。大型集成化金融机构并不总是处在有利的赢利地位，对于专门从事某个领域的小金融机构和能够提供高质量服务的银行业来说，依然有大量的商业机会。因此，商业银行为了适应市场的不断变化，经营理念必须转向用户导向，建立"耳目商店"掌握顾客喜好的最新变化，开拓潜在的市场，重组面向用户的分支网点，建立有效的推销渠道。通过重组业务结构，发挥银行的内部潜力。金融机构要引入研究和开发的概念，加强业务领域中新产品的开发能力,发展以信息系统能力为基础的"内部办公室业务",企业可以通过委托银行办理事务性工作,降低其劳动力成本和信息领域的投资支出,从而使经营活动更趋合理化。

3. 我国商业银行营销战略转型的对策建议

1) 在营销竞争战略上,以 WO 战略为主

通过 SWOT 分析,已经知道我国银行的外部机遇大于威胁,内部劣势大于内部优势,因此我国商业银行目前在商业运营过程中应采取 WO 争取型战略,以抓市场机遇为主,通过不断弥补自己的先天缺陷,才能在竞争中取得优势。

2) 市场细分基础上,注重营销组合策略的灵活选择

在市场细分的基础上,逐步完善产品策略、价格策略、渠道策略以及促销策略。以业务品种为载体,进行个性营销。银行面对的是众多的客户,它们对产品的需求存在着差异,不仅仅体现在金融产品的类型和档次上,而且体现在对利率、费率和销售方式的不同需求上。因此,没有一个银行能通过一种营销组合策略能够满足所有客户的所有需求。因此,只有将市场区分为更细小的市场或客户群体,或区分为具有不特征的目标市场,实施不同的营销组合策略,而且根据自身的战略定位,判定和选择相应的市场组合,才能做到银行营销的市场定位准确,从而达到营销的预期效果。

3) 加强金融品牌营销,强化银行品牌形象

金融品牌营销就是指金融机构通过对金融产品的品牌的创立、塑造,树立品牌形象,以利于在金融市场中的竞争。银行作为经营货币的特殊企业,也如一般流通性服务行业一样,具有服务需求弹性大、提供产品的同一性和易模仿性等特点。我国商业银行想要在国际竞争中脱颖而出,企业形象与品牌就显得尤为重要。

4) 注重营销策略的选择

我国商业营销要在营销策略上逐渐寻求突破,例如,关系营销、绿色营销、文化营销等手段。例如,花旗银行的营销除了突出服务意识之外,还特别突出塑造成功的形象,这对年轻顾客产生了巨大的影响。文化因素的注入已成为一种势不可挡的营销潮:一是有助于传递金融企业的差别优势。金融产品的趋同现象当前非常普遍,在众多模式化的宣传中,脱颖而出形成差别优势已成为金融营销的共同追求。而文化因素的注入正是适应了这一要求。金融广告中注入丰富的文化内涵,可有效地区别于竞争对手。

5) 注重目标市场的细分

任何一家商业银行,不可能满足所有客户的整体需求,不可能为某一市场的全体顾客服务。相反的,商业银行必须确认市场中最具有吸引力,且最能有效提供服务的市场区划,满足一部分人的某种需要。一般把这种商业银行选定的服务活动的对象称为"目标市场"。商业银行在目标市场战略中应分为两步:①通过金融市场细分,选择目标市场;②市场定位,拟定一个竞争性的市场位置。

6.1　营销战略概述

营销战略,是指企业以顾客需要为出发点,根据经验获得顾客需求量以及购买力的信息、商业界的期望值,有计划地组织各项经营活动,通过相互协调一致的产品策略、价格策略、渠道策略和促销策略,为顾客提供满意的商品和服务而实现企业目标的过程。

【案例】

深发展的市场营销战略

深发展面对四大国有银行以及其他各类银行的激烈竞争,在信用卡业务领域发展出了一套有效的市场营销战略,并有效地进行了细分市场、找准目标市场并准确定位的策略。

在市场营销战略方面,深发展首先推进客层优化策略。逐步实施包括白金卡等产品在内的多层次的产品战略,同时推动信用卡与财富管理业务,与银联系统,与全行升级的"发展借记卡"平台,与商户、员工四个方向的结合:致力提升信用卡业务的服务水平。其次是推进渠道优化策略,实现战略联盟渠道、电话营销渠道、分行渠道、直销渠道等渠道网络的全面构建。三是推进资产组合策略。未来信用卡业务要从提升边际利润的方向强化收益、缩减损失和推动中间业务净收入增长。在中间业务净收入增长方面,要进一步深入开展交叉销售,提高交叉销售产品的覆盖率。四是推进核心竞争力策略,逐步实现信用卡业务风险评估管理水平、客户分析水平、产品营销能力的整体提升。五是推进成本效率驱动策略,在科学控制新卡获取成本、系统平台成本和运营成本的基础上实现信用卡边际利润的增长。

在产品开发上,深发展信用卡将自己的目标市场准确细分并准确定位。主要凸显"三个靓点"。

一是"环保"靓点。众所周知,地球环境问题已成为国际社会共同面对和亟待解决的一项重要课题。2009 年 1 月环保主题信用卡——靓绿信用卡。同时,"深发展靓绿园"在北京、上海、深圳、广州、杭州等城市的建立,持卡人能参与"靓绿园"的以自己或家庭命名的植树活动,从而享受青山绿水间的舒畅体验,更使深发展成为了国内金融同业在环保事业上的行为典范,信用卡产品成为了国内环保信用卡的代言。

二是"时尚"靓点。中国大陆信用卡的诞生不过短短数年,信用卡业务具有"年轻"的特点。2009 年以来,我行推出的"靓"系列产品,都彰显了这一特色。通过对靓绿卡"春影"、"夏韵"、"秋实"、"冬晴"四个版本的设计,使环保卡的理念更好地与乾坤运转、四季变迁融为一体。

三是"健康"靓点。在这里高端信用卡的开发得到了体现。以 2009 年 4 月推出的白金至尊卡为例,既为持卡人专门设计了"健康至尊服务",又给予了持卡人根据自身偏好对三个不同的至尊服务进行自由选择的权力,使客户在感受时尚的同时体会到深发展信用卡对客户健康的关怀。

1.4P's 营销策略组合

20 世纪 60 年代,是市场营销学的兴旺发达时期,突出标志是市场态势和企业经营观念的变化,即市场态势完成了卖方市场向买方市场的转变,企业经营观念实现了由传统经营观念向新型经营观念的转变。与此相适应,营销手段也多种多样,且十分复杂。1960 年,美国市场营销专家麦卡锡(E. J. Macarthy)教授在人们营销实践的基础上,提出了著名的 4P 营销策略组合理论,即产品(Product)、定价(Price)、渠道(Place)、促销(Promotion)。"4P's"是营销策略组合通俗经典的简称,奠定了营销策略组合在市场营销理论中的重要地位,它为企业实现营销目标提供了最优手段,即最佳综合性营销活动,也称整体市场营销。

2. 6P's 营销策略组合

20 世纪 80 年代以来,世界经济走向滞缓发展,市场竞争日益激烈,政治和社会因素对市场营销的影响和制约越来越大。这就是说,一般营销策略组合的4P不仅要受到企业本身资源及目标的影响,而且更受企业外部不可控因素的影响和制约。一般市场营销理论只看到外部环境对市场营销活动的影响和制约,而忽视了企业经营活动也可以影响外部环境,另一个方面,克服一般营销观念的局限,大市场营销策略应运而生。1986年美国著名市场营销学家菲利浦·科特勒教授提出了大市场营销策略,在原4P组合的基础上增加两个P,即权力(Power)和公共关系(Public Relations),简称6P′S。

科特勒给大市场营销下的定义为:为了成功地进入特定市场,在策略上必须协调地施用经济心理、政治和公共关系等手段,以取得外国或地方有关方面的合作和支持。此处所指特定的市场,主要是指壁垒森严的封闭型或保护型的市场。贸易保护主义的回潮和政府干预的加强,是国际、国内贸易中大市场营销存在的客观基础。要打入这样的特定市场,除了做出较多的让步外,还必须运用大市场营销策略即6P组合。大市场营销概念的要点在于当代营销者日益需要借助政治力量和公共关系技巧去排除产品通往目标市场的各种障碍,取得有关方面的支持与合作,实现企业营销目标。

大市场营销理论与常规的营销理论即"4P′s"相比,有两个明显的特点。

(1) 十分注重调合企业与外部各方面的关系,以排除来自人为的(主要是政治方面的)障碍,打通产品的市场通道。这就要求企业在分析满足目标顾客需要的同时,必须研究来自各方面的阻力,制定对策,这在相当程度上依赖于公共关系工作去完成。

(2) 打破了传统的关于环境因素之间的分界线。也就是突破了市场营销环境是不可控因素,重新认识市场营销环境及其作用,某些环境因素可以通过企业的各种活动施加影响或运用权力疏通关系来加以改变。

3. 11P′s营销策略组合

1986年6月,美国著名市场营销学家菲利浦·科特勒教授又提出了11P营销理念,即在大营销6P之外加上探查、分割、优先、定位和人,并将产品、定价、渠道、促销称为"战术4P",将探查、分割、优先、定位称为"战略4P"。该理论认为,企业在"战术4P"和"战略4P"的支撑下,运用"权力"和"公共关系"这2P,可以排除通往目标市场的各种障碍。

11P分别是:

(1) 产品(Product),质量、功能、款式、品牌、包装。

(2) 价格(Price),合适的定价,在产品不同的生命周期内制定相应的价格。

(3) 促销(Promotion),尤其是好的广告。

(4) 分销(Place),建立合适的销售渠道。

(5) 政府权力(Power),依靠两个国家政府之间的谈判,打开别外一个国家市场的大门,依靠政府人脉,打通各方面的关系,在中国所谓的官商即是暗含此理。

(6) 公共关系(Public Relations),利用新闻宣传媒体的力量,树立对企业有利的形象报道,消除或减缓对企业不利的形象报道。

(7) 探查(Probe),即探索,就是市场调研,通过调研了解市场对某种产品的需求状况如何,有什么更具体的要求。

(8) 分割(Partition),即市场细分的过程。按影响消费者需求的因素进行分割。

(9) 优先(Proration),即选出我的目标市场。

(10) 定位(Position),即为自己生产的产品赋予一定的特色,在消费者心目中形成一定的印象。或者说就是确立产品竞争优势的过程。

（11）员工（People），"只有发现需求，才能满足需求"，这个过程要靠员工实现。因此，企业就想方设法调动员工的积极性。这里的 people 不单单指员工，也指顾客。顾客也是企业营销过程的一部分，比如网上银行，客户参与性就很强。

6.2　传统营销策略

1. 整合营销策略

金融营销观念应是整合营销观念的思想，发挥营销职能的各个部门应统一指挥，在产品、价格、渠道、促销等方面协调行动，以取得综合经济效益。为此，金融企业一要树立"大市场"观念，即突破传统的时空界限，树立起全方位、全时点服务。从传统的同质化、大规模营销观念转变为个性化的营销理念。

2. 新产品开发策略

金融新产品开发要找准"利基点"，以满足客户利益为倾向，设法多增加产品功能。具体可采取仿效法、组合法和创新法等不同方法。在这方面也可借鉴国外银行成功经验。为满足客户的新的需求和银行自身发展的需要，应注重产品的组合开发，以及服务的更新。

3. 促销策略

入世以后，面对强大的竞争对手，我国金融企业在促销策略运用上一方面应加大投入，形成规模；另一方面则应把各种好的促销手段，把这一系列促销手段加以有机组合、统一策划、统一组织，以便收到良好的整体效果。促销的主要策略有一是广告促销、二是营销促进，国内外金融业常用的促销工具有有奖销售、赠品、配套优惠、免费服务、关系行销、联合促销等等。三是人员推销。四是公共宣传与公共关系。

【案例】

共赢二十载，伙伴一生情

2007 年是招商银行 20 周年行庆，招商银行以"共赢二十载、伙伴一生情"为主题同步策划和组织实施了一系列行庆活动，主要包括：真情篇"行庆贺卡贺礼赠送"活动、沟通篇"聆听关爱共赢"客户见面活动、典藏篇"行庆纪念卡发行"活动、回馈篇"聆听您的声音"客户体验调查活动、促销篇"E 心为您、伙伴一生"网上银行促销活动、品牌篇"第五期金葵花指数发布"活动、创新篇"行内员工创新建议评选"活动以及献礼篇"零售主要业务行庆表彰"活动等。每项活动独立成篇而又相互支持，通过有效的组织和推出，极大地推动了招商银行零售银行品牌的树立和业务的发展，成为招商银行 20 周年行庆活动一道道亮丽的风景线。

4. 品牌经理营销策略

如何在保持金融企业整体形象、价值观念和企业文化的前提下，或者说在一个总品牌形象下，塑造品牌的各自特色，形成各自品牌的忠实消费群体，为金融企业赢得更为广阔的市场和生存空间，避免出现一个金融企业的品牌族群互相矛盾及冲突的尴尬局面。

我国目前的金融营销现状正反映了金融企业还未对金融营销有深入的了解，没有看到它与其他产品营销之间的不同。因此也就未加重视，这也为今后开展金融营销提出了新的要求，那就是必须深入了解其内涵才能有的放矢地做好金融营销。

6.3 适合中国的营销策略

1. 功效优先策略

国人购买动机中列于首位的是求实动机。任何营销要想取得成功,首要的是要有一个功效好的产品。因此,市场营销第一位的策略是功效优先策略,即要将产品的功效视为影响营销效果的第一因素,优先考虑产品的质量及功效优化。

2. 价格适众策略

价格的定位,也是影响营销成败的重要因素。对于求实、求廉心理很重的中国消费者,价格高低直接影响着他们的购买行为。所谓适众,一是产品的价位要得到产品所定位的消费群体大众的认同;二是产品的价值要与同类型的众多产品的价位相当;三是确定销售价格后,所得利润率要与经营同类产品的众多经营者相当。

3. 品牌提升策略

品牌提升策略就是改善和提高影响品牌的各项要素,通过各种形式的宣传,提高品牌知名度和美誉度的策略。提升品牌,既要求量,同时更要求质。求量,即不断地扩大知名度求质,不断地提高美誉度。

【案例】

"为您而备、全家共享、助您进取"渣打银行"优先理财"
——全方位体贴照顾财富管理需求

2007 年,渣打银行(中国)有限公司乘中国个人金融市场对外资银行开放的契机,延续"优先理财"的环球品牌服务定位"为您而备、全家共享、助您进取"连续推出多项重要的市场营销活动并且同时配合推出多项创新理财产品,在新开放的人民币市场中成功地加深其品牌影响力:

(1)"为您而备"——成功推出多项财富管理产品。

(2)"全家共享"——"怀柔策略"市场营销活动深植人心。

(3)"助您进取"——联手高端品牌和专业金融媒体打造商业契机。

其策略引起市场热烈关注,主要基于如下原因:

(1)目标市场明确。

(2)服务定位清晰全面。

(3)实施整合营销进行推广。

(4)以文艺活动及子女教育为主题推出全国市场营销活动扩大知名度,为国内市场提供国际标准的服务质量和品牌定位。

4. 刺激源头策略

刺激源头策略就是将消费者视为营销的源头,通过营销活动,不断地刺激消费者购买需求及欲望,实现最大限度地服务消费者的策略。

5. 现身说法策略

现身说法策略就是用真实的人使用某种产品产生良好效果的事实作为案例,通过宣传手段向其他消费者进行传播,达到刺激消费者购买欲望的策略。通常利用现身说法策略的形式有小报、宣销活动、案例电视专题等。

6. 媒体组合策略

媒体组合策略就是将宣传品牌的各类广告媒体按适当的比例合理地组合使用,刺激消费者购买欲望,树立和提升品牌形象。

7. 单一诉求策略

单一诉求策略就是根据产品的功效特征,选准消费群体,准确地提出最能反映产品功效,又能让消费者满意的诉求点。

8. 终端包装策略

终端包装就是根据产品的性能、功效,在直接同消费者进行交易的场所进行各种形式的宣传。终端包装的主要形式:一是在终端张贴介绍产品或品牌的宣传画;二是在终端拉起宣传产品功效的横幅;三是在终端悬挂印有品牌标记的店面牌或门前灯箱、广告牌等;四是对终端营业员进行情感沟通,影响营业员,提高营业员对产品的宣传介绍推荐程度。调查显示,20%的保健品购买者要征求营业员的意见。

【案例】

深圳发展银行"天玑财富"高端理财推广

天玑:智慧之星,财富之星。它是北斗七星中最闪亮的一颗。

天玑财富是深圳发展银行为高端人群度身设计的一项革新理财服务,它体现的是一种"东方智慧 承传创新"的品牌内涵。让高端理财人士在理财中领悟到东方理财文化精髓,享受到"边品雪茄,边理财","边赏名画,边理财"的个性化的贴心理财服务。

广告围绕"专于智赢于诚"的传播理念,展开 2007 年的整合营销推广,将"天玑财富"所彰显的洞悉先机,精明睿智的个性形象深深植入到目标人群的心目之中,一举成为深圳发展银行的高端代言产品,成为金融理财界中的佼佼者,在 2007 年金融评比中获得"2007 年中国最佳理财产品品牌奖"、"中国金融营销十佳奖"。

9. 网络组织策略

组织起适度规模而且稳定的营销队伍,最好的办法就是建立营销网络组织。网络组织策略,就是根据营销的区域范围,建立起稳定有序的相互支持协调的各级营销组织。

【案例】

中国移动资金管理网络营销案例

在总行、北京分行和各个协办行的共同努力下,中国移动资金管理网络于 2003 年 5 月 28 日开通,2008 年一季度结息工作的顺利完成,标志着全建行系统内资金量最大的结算网络正式运行已近五年。

截至 2007 年 9 月底,全部 31 个省移动公司纳入本结算网络,归集资金的存款账户 48 个,资金归集总量最高时达 503 亿元,存款基本稳定在 420 亿元至 480 亿元之间。中国移动资金管理网络的建成和运行,对建设银行营销重大客户具有里程碑式的重要意义,无愧为经典营销案例。

本案例曾于 2007 年底在《银行家》杂志组织的评选活动中荣获首届"中国金融营销十佳"大奖,说明本案例不仅获得了客户的肯定,更有幸获得了社会、媒体与专家学者的赞誉和鼓励。

10. 动态营销策略

动态营销策略就是要根据市场中各种要素的变化,不断地调整营销思路,改进营销措施,使营销活动动态地适应市场变化。动态营销策略的核心是掌握市场中各种因素的变化,而要掌握各种因素的变化就要进行调研。

【拓展案例】

信用卡大量营销与品牌营销战略的透析

清华大学领导力培训　　　　　刘志梅
资料来源:清华大学领导力培训项目网

2004 年以来,中国银行业界在信用卡市场展开了品牌营销战略,竞争伊始就沿袭了大量营销的竞争模式。大量营销模式的根本缺陷就是在竞争愈演愈烈的情况下,采用人海战术与价格战,使得发卡行不自觉地进入了不计成本、不顾效果、片面追求发行量的品牌营销战略轨道,而不是从营销战略竞争理念出发,运用 STP 战略施行品牌营销战略。

1. 中国信用卡大量营销的金融环境

瑞银证券(UBS)亚洲首席经济学家安德森说,一个外资银行要进入中国金融市场,肯定要参与到个人、家庭的消费金融中去,我相信这是我们在这里的唯一成长机遇。安德森认为中国的企业贷款已超过 GDP 的 100%,不再具有成长性,让外资感到乐观的只有消费信贷。麦肯锡报告预测中国的零售信贷市场将呈指数增长。虽然中国的个人消费信用业务(信用卡、房贷、车贷和其他个人贷款)贡献的利润现今只占 4%,但是到 2013 年将占到银行业利润的 14%,目前勉强达到收支平衡的中国信用卡业务也将成为仅次于房贷的第二大零售信贷产品。

从信用卡市场的发展方向来看,中国信用卡消费市场具有良好的发展潜力和发展趋势。但是,对采取什么样的战略节奏推进,中国的商业银行并没有经得起市场检验的品牌营销战略规划,除个别银行外,几乎所有商业银行都采取了大量人力、物力、财力投入的大量营销模式,信用卡品牌市场打的不是品牌战,而是采取人海战术和价格战,真正有效的信用卡消费并没有同步展开。

在中外银行的战略合作过程中,外资方把他们在信用卡上多年的经验带入了中国。美国花旗集团与上海浦东发展银行合作,首先从信用卡业务开始。花旗银行和浦发行、汇丰银行和交通银行、德意志银行和华夏银行、恒生银行和兴业银行、苏格兰皇家银行与中国银行已经签订协议,将分别在政策允许时成立合资信用卡公司。苏格兰皇家银行与中国银行、美洲银行和建设银行、汇丰银行与上海银行也已经对外宣布双方重点在信用卡领域合作。

外资银行与部分中资银行所达成开发中国信用卡市场的如此战略同盟,也使市场参与者倍感信用卡营销大战山雨欲来,于是更加紧了对该市场占有率的量的扩张。

中国内地个人消费信用市场刚刚起步,很多中国居民没有个人负债。在这种金融环境中,外资银行和国内银行对信用卡消费市场如此青睐是可以理解的。但是,中介咨询公司与外资银行对中国居民改变消费习惯的难度认识不充分、评价不够准确。同时,外资银行习惯于通过品牌营销战略来培育市场,从而导致了对中国信用卡市场过于乐观的估计。这极大地促动了急于开展信用卡业务、寻找利润增长点的中国商业银行,选择外资银行进行信用卡业务联合开发与合作。中国商业银行与外资银行的这种急切合作,显然是出于急功近利的赢利心理,其结果必然是导致大量营销行为的迅速发生。

2. 信用卡大量营销的成本与风险

据测算,信用卡的制作成本是每张卡100元左右,加上市场促销成本,每张信用卡的市场成本大约在200元左右。大量发卡导致信用卡的品牌营销战略成本大大增加,而信用卡消费频度和额度的增加却极其有限,这就必然导致信用卡的运营效率低下,闲置率高。麦肯锡中国公司副总经理王颐认为目前中国消费者对信用卡的忠诚度仍很低,一半以上的客户将永远不会给发卡商带来赢利,主要原因有3个:客户使用率低,银行手续费收入低,而银行品牌营销战略成本及客户获取成本却在增加。

麦肯锡对中国信用卡市场调研数据显示,目前中国发卡行提供的月平均信用额度是1.1万元,但中国信用卡客户每月人均刷卡开支约1400元,这已是客户每月人均刷卡开支的近8倍,绝大部分客户根本用不完授信额度。为了推进信用卡的销售,很多银行采取措施应对《银行卡业务管理办法》的规定,来突破最高授信额度5万元人民币的限制,而新的《银行卡管理条例》即将出台,将改变现行《办法》中不超过5万元的规定,由银行视自身风险状况和持卡人具体情况决定。目前,多数发卡行对信用卡金卡持卡人的市场最高授信额度已超过5万元人民币。例如,民生银行在推出首张信用卡时,将最高授信额度定为10万元;招商银行、中信实业银行和工行为白金卡客户提供"5万+n"的临时授信,来变相提高最高循环透支额;而最为"贵族化"的中国银行长城国际白金卡,其授信额度高达10万美元。信用卡5万元的额度屡屡被突破,而由于全面掌握持卡人的财务信息和获得优质客户的困难,使得信用卡市场面临着透支额度的潜在风险。同时,信用卡市场还面临着品牌营销战略成本风险、赢利风险和技术安全风险等。

3. 中国信用卡品牌营销战略性选择

笔者认为正确的金融决策应是实行信用卡品牌营销战略,其战略性选择思考如下。

品牌营销战略性选择之一:分析客观环境,把握消费者行为

对于信用卡发卡行来说,一个优质的信用卡客户的条件是:拥有稳定的职业和收入,爱好消费并可以接受负债消费,愿意支付透支带来的利息。也就是说,银行希望客户的信用卡上总是有欠款,以累积他们的循环信用,并给银行带来利润。但现实情况是,绝大多数的中国普通百姓并没有负债消费的习惯,他们往往在信用卡的免息期内即全额还款。这是因为,消费者的心理及其行为与传统消费习惯有着密不可分的关系,中国消费文化所促成的消费习惯反映了一种最为特殊的消费价值观。中华民族是讲究内心修炼和顿悟文化的民族,具有内敛性、和谐性的整体特征,其消费习惯属于节制、内控和适量的消费类型,多数人的消费支出总是要小于收入存量的。况且中国目前的人均收入还处于不富裕状态,以及转型市场时期的社会保障体系还不健全,各种潜在的风险使得中国消费文化不可能在短时期内发生结构性的转变,即消费在总体上会依然处于收敛方式,不可能出现循环性透支消费指数的急剧飙升。

发卡行应深入研究市场环境和消费者行为,按职业、社会阶层、心理或顾客需求等因素,正确地细分市场并研究其特点,选择最适合自己开发的客户群即目标市场,明确服务重点。发卡行必须根据目标市场的特点开发适销对路的个性化产品,使产品在消费者心目中树立起独特的品牌形象,形成"异质化"和"特色化"的产品和品牌。通过整体营销扩大品牌知名度和美誉度,提高顾客忠诚度,创造与竞争者的差异,靠个性形成优势,靠优势赢得市场,靠品牌创造卖点。如建行的"乐得家"、招行的"金葵花"、工行的"牡丹女士卡"及"个人理财工作室"、兴业银行的"加菲猫"等都是商业银行从全局出发,从品牌营销战略 thldl. org. cn 高度来考虑,进行

深层次的市场营销,从而达到了较为理想的效果。

品牌营销战略性选择之二:客户反馈信息与服务跟进及时到位

目前,在信用卡营销的市场大战中,各家商业银行的促销行为过度,基本上采用的是大量人员推销、广告与宣传品促销、公共关系促销以及有奖促销,并没有做到客户反馈信息与服务跟进的及时到位。

金融市场属于服务市场,金融产品是一种服务产品,发卡行应该清楚法律的最基本要求,即服务承诺的时效性。某些银行即使是国内信用卡营销的佼佼者,其促销信息所传达的服务承诺也没有任何清晰、明确的时间范围,在其信用卡促销的年费返还、提供法律服务、意外伤害保险、道路救援等附加的服务承诺中,没有注明时限是 1 年、3 年或无限期。另外,某些银行的促销方案明显带有过度促销的技巧性痕迹,如"一卡平天下"、"无须担保"、"无须保证"等宣传用语会衍生出很多歧义,并隐含着模糊性的诱导功能。

信用卡发卡行所谓的"服务承诺促销",从承诺的时间范围来看是服务不承诺,服务承诺只是促销承诺而非战略承诺。同时,国内商业银行的售后服务缺乏实际跟踪调查、缺乏发现问题采取改进措施的服务跟进,客户所接收到的"服务信息"主要是鼓励刷卡的售后促销信息,而这种源源不断的功利性促销信息,实质是对顾客进行干扰的信息噪音。因此,大量品牌营销战略模式必将被顾客所淘汰,但就目前而言,并没有看到信用卡发卡行营销为上的战略调整迹象和战略改进措施。

品牌营销战略性选择之三:营销推进与市场培育的战略节奏有效

循环透支消费即循环信用产生的透支利息是信用卡赢利的重要渠道,如美国商业银行信用卡利润的60%来自循环透支消费所产生的利息。但麦肯锡调研数据显示,我国目前只有2%的客户经常使用循环信用,85%以上的客户每月全额还款。而很多商业银行空泛地相信这样的战略预期,即80年代与90年代出生的消费者会大量地使用循环透支消费。

品牌营销战略的关键不是空泛的预期,信用卡品牌营销战略的关键是战略预期与战略实现的有效对应,市场竞争中体现为战略跨度选择、战略节奏控制和策略实施过程的战略成本投入清晰化、科学化与效率化。这就要求商业银行的信用卡战略达到:对其市场赢利预期的跨度分析是清晰明确的,对其实施过程的市场风险、市场竞争难度和潜力以及投入成本也是清晰明确的,对其市场培育与营销推进的战略节奏是可以调控的。

而我国商业银行的品牌营销战略决策及与之相对应的成本投入、策略实施,都只是建立在未来信用卡消费市场肯定具有发展前景的基础之上,这种未来方向的定性认识与市场容量、市场风险、市场竞争总量没有多少关联,尤其是与信用卡发卡行的个案竞争没有必然关联,相反却极容易导致众多个案银行大量营销和恶性竞争的产生。这就说明了信用卡的营销推进与市场培育的战略节奏失效。

假定我国信用卡市场的培育周期为10年,当市场进入饱和状态之后,需要长期、持续的营销投入时,我国多数商业银行并不具有坚持市场持久战的战略准备,信用卡大量营销决策的后遗症会充分暴露。商业银行的应对措施要么是不计成本、不在乎过程效率和效益的长期非战略投入,以期待信用卡成熟消费市场的形成和到来;要么是终止大量营销的前期投入,缩减公司编制、辞退人员,采取"随行就市"的被动营销。由此,多数商业银行的营销过程,也就无从获得稳定的、忠诚的客户群体,也就无法累积获得信用卡消费的市场份额,也就谈不上市场竞争胜出。

综上所述,信用卡战略营销要求本地银行持续以信用卡兼具消费支付功能和信用透支功能为营销基础,以持续服务承诺有的放矢为客户服务,以市场培育与有节奏推进为战略对策;以信用卡赢利模式、客户忠诚度、风险控制和信用卡关键业务能力建设为主要策略着眼点。

问题:

(1) 作者认为中国信用卡品牌营销战略性选择有哪些?你如何评价?

(2) 联系实际,你认为中国信用卡品牌营销战略性选择应该怎样?

实训:

金融营销策略分析

实训项目:选择一种类型的金融产品,分组进行金融营销策略分析。

实训目的:使学生掌握金融营销策略的类型,使学生能够准确选择适合中国国情和现实环境的营销策略。

实训要求:制作一份金融产品的策略选择报告,要求策略需符合现实金融营销环境。

模块二

金融营销策划实务

任务七　金融营销策划流程

【知识目标】

了解并掌握金融企业的策划流程。

【能力目标】

能独立完成金融企业策划方案的撰写。

【素质目标】

了解客户及其需求,培养团队合作精神,增强提出问题、讨论问题和分析问题的能力,善于与人沟通。

【引导案例】

某期货公司"量化交易"产品的开业之殇

2012年初,某期货公司推出了一款"量化交易"的新产品。量化投资理论是借助现代统计学和数学的方法,利用计算机技术从庞大的历史数据中海选能带来超额收益的多种"大概率"事件以制定策略,用数量模型验证及固化这些规律和策略,然后严格执行已固化的策略来指导投资,以求获得可持续的、稳定且高于平均的超额回报。量化投资是未来投资的重要方向,但中国投资者对此类产品仍较为陌生。

该产品经过了严密的设计并经历了半年时间的模拟运转之后,在中国证券市场一片愁云惨雾下,三个实盘交易取得了综合投资回报8%以上的较好业绩。但困扰着大多数公司的问题也一下困扰了这家刚刚起步的公司,这个问题就是如何寻找客户。

公司召集了多次会议,制定了多项方案,但效果总是差强人意,真正招揽到的顾客相对来说仍然很少。公司决定开展电话营销,但是打电话给谁,怎么打,如何才能说服顾客,公司没有任何经验,也没有培训和规划。公司决定开展的另一项重要活动"会议营销"也因为类似的问题陷入僵局。

那么,该公司的问题到底出在哪里呢? 公司领导百思不得其解。

经过分析,我们发现,公司的客户群比较高端,要求开户客户资金量必须达到20万以上,这显然超出了普通老百姓能够投资的范围。反过来分析就是,能够拿出20万的投资者,他的资产量一定要比 20 万要高得多,这显然属于一个较为富裕的阶层,而通常情况下,电话营销和会议营销的目标对象没有那么精准,或者说,他们打电话的对象和会议营销所邀请的对象大多数不属于目标客户对象的范畴。作为新公司,他们的客户资料库还不是那么健全,从外部暂时还不能获得有效的准目标客户信息,没有了客户,因此业绩也就无从谈起。虽然他们也想了很多办法,但都没能马上奏效。

从以上案例可以得出一个结论:营销策划和单纯的想一个所谓的金点子是有着天壤之别的,营销策划有着一整套流程,从市场信息的调研开始,到营销战略的确定,瞄准目标客户群,施以正确的营销策略,再加以强有力的执行,最后才能取得成功。

金融企业的营销策划大致有两种类型,一是在年初(月初、季初等)时将本周期时间段内的营销内容做一个整体规划,这偏向于计划的内容。另一种类型是根据情况的变化和时势发展的需要,有针对性地做一些营销策划,通常偏向于促销的内容,目的是应对竞争对手的挑衅或者拉近与顾客的距离等。

从营销策划流程的角度来说,金融企业与其他类型的企业没有太本质的区别,大致差不多。一般来说,也是从市场分析入手,通过环境分析找到机会和威胁点,通过需求分析了解客户并进行准确的市场定位,通过竞争者分析了解自己与竞争者相比之下的优势和劣势,最终找到并制定适合自身的战略和策略。根据上述分析,金融企业会制定策划方案,选择并组建合适的团队来执行,在执行中发现并纠正偏差,适时调整策划方案。在策划方案执行完毕后还要对方案执行的结果进行评估,以此总结经验和教训,并将所有的资料整理归档。因此,金融营销策划的流程可以大致归结如下。

7.1　市　场　分　析

市场分析是进行营销策划的前提和基础,需不需要策划,针对什么做策划,需要什么样的策划,这一切的出发点就是市场的需要。

市场分析主要包括营销环境分析、企业及产品分析、消费者分析、市场竞争分析等。

1. 市场营销环境分析

任何一个企业都生存在一个具体的环境中,金融企业当然也不例外。而企业所处的外部环境总是不断地变化着,变化着的环境带给企业的影响可归结为两个方面:机会和威胁。金融企业要想获得更大的发展,就应当尽其所能抓住所有的市场机会,避开所有的威胁。因此,市场分析很大程度上是针对市场环境进行分析。

环境分析通常从宏观环境(包括政治、经济、文化、自然、科技等)和微观环境(客户、企业内部、相关中介组织、竞争者等)等两个方面进行分析,必要时加上中观环境分析(产业或者行业环境)。

【案例】

南京十年间车险理赔市场的变化

车险理赔新变化 1:快捷

同样的事故,2004 年理赔忙了半个月,今年再遇到时,赔款"1 小时到账"

38 岁的王高俊头一次出车险是在 2004 年,"那时我在开车上还是菜鸟级别,6 月刚买的车,7月就碰了,进车库时撞上墙,把保险杠、车灯、散热器撞坏了。第一回办车险理赔,快把我烦死了。当时理赔员只是在接到报案后到现场拍个照片就走了,办保险理赔需要一大堆的材料,全都要我自己收集齐全送到保险公司。保险公司工作人员跟我交代理赔材料时,漏说了'驾驶员体检证明'这项,结果我因交材料不齐,白跑了一趟营业厅,之后为了开体检证明又折腾了半天。其他如请交警出事故证明等这类手续,办起来也让人觉得烦躁。一两千元赔款,从报险到拿到赔款,花了将近半个月。"

今年8月25日,王高俊的妻子开着他们家第二辆私家车出行,停车时也不慎撞到墙,保险杠和车灯损坏,但妻子却在一小时内拿到了赔款。

此次为王高俊服务的车险理赔员是江苏人保南京分公司的赵伟,他一边向记者展示公司为自己配发的平板电脑,一边告诉记者,自己虽然在人保工作才四年,但对理赔由繁变简、由慢变快已经有很深的感慨了。2009年时,理赔服务流程繁琐,涉及定损、报价、核损、核赔、理算等多个环节,小额单方事故,理赔员通常是第一天查勘第二天才能做出报价,如果想在一天内完成理赔,不但理赔员自己得加班干活,还得进行跨部门协调。不过,现在人保采用先进技术,为每个理赔员都配备了有GPS定位系统的特制平板电脑,客户报险后,总部可通过GPS调离出险地点最近的理赔车去现场查勘,确保理赔员能快速接到调度,30分钟内就赶至现场。查勘时,理赔员可以用平板电脑把事故车辆、车险现场拍下来,将照片当场上传至总部,总部则能根据车损情况,立即做出理赔报价。

车险理赔新变化2:便利

内驻交警、第三方评估中心、物价局……理赔"超市"让理赔"一站到底"

在位于南京大明路的"南京市交通事故理赔服务中心",记者看到,人保、平安、太平洋、中华联合等16家保险公司的服务台在大厅一字排开,大厅旁,一边是交警驻点的警务室,一边是汽车修理厂。

据在此驻点的人保南京分公司代表卢慷介绍,大明路的快速理赔中心是全国第一个快速理赔中心,2007年成立以来,处理了全市70%的车险案件。"市区发生的交通事故中,碰蹭、擦刮等轻微交通事故,占事故总数85%以上。以前,大量轻微交通事故发生后,当事人都把车停在路中间争吵或者等待交警,不但容易引发交通堵塞,还容易导致二次事故。而且,这样的处理对双方车主来说都很耗精力:首先,在路上等122到场就很费时;随后,驾驶证收走、将车开到指定停车场、做笔录,这个过程要花2个~3个小时;笔录后,车被送到技术部门做痕迹检验,等结果,研究认定事故责任后才发还车辆,进入理赔程序。整个流程走下来,要十天半个月。而且,除事故车辆外,还要牵动3辆车——双方保险公司各一辆、警车一辆,每天要处理几百起小擦碰,无论保险公司还是警方,都要搭上不少油料、人力,这个成本是很大的。"而这样一个内驻交警、第三方评估中心、园林局、物价局等单位的理赔中心成立后,消费者就像是有了理赔超市,城区道路6:00-21:00发生的单方财产损失在2000元以下、无人员伤亡,或者机动车仅车身前后保险杠、车灯、引擎盖、门窗等外表件损坏,车辆可以继续驾驶的交通事故,当事人可自行协商处理,或者约定时间,同时到服务中心快速理赔。"需要园林局出证明的,园林局的工作人员可为其现场办公,需要交警协调的,交警就在眼前。理赔中心一站式理赔服务,让车主们省事省心,也节省了社会资源。"

车险理赔新变化3:服务

接电话从大声喊"喂"到轻柔说"你好",市场竞争让保险服务质量大涨。

在采访中,记者了解到,如今的车险理赔服务可不仅仅只是"理赔"而已,不少保险公司都对车主提供很"实惠"的延伸服务。比如车主遇到开车错过加油站,结果车辆无油的意外情况,就可以请保险公司的服务车为其送汽油,再如遇到轮胎爆胎、车辆熄火发动不了等车障情况,车主也可以请保险公司调拖车将车拖去4S店维修。人保南京江宁支公司总经理张铭表示,这些服务以前都是车友会的付费服务项目,但现在,渐渐成为保险公司的免费增值服务,而服务项目增多质量变好,和充分的市场竞争有一定关系。

张铭告诉记者,20世纪80年代,财险市场上中国人民保险公司一家独大,如果想买汽车保险,只能找人保,那时候,保险是有计划额度的,想买还未必能买得到。到1990年左右,平安保险、太平洋保险成立,陆续涉足车险业务,车险市场才有了竞争,但那时,企业是保险公司的主要服务对象,而企业对保险服务的要求主要停留在"价格便宜些"、"理赔不搅毛"的层面上,保险公司主要以价格低吸引客户,谈不上服务意识。直到2003年,私家车呈爆发式增长,保险市场才有了非常明显的变化。这十几年来,江苏陆陆续续成立了大小40多家保险公司分食车险市场,原有主体要争市场份额,新增主体也要争份额,车险市场的竞争变得激烈,以前在家坐等客户上门的经营手段,根本无法应对竞争,而且私家车主客户相对企业客户来说,服务要求更高。"我们推出不少个性化服务,比如派人去保时捷、宝马、奔驰等高端4S店驻点,保险接待员代车主出面和4S店协商零件价格,向高端客户提供一条龙定损;比如派人到交警队驻点,针对人伤案件,现场协调为伤者垫付医疗费用、开展保险预赔付工作,帮客户收集、整理、复制单证资料,完成核损理算等。以前我们很多理赔员接到报险电话后,第一反应就是用大嗓门对着电话喊'喂!'但现在他们用轻柔的语气说'你好!',别小看这态度语调的小小改变,它说明,服务意识已经开始渗进保险理赔员的脑海里。"

10年前,南京私家汽车拥有量为7.24万辆,如今是83.34万辆!以常住人口810万算,平均不到十人中就有一人拥有自己的汽车!这十年,是保险业发展史上不平凡的十年,保险市场规模不断扩大,仅南京车险市场而言,10年前,南京投保车辆是17.37万辆,如今是108.34万辆,江宁一区的车险保费,2002年是一千多万元,到2012年9月,已经超过5亿元。在这十年里,汽车保险经营方式从粗放到规范,服务理念逐年成熟,市场竞争从价格转向了服务。车辆增多的同时,车辆出险风险也在增加,汽车保险从"不关我事"变成"必须得买",车险理赔服务则从"客户给理赔员递烟"变成"理赔员给客户递水"……现在保险公司已经不仅仅办理保险理赔业务,还拓展到帮助客户代办年检、过户等手续,推出洗车优惠、年检及驾驶证到期提醒等一系列的延伸服务。不仅如此,目前保险公司也已经不再以单纯的代理人、直销渠道扩展业务,出现了利用网络和电话营销的模式,营销成本更低,让客户也更方便。10年,车险市场变了,车险理赔的制度、流程、服务也变了,这种种变化,体现的不但是行业发展,也是时代的进步。

(资料来源:2012-10-03《扬子晚报》,作者:周红跃 周西宁)

看以上信息,试着调查并写作一份有关当地车险市场环境变化的分析报告。

2. 企业及产品分析

金融企业在做营销策划之前,同样也要对自身做一个彻底的剖析,企业和产品本身所有的优势和劣势,比如价格优势、渠道优势、产品研发优势、品牌优势、市场占有率优势、成本优势等,了解自己,是"知己知彼,百战不殆"的基础。

3. 消费者分析

金融企业面对的客户群是比较复杂的,同一个金融企业,推出的不同产品,其所面对的客户群差异有时是非常大的。比如私人银行面对的就是最富裕的人群,而绝大多数的银行网点面对的客户群是普罗大众和较富裕的人群。

不同的客户群拥有不同的收入,隶属于不同的阶层,他们的生活方式、购物方式、消费的层次差异也很大。比如,富人们购物往往追求所谓的身份和地位的象征,他们使用银行推出的最尊贵的信用卡,习惯于刷卡消费,习惯于享受特权,比如持银行的贵宾卡可以走机场的 VIP 通道和贵宾休息室,在银行也习惯于在贵宾室办理业务,银行为他们提供专业的专人理财服务,他们可以一边喝着免费的咖啡一边就把事情办理完毕,而免于排队的烦恼。而普通的金融客户显然无法享受这一切。

客户是金融企业的服务对象,也是金融企业的产品销售对象和利润来源,他们有企业客户,也有个人和家庭客户,有大客户,也有中小客户,对客户的了解越多,金融企业推出的策略才会更有针对性,满足客户需求是金融企业的追求目标,客户的需求是金融企业一切策划的最初出发点和最终归宿。

但目前,金融企业与客户之间确实还存在着许多不太和谐的因素,导致许多投诉。

【案例】

顾客为何投诉银行信用卡收费

银行卡收费问题近年来引起了社会的广泛关注。以信用卡收费、"全额罚息"投诉为例,某商业银行信用卡客户,某月消费50032元,因疏忽大意,误以为消费50000元整,遂在到期还款日前在卡上存入5万元。在下一个月对账单中,该客户可能面临数百元的透支利息,利息是按50032元计算,而非按照未偿还的32元计算,客户对此非常不满。这类投诉中,消费者自身存在过错,但同时,它也反映了金融机构的若干问题。一是在信用卡营销环节没有有效披露未全额还款的风险,这一点可以基于常识判断;二是信用卡章程的合理性和公正性存在争议。目前,各家银行信用卡章程对于持卡人未能在到期还款日前全额还款的责任规定不尽一致,有时会引起投诉。

（资料来源:2011 年 3 月 14 日《金融时报》）

上述案例说明金融企业与消费者之间在信息的沟通上还存在着许多问题,如果类似的问题总是出现,很显然会引起消费者的反感,甚至用脚来投票:永远不再选择该银行的服务。

4. 市场竞争分析

商场如战场,要想在市场中获得胜利,只了解自己是不够的,更重要的还要去了解竞争对手,了解他们的优劣势,了解他们的策略,从而制定有针对性的竞争策略。

通常情况下,人们会认为,银行的竞争对手是银行,保险公司的竞争对手是保险公司,而事实往往比这要复杂。比如,从目前已经实现的技术看,人们可以利用手机刷卡乘坐公交车,也可以利用手机上网购物或者在商场购物,还可以实现更多的功能。从市场发展趋势看,移动银行业务是未来发展的重要方向之一。一部手机可管理个人所有金融账户(分属不同金融机构),满足全部投资、理财、消费需求(购物、支付账单、交通费);同时,对企业客户而言,亦可随时掌控企业网银第一手财务信息,并实现移动授权等多种移动金融服务。这就引出了一个问题,将来,人们是将钱存入移动通信公司呢? 还是继续存入银行? 银行和移动通讯公司会不会构成直接的竞争? 谁会在未来取得更大的竞争优势?

【案例】

移动支付市场的现状与未来

在银行业内看来,移动支付已经成为新的经济增长点,市场规模将进一步扩大。截至2010年底,我国使用手机上网人数已达3.03亿,年增长率超过30%,到2013年用户规模则可能达到4.97亿户左右。2010年3月,中移动以398亿元巨资认购浦东发展银行20%股权,成为浦发银行第二大股东,开启了国内移动运营商与金融机构的深度合作;随后,中国工商银行与中国联通推出移动支付、手机银行业务;2010年起,深发展、浦发银行及招商银行都开始发力移动金融业务。根据易观智库《2011Q2 中国网上银行市场季度监测》报告显示,2011年二季度中国网上银行市场交易额达到200.18万亿元,环比增长5.2%,同比增长57.1%;二季度网上银行注册用户数达到3.6亿,同比增长47.8%。相对于接近饱和的网银,手机银行还是一块未完全开发的"处女地"。根据交银国际所做的中国手机银行业务用户调研显示,用户开通手机银行的首选功能是消费、支付,其次是财务查询、小额转账、手机商城等。另据艾瑞咨询发布的《中国企业手机银行发展前景分析报告》显示,2010年有65%的企业客户希望通过手机银行来处理财务。目前中国的企业手机银行还处在起步阶段,虽市场需求旺盛,但仅有极少数银行推出企业手机银行产品。

财务管理等金融相关业务直接关系到个人财务、企业运营的核心,因此,是否能够提供更高的安全标准及使用便利,是手机银行成功与否的关键。目前,和各大银行一样,深发展等新推出的手机银行将安全性放在第一位,在技术上采取多道防火墙力保安全性。比如,手机银行首次登录需输入注册手机接收到的短信验证码,并且结合该行的"公司金卫士"短信通知服务可以实时获取账户变动信息,这就相当于设定了"两道安全网"。登录账户要与移动电子设备进行绑定,即使是账户和密码信息泄露,如果不在绑定的手机或者计算机上,其他人也无法登录。此外,采用防盗取密码控件保护,密码安全度高;数据传送采用 SSL 安全协议进行高强度的数据加密,可以远离木马、病毒、黑客等恶意攻击;个性签名设置可以有效防范钓鱼网站等多重措施。

在光大证券分析师看来,目前手机银行业务推进的瓶颈主要是技术上和消费习惯上的滞后。前者必将随着手机的更新换代(如智能手机、3G 手机的普及)、移动网络的建设与优化(手机网速的提升)、手机银行配套设施的设置(如在消费场所大量安装读取手机芯片中银行卡信息的设备)和手机银行自身技术的完善(便捷性、安全性、个性化进一步提高)得到解决,而后者将随着技术上的突破及手机银行优势的显现逐渐发生改变。

根据波特的五力模型,金融行业市场竞争分析主要包括以下类型:

(1) 金融行业内部的竞争。导致行业内部竞争加剧的原因可能有下述几种:一是对市场份额的激烈争夺,比如不同的银行往往同时针对的是同一个存款(贷款)目标客户群体。二是竞争对手提供的产品或服务大致相同或类似,体现不出明显差异,比如存款的利率由国家制定,虽然可以上下浮动,但差别仍然很小,存款的类型各家银行也基本一致。通常对于差异化很小的产品,企业为了增强其市场竞争力,只有祭出价格战的大旗,所以有时行业内部竞争会非常激烈。

（2）金融客户的议价能力。顾客有消费金融产品和服务的权力,也有用脚投票的权力。对于有些客户来说,是金融企业着意想要去争取的,这些客户往往也具有较强的议价能力,通常会要求银行提供比一般客户更优惠的条件。

（3）金融企业供应商的议价能力。金融企业也需要很多供应商,比如各种机器设备及软件的采购等。供应商在行业内的知名度和品牌,供应商的技术水平,供应商谈判代表的经验,供应商的售后服务能力等最终决定着双方在采购谈判中的地位,也决定着金融企业所需要付出的对价。

（4）金融行业潜在竞争对手的威胁。潜在竞争对手指那些可能进入行业参与竞争的企业,它们将带来新的生产能力,分享已有的资源和市场份额,结果是行业生产成本上升,市场竞争加剧,产品售价下降,行业利润减少。比如,许多人喜欢淘宝购物,他们在淘宝的支付宝上保存有大量现金,这些现金的数量淘宝从未公布过,但依据淘宝巨大的交易量看,这是一笔非常庞大的天文数字。这个数字要超过大多数中小商业银行每年吸纳的存款量。

（5）金融行业替代产品的压力。是指具有相同功能,或能满足同样需求从而可以相互替代的产品竞争压力。2012年在温州出现了许多"跑路老板"的事件,主要的原因就是企业无法通过正常渠道从银行融入资金,转而去借高利贷,由于利率太高还不起,为避免放高利贷者的追杀,被迫逃跑。由于这些事件在全国引起了很大的反响,也引起了中国最高管理当局的重视,在温州设立了金融改革试验区,由此可能会成立更多的商业银行,将资金从暗处的无法监管引到可以监管的明处,以避免出现高利贷带来的悲剧。

市场竞争是市场经济的基本特征,企业通过竞争实现优胜劣汰,进而实现生产要素的优化配置。金融企业应当认真研究行业市场的竞争情况,这有助于金融企业认识行业的竞争激烈程度,了解自身在金融行业内的竞争地位以及竞争对手情况,为制定有效的市场竞争策略提供依据。

当然,更多的时候,人们在进行市场分析时,通常还是着眼于分析直接的主要竞争者。

7.2　STP战略分析

STP战略是指金融企业在市场细分的基础上,对目标客户进行准确的市场定位的过程。STP理论中的S、T、P分别是Segmenting、Targeting、Positioning三个英文单词的缩写,即市场细分、目标市场确定和市场定位的意思。

金融企业推出的产品一定要针对特定的客户群,这一点非常重要,属于重要的战略决策的范畴。如果这一步走错了,后面一系列的策划都会产生问题。

市场细分是确定目标客户群体的前提,市场细分需要一定的方法,以一定的标准将整体市场划分为若干细分小市场,然后对每一个细分小市场进行详尽的分析,最后确定一个或者几个作为自己最重要的目标市场。

金融企业确定了目标市场之后,就需要进行准确的市场定位。市场定位就是要在客户心目中刻划一个显明的金融企业的特别的形象,使客户群体认识并记住自己,产生好印象,最终成为金融企业的终身客户。

那么,如何进行准确的市场定位呢? 请看下面的案例。

【案例】

泽西联合银行市场定位策划

泽西联合银行:在大品牌的夹缝中焕发生机

1. 市场环境及竞争分析

在新泽西州,泽西联合银行(United Jersey)是排名第三的银行,第一、二名分别是首诚(First Fidelity)和中大西洋(Midlantic)。更重要的是,它在北端的地盘受到花旗、大通、华友、汉诺威和纽约市其他大银行的夹击,在南端则活在费城大银行——如梅隆(Mellon)、第一宾州(First Pennsylania)的阴影之下。

在竞争日趋严峻的形势下,泽西联合银行决定把握变革的方向,对银行重新定位,为泽西品牌找到新的发展方向,从而牵引整个银行的变革。

2. 泽西联合银行的市场定位

如何为泽西联合银行定位,以求在区域内取得主动?

一是针对并利用那些大竞争对手与生俱来的弱点:大银行们反应缓慢,为泽西联合发展出一个新定位策略,叫做"办事快速的银行"。二是鼓励泽西联合银行围绕"办事快速"定位展开运作。

3. 泽西联合银行实现市场定位的举措

对于具体的营销运作,策划人员主要提出了七项重要的建议。

(1) 权力下移:银行将决定权一直交到当地层次,在整个州的十个商业银行中心,当地主管可以迅速地批准商业贷款。

(2) 交叉训练:训练银行人员,使之了解全部银行服务项目而不只是本位工作,遇到顾客询助,人人可即时给予答复。

(3) 推广电子化:银行利用自己全州最大的民营自动取款机网络,号召顾客与该银行的计算机直接连线,咨询收支平衡与其他日常问题。

(4) 加速专用信箱服务:将银行的专用信箱填满顾客账目,增加每天的支票收取频次。

(5) 增强终端机功能:客户可以通过装置就绪的终端机,快速得到不用现金的转账批准。

(6) 提升反应性:不论是第一家处理新产品,或是在与竞争者的利率并驾齐驱,银行对顾客的融资需求都要尽心尽力,有所反应。

(7) 迁址:银行将公司总部迁设于普林斯顿,使自己位于该州地理中心,让任何工商顾客不到一小时就能驾车抵达。

4. 促销策划

在接下来的电视广告上,泽西联合银行将那些大对手名之为"昏睡银行",描述它们批准商业贷款总是慢吞吞地需要等待,其行动像是银幕上的慢镜头。印刷广告也突出"办事快速"的定位,"快速能赚钱"和"银行不应当让人久等"成为经典的广告标题。而银行的主管们,则得到一个印有"时间就是金钱"的铭牌,被要求放在桌上,提醒自己不要让顾客在他们桌旁苦等……

5. 策划方案执行评估

新定位大获成功,在开始执行此计划一年之后,泽西联合银行宣布收入增加了26%。更重要的是,员工态度发生了转变。一位主管报告说:"太棒了,我们的人员都在奋力以赴,我已看到了巨大的改变,批准更快,没有一个人坐以待事……"新定位成了泽西联合银行的旗杆,指引着他们不断地成为赢家。

市场定位非常重要,而许多人并未意识到这一点。人们可以换个角度来思考这个问题:当人们想去购买高性能的计算机,如果脑袋里想到计算机这个概念的时候,映出的第一个印象就是某个具体的品牌,比如 IBM,那么你认为最后人们购买计算机时最可能买到的是哪一款呢?这个答案是比较容易回答的。虽然最终的购买未必是心目中想到的第一个品牌,但这个概率仍然是非常大的。

市场定位是营销策划中非常重要的一个步骤,如果定位准确,再配合正确的营销策略以及坚定的执行力,就会最终转化为现实的市场占有率。

7.3　市场营销策略的制定

金融企业在确定了相关的战略之后,可以制定系列组合策略,如 4P's 组合营销策略,或者在开拓国际市场时使用 6P's 组合营销策略等。鉴于金融行业属于服务业,其产品与服务密切相关,也可以采用 4C's 组合营销策略。

4P's 组合营销策略指的是将产品策略、价格策略、渠道策略、促销策略组合使用。6P's 组合营销策略是指在 4P's 组合的基础上,更综合运用公共关系策略和政治权力策略,以打开国际市场的大门。政治权力策略通常是在进入一个市场存在困难的情况下,通过与该东道国政府掌握相关政治权力的高层人物沟通,使其同意进入该市场。而公共关系策略则是通过一系列的活动,使该国消费者认识本企业及其产品,并乐意接受。

4C's 组合营销策略也是可以使用的武器之一。1990 年,美国学者罗伯特·劳朋特(Robert Lauterborn)教授提出了与传统营销的 4P's 相对应的 4C's 营销理论。4C's 的核心是顾客战略,而顾客战略也是许多成功企业的基本原则,4C's 是以顾客为中心进行企业营销活动规划设计,从产品到如何实现顾客需求(Consumer's Needs)的满足,从价格到综合权衡顾客购买所愿意支付的成本(Cost),从促销的单向信息传递到实现与顾客的双向交流与沟通(Communication),从通路的产品流动到实现顾客购买的便利性(Convenience)。营销人员可以通过 4C's 的策略组合来实现策划方案。

为了应对竞争,吸引更多客户,在其他策略确定之后,策划的重心往往就在于促销策划了。促销策划包括了广告、人员推销、营业推广和公共关系等手段。

促销策划一定要出新意,那么创新创意从哪里来呢?这是困扰新进从业人员的一个重要的问题。这个问题尤其困扰着高职大学生们。从作业实践来看,他们的有些创意确实出乎意料的好,但这总是个别现象,通常这些好的创意也是闭门造车想出来的,而并没有正确的思维方法的指导。在这里,要说明一下如何得到好的创意。

第一,要有正确的方法,方法有很多,比如通过头脑风暴法产生好的创意。策划人员要善于讨论问题和集思广益,善于从别人那里获得灵感,激发思维。第二,要有知识的积累。可以通过多观察,多读书,多看有创新性的东西,知识积累到一定的程度,就像古语说:"熟读唐诗三百首,不会作诗也会诌"一样,自然而然地能产生一些想法出来。第三,要经常从专业的角度去研究广告和好的创意作品,将别人的方法学会,尤其是学会从不同的角度看问题。第四,要从本企业和产品的历史和现实中发掘灵感,任何企业的营销策划不可能是孤立存在的,它一定与自身的历史有一定的渊源,策划人员不应为了创意而去故意割裂产品的历史,这样的作品通常不会有太好的评价,除非企业想要完全转型。第五,从竞争对手的创意作品中获得灵感。策划人员的创意需要与竞争对手同台竞技,所以研究竞争对手也是获取创新的重要源泉。竞争对手给我们树立了一个标靶,如何找到它的致命伤并将他打败,就是创意者需要考虑的最重要的事情。

图 7-1 是太平洋电话车险在《北京晚报》上做的一个 A12 版横 1/4 版彩色广告,投放时间是 2011 年 6 月 13 日,这则广告的左侧是一辆汽车的车头,车牌处写着太平洋电话车险的电话号码,中间清晰地印上太平洋电话车险的广告语,右侧是太平洋保险的 LOGO,并再一次清晰地印上了太平洋电话车险的电话号码。

图 7-1 车险广告

这个广告的目的是让人知晓太平洋电话车险,并打电话购买车险。广告画面清晰,目的明确,达到了较好的效果。因此,广告并不是越复杂越好,而是能够直接到达目标受众,吸引他们的注意力,并激发他们的购买欲望。

这则简单的广告其实也包含着特定的因素,下面着重分析一下。

第一,这则广告继续沿用了太平洋保险的标准色:蓝色,风格和过去太平洋保险的广告风格保持一致,让人一看就知道这是太平洋保险的广告。第二,为什么会选择《北京晚报》投放广告,因为报纸读者与广告的目标受众相吻合。太平洋电话车险的目标客户是北京市内的车主,而《北京晚报》创刊于 1958 年,是北京地区发行的最大的综合性都市报,北京晚报的首选率和主动读者人数均居第一。该报主要以北京四环内、九城区为主,外埠为辅,辐射周边地区。北京晚报平均每期阅读率高达 53.5%,是唯一进入日到达率前 10 位的平面媒体。两者的目标受众基本一致。

当然,如果单纯地分析一个报纸的平面广告,恐怕还很难得到更权威的结论,因为促销也需要使用组合策略,单纯使用单一媒体很难使产品信息到达大部分目标客户。除了使用平面报纸媒体广告外,太平洋还使用了广播广告。现在,所有车辆上均有 FM 调频收音机功能,而大城市堵车的严重性使得人们不得不打开收音机,一方面收听路况信息,另一方面打发时间,偶尔还能通过电话或者短信参与节目得到一点点小小的惊喜。因此,大多数开车人上车后会打开收音机听一听。太平洋电话车险就是要瞄准这些车主受众,平面广告和广播广告等媒体交叉使用后的结果,使得广告的效率倍增。

7.4 撰写金融营销策划方案

撰写金融营销策划方案是非常重要的一环,初入门者经常会为其所困,下面我们就分步骤详解如何写好一份看起来还比较专业的营销策划书。

第一步:确定标题。

既然是写营销策划书,首先要确定策划的目的和目标,进一步确定策划书的标题。策划书标题应尽可能具体醒目,并能涵盖本次策划的所有内容。标题是一篇文章的眼睛,是吸引读者有兴趣继续读正文的保证,金融营销策划书也同样如此。策划书标题通常置于封面最显眼的位置,形式类似"××活动策划书",可以横写也可以竖写,封面上还应当写明作者(撰写机构)和写作日期。

第二步:正文写作。

正文中应当包含以下内容:

(1)策划背景。这部分内容应根据策划书的特点在以下项目中选取内容重点阐述,具体项目有:

① 策划的意义、目的和目标。用简洁明了的语言将目的表述清楚,将活动的核心构成、本次策划的必要性、策划的独到之处以及由此产生的意义(经济效益、社会利益、媒体效应等)都应该明确写出。策划目标要量化,这样才能产生实际的激励效应,并易于执行效果的考核与评价。

② 策划部门(人员)和执行机构。任何策划都需要具体的人来执行,要列明需要哪些部门和人员参与,如人员不够,需不需要从外部借助其他人员的帮助,是否需要对人员进行相应的培训。

③ 所需资源。是否需要布置会场(鲜花、座椅、音响设备、投影、嘉宾礼品、嘉宾签到簿、嘉宾座次、会议主持、会议议程等),是否需要事先准备好相应的赠品,赞助方式,广告制作,摄影摄像灯光,接送车辆,谁来负责联络,餐饮招待,赠品的摆放位置以及由谁来具体发放等。所有需要的资源要到位,每一件事必须要有专门的人来负责。所有事项应当列出一个详细的表,数量和取得日期必须严格标明。策划活动无小事,任何小事情都有可能严重影响到策划活动的成色,比如某金融企业在嘉宾到场后才突然发现,忘记购买嘉宾胸前佩戴的小红花了,事起仓促,很是被动,事后相关策划人员得到一顿激烈的批评。

④ 策划的具体执行周期。策划方案的执行从什么时间开始,到什么时间结束,要具体到每一天。如果策划的执行只是一天的时间,则需要以分钟来计算。时间上要紧凑,并且要留有一定的余地。每一个具体的时间点,都要将具体的人与具体的事相对应。

(2)环境分析。

① 金融企业近期状况简介。

② 环境分析。包括宏观环境分析、行业环境分析、目标客户分析、竞争者分析、SWOT 分析等。将内容重点放在环境分析的各项因素上,对过去和现在的情况进行详细的描述,并通过对情况的预测制定计划。如环境不明,则应该通过调查研究等方式进行分析加以补充。环境分析的基础是市场调研,策划人员还应当附上调研方法的说明,以证明其数据来源的科学合理性。

(3)策划使用策略及执行要点。

① 目标客户群体分析。

② 策划所依据和使用的策略。

③ 策划方案所需要使用的媒介。

④ 策划方案执行过程中应当注意的要点。营销策划书不是给自己看的,它还要给领导

看,说服领导认可并决定执行该方案。因此,这一部分至关重要,因为策划书的可行性以及执行之后可能达到的效果,全部在这一部分得以体现。这一部分要体现一些关键的细节,比如选择哪些媒体配合,谁来负责联系媒体,费用如何等全部都是细节问题。策划书一旦决定执行就必须要投入预算,一旦失败,管理层要承担一定的责任,所以,领导层会比较慎重。策划人员也应当竭尽全力将方案做到实处,考虑到可能划拨下来的具体费用,将费用与项目明细一一对应。

(4)预算测定。

任何策划的执行都需要花费一定的资金,因此就需要进行经费的预算,营销策划方案执行的预算既需要够用,又不能过高。过高的费用一方面领导不会批,同时也会导致投入产出不成比例,入不敷出不是策划想要得到的结果。

预算的测定要考虑两个方面:直接费用和间接费用。直接费用包括市场调研费、场地租赁费、各类采购经费、广告等的设计制作经费、购买媒介等的费用。间接费用包括人员工资、管理费用、机动经费等。

预算计划尽可能详细,这样让人感觉真实,也容易被领导批准。

对于以上内容,策划人员可以根据需要选择相应的内容,不一定面面俱到,当然也可以根据需要增加一些自己认为必须的内容。

第三步,写作附属部分。

附属部分主要包含目录、附件以及参考资料出处。目录只有在正文写作完毕后才能做出来,目录放在标题和正文中间,很多同学不会做目录,这个必须要学会,它是通过 Word(WPS Office)中的功能来实现的。参考资料放在正文后面,每一条参考资料应尽可能注明作者、书(杂志、报纸等)名、出版社、出版日期等信息。有时还要将一些必要的资料附上,附件主要有市场调查信息表、调研报告等,分别以附件一、附件二等的形式存在。

附： 给高职大学生如何写好营销策划案的建议

大多数高职大学生通常害怕写东西,尤其害怕写专业方面的东西,比如毕业论文,各式的策划方案等。他们的理由几乎是一致的,那就是不会写。

其实,高职大学生经过训练后,是可以写出出色的策划方案来的。有一次,在上了几次策划课以后,竟然有个学生拿来几张纸给老师看,原来他上完课以后感觉受到很大的启发,于是下课后就到附近的企业转了转,竟然说服了一个老板答应让他做一份营销策划方案,并且出资500元钱给他做启动经费。对学生来说,赚钱多少是小事,关键的是他通过这次策划活动锻炼了能力:一方面他通过说服锻炼了自己的推销和谈判能力,另一方面他也锻炼了自己承接业务和专业策划的能力。在这次业务之后,他陆续又承接了几笔策划的订单,虽然金额不大,但这让他充满了成就感,也对未来充满了信心。在将来求职的时候,他在自己的个人简历上也有值得书写的亮点了。

那么,高职大学生在刚刚开始撰写营销策划方案时应当注意哪些问题呢?下面根据多年来的教学总结,给大学生们提几个建议:

(1)尽量让自己显得专业。这个专业要体现在策划方案上,那么怎么样才能让自己显得尽可能专业呢?一是要按照老师的要求尽力完成,而且要多写。老师在布置作业时,学生要尽一切力量去完成。一般来说,学生第一次写的策划方案经常有点让老师们感觉惨不忍睹,但他们会越写越好,一般写过五六次以后,就能写得像模像样了,起码有点儿专业的味道了。这主要是因为老师会在每一次作业后做专业的点评,学生们会知道哪些地方做得好,哪些地方做错了,在一次又一次改正之后,专业性也就突显出来了。二是要使用打印稿。正规的策划方案肯定是打印稿,对客户还要提供 PPT 和光盘等必要的资料。稿件要尽可能显示出正规和专业的特点,比如要有封面、目录和正文,稿件不能做得很花哨,但需要美观和漂亮。三是要少犯一些低级错误。同学们经常犯的低级错误有很多,比如错别字较多,有些甚至在封面的最重要的标题里面也会出现错别字和多字漏字的现象;还有,封面上不能出现页码,正文的页码应当从第一页开始,目录后面的页码要对齐,字体不能太大也不能太小,要适中美观;正文的每个段落开头要空两格,字体前后要统一,标点符号也要准确使用等。四是要注意格式。要学会使用三级标题,通常一级标题使用"一、二、三、"等去表示,二级标题使用"(一)(二)(三)"等表示,三级标题用"1. 2. 3."等来表示,不少同学写着写着就写乱套了。

(2) 市场调研是写好策划方案的前提。任何策划方案是不能够闭门造车的,获取相关企业、产品以及市场的信息是撰写完美策划方案的前提。建议同学们以小组的形式完成市场调研,小组以 3 人~8 人为宜,每人分工明确,在合作的基础上,以团队的形式完成。市场调查表以及调研报告要附于策划方案之后,以方案附件的形式存在。

(3) 关于网络搜索与借鉴。在教学实践中,也发现不少同学为了偷懒,从网上搜索下载之后直接将复制的作业交上来。在这里,提供一个建议给大家,就是网络也是重要的信息获取渠道之一,可以从网络上搜集一些信息,但是不能全盘复制,可以从十份以上的信息中选取有用的信息,组成一份完整的策划方案。这主要是基于一个前提,那就是高职大学生目前最重要的是学会写作,信息获取对有些同学来说较为困难,给他们一个渠道是为了让他们完成作业,并学会撰写策划方案。但是如果允许他们复制单独一个方案,他们就会偷懒,以至于最后根本没学会什么,甚至连格式的调整都懒得做。而用十份以上的方案组成一个完整的方案,则必须有一个深入阅读和理解消化、打乱重组的过程,这一过程可以使学习深化。因此,学生的策划方案后面必须附上参考资料的详尽信息,以备老师查阅。

7.5　金融产品营销策划方案的实施

1. 金融营销策划实施机构及团队成员

金融行业作为服务业,全员营销已经越来越被人们所感同身受。最高级的管理人员也就是最大的客户经理,很多时候已经不再问是属于哪个部门的业务,而将指标分解至每一个个体。比如,银行的存款量指标,几乎所有银行工作人员都有一定的任务。

不过,对于一个具体的金融产品营销策划项目而言,还是应该有一个特定的团队来负责策划和执行。金融行业非常复杂,有基金、银行、证券、保险、信托、期货、财务公司、信用社等,不同类型的金融企业其机构设置差异也较大,岗位设置及职责分工也不同,但不管哪种类型的金融企业,都一定要有专职的营销人员来策划和执行营销计划,但各有其特点。

比如,基金公司、证券公司的营销团队成员必须要拥有证券从业资格,否则不得从业。基金业的卖点不仅由销售团队决定,更重要的是其投资部成员的构成,一般来说,销售团队成员要求本科以上学历,而投资部成员要求硕士以上学历,投资者购买基金时非常看重基金投资部管理团队的经验和履历。商业银行需要有银行从业资格的员工,商业银行和证券公司都有大量的基层分支机构,而基金公司却没有,因此,基金公司往往通过其他的金融机构,比如银行和证券公司代卖基金,也会通过网络直销基金,还会通过由基金管理团队出面以路演或会议营销的方式向大客户销售基金。

普通大众对信托公司不太熟悉,但信托业近几年发展非常快,业内人士称,优秀的信托销售人员 2011 年可以拿到几百万的销售提成。为了更好地提升业绩,信托公司还会向基金公司挖墙脚,高额的薪酬待遇也令不少基金从业人员艳羡不已,跳槽者也越发多了起来。与其他金融机构不同的是,中融国际信托、北京信托、兴业国际信托、上海爱建信托等多家公司在广纳直销人员。据透露,目前市场上有 40 多家信托公司已经筹建或正在筹建自己的直销部门,广铺自销渠道。专家表示,直销渠道的铺开有助于提高信托公司的综合能力,并提升投资者的议价权。

2. 金融产品营销中的风险防范

金融行业中的风险防范非常重要,2008 年美国出现的金融危机就是由于各种风险的不断积累而导致的恶劣后果。而我国的金融机构显然并没有完全吸取这一教训,在某种程度上继续沿着美国的老路前进。下面试列举几例。

(1)银行滥发信用卡。信用卡顾名思义,就是银行为有一定信用的人提供信用额度,使其可以在必要时在银行规定的额度内透支,以实现提前消费和生活上的便利,这也是银行提升为顾客服务水平的重要手段。但如果银行将信用卡发给那些没有信用的人,这些人透支之后无法及时还款,或者根本就还不起款,银行可能就会面临一定的损失。即使银行起诉,透支人被追究责任,但资金未必能够追回。那么银行为什么要滥发信用卡呢?原因是各家银行都看好信用卡市场,都认为它是未来业绩增长的重要领域,因此,谁先占领信用卡市场,谁就能赢得未来。在此指导思想下,不管你有没有能力申领信用卡,银行工作人员都会尽力帮你申办好一张信用卡。其次,银行对信用卡营销人员也有业绩方面的考核,为了拿到绩效奖,部分工作人员在明知客户不具备办卡条件的情况下,主动帮助客户隐瞒某些瑕疵,在帮助客户的同时,也帮助自己提升了业绩。第三,商业银行之间在信用卡业务方面缺少沟通联系,致使不符合申办的客户在多个银行连续申办成功,透支后使银行蒙受巨大损失。

【案例】

年入 2 万却能办 25 张信用卡 银行发卡发疯了?

年收入不过 2 万多元,各大银行却给上海人小周办了 12 张信用卡,授信额度达 13 万元。为了偿还信用卡债务,小周借了近 10 万元高利贷。父亲老周倾尽所有帮儿子还了债,还特意致电各银行服务热线,告知对方儿子没有还款能力,希望对方把儿子拉进黑名单。不料,4 个月后,小周又从 9 家银行办出了 13 张信用卡,欠了银行十几万元,还有高利贷十几万元。

最终,老周一家不得不卖房替儿还债,老两口为此还闹离婚:"我就想不通,银行为什么要发那么多信用卡给我儿子,他明明还不起钱,这不是害人嘛!"确实,小周自己固然应该对此负责,但还应该追问的是,发卡几乎发疯了的银行,又该当何责?

显然,小周办那么多的信用卡,就是为了恶意透支,也正是多达 25 张的信用卡,让他得以巨额透支。虽然这些卡由多家银行办出,银行彼此间并不知情。然而,若在银行间实现资讯共享,就可有效而及时地阻止其恶意企图,而这其实并非难事。

而且,即使 25 张信用卡由各家银行分别发出,但按其 2 万多元年收入的经济状况,也不可能得到超过还款能力的授信额度。显然,尽管明显没有偿还能力,银行还是给予了大大超过其还款能力的授信额度。

　　信用卡恶意透支案件,近年来已呈上升趋势,造成了银行资金的巨大损失。显然,这在很大程度上,银行自己难辞其咎。一方面,现在的申领信用卡,还存在着制度上的漏洞,但另一方面,出于争夺"市场份额"的急功近利,银行并不在意这些漏洞,甚至反而利用漏洞,恶性竞争,以至信用卡滥发成风、一人多卡、过度授信,成为普遍现象。

　　也因此,对于恶意透支,必然缺乏严密而有效的管理,虽然银行用高得吓人的利率、滞纳金和利滚利的计算方式,试图阻止恶意透支,但其实只会让一些恶意透支者利用一人多卡,拆东墙补西墙,让恶意透支的雪球越滚越大。

　　信用卡的无序扩张和管理混乱,其风险最终要落到银行头上,比如这位持卡人的欠债,如果不是他的父母倾尽所有最后甚至卖掉房子帮儿子还了债,恐怕将成为银行不得不自己吞下的苦果。

　　　　　　　　　　　　　　　　　　(资料来源:2012 年 09 月 19 日《西安晚报》钱凤伟)

　　(2) 公司治理结构不合理。部分金融企业严重依赖人力,高管频繁更换的结果就是,高管的离职,带动了大批中层的离职,进而带动大批销售人员的离职。比如对于寿险企业来说,保单依赖于销售人员来完成,销售人员的离职会严重影响到客户与公司的沟通联络,也会影响下一年度的销售。以生命人寿为例,基层销售人员非常可能追随高管的离职而离去。如若这一幕真的上演,生命人寿至少短期内将遭到重创,这对本就业绩增长骤然放缓的生命人寿而言,无疑是雪上加霜。目前看来,生命人寿对这一轮内部员工"离职潮"甚少回应,虽然如此,这轮由该公司高层引发的离职潮仍在不断发酵。回顾生命人寿的发展史,成立 11 年,却已经历了三位董事长和五位总经理,如此频繁的更换高管,对任何一家公司都不是好事,最重要的是,高管的更替带来的成本,或多或少都要由生命人寿的投保人来部分买单,损害了投保人利益。

　　(3) 对市场的机会和威胁重新审视的能力。2012 年国庆节前夕,一张保额高达 1.09 亿元的大保单,在平安集团内部轰动一时。这张保单的具体内容,投保险种组合是鑫盛 12 保额 2000 万,鑫盛 12 重疾保额 300 万,附加重疾豁免,附加意外 08 保额 6900 万,附加残疾 4000万,意外医疗 10 万,合计首年保费 102 万。这张巨额保单也创下迄今为止中国平安人身风险保额最大的保单纪录。据了解,亿元保单在平安并非首例,2007 年中国平安签约刘翔出任平安的"公益大使",并与国家体育总局田径运动管理中心、中国田径队及刘翔三方分别签署了一份保额为人民币 1 亿元的人身意外险保单,其中刘翔个人拥有 1 年期的 1 亿元保额的人身意外险,其余的田径队员每人 100 万元的人身意外险,保险期限从 2007 年 11 月 1 日至 2008年 10 月 31 日。与刘翔以代言身份得到的亿元保单相比,此次是客户真正进行购买,因此更受到关注。

　　这张保单的签署并非偶然,在今年的经济环境下,意外险逆势热销,而保额在百万以上的富豪意外险更是出现剧增的局面。过去几年由于股市低迷、楼市调控,投资渠道受到限制,不少人转而购买分红险等收益相对稳健的保险品种。由于今年的经济环境并不理想,保险的保障功能进一步凸显,相比起往年热销的分红险,今年更注重保障的人身险销售增幅最大,而以大单保额的富人意外险成为最大的亮点。根据平安人寿深圳分公司的统计数字,今年 1 至 6月份,人身险保额在 100 万以上的保单共有 463 件,比去年同期大增 85.2%。很显然,在经济形势不好的情况下,高收入阶层对于自身的安全保障更加关注。

这说明经济运行环境一直在不断地变化着,金融企业应当时刻注意观察,把握机会,避开威胁,不断开辟新的赢利渠道。

以上举例仅仅是金融企业面临的众多机会和风险的一小部分,营销人员在进行策划时要因时因地制宜,认真探讨,综合考虑,尽可能将风险降至最低限度。

3. 金融营销方案执行中的偏差及纠正

世界上没有完美的策划方案,再完美的方案在执行过程中也会由于环境的变化存在着调整的可能性。因此,在执行方案过程中,策划人员应该密切联系实际情况,如确属需要,可以适时调整方案,以适应当时的情境。

7.6 金融营销策划的效果评价

金融企业的营销策划方案实施完毕后,同样也应当进行效果评价,不然怎么知道成功与否,以及在多大程度上成功了呢?

当然,有时在制作策划方案时,不止有一个方案,可能制定了多套方案,但最终只执行一套方案,因此,在执行之前还有一个优中选优的问题。这时就可以选择几个市场做一个小规模的测试,以实际测试结果决定最后的优劣。当只有一套方案时,也可以先进行典型市场或者小范围内的测试。这些均属于策划方案的事前评价。

事前效果评价也可以邀请一些专家或者消费者,请他们检验最终效果的好坏。

金融营销策划的效果评价大多属于事后评价,即执行完毕后,检验一下方案最终的效果。通常,由于每套方案在制定时都有明确的目标,而这些目标都是量化的,因此,只要检验一下是否达到目标,或者目标的完成度就可以了。

有些效果评价还需要依赖进一步的市场调研才能实现,比如品牌知名度和美誉度的提升、市场占有率(相对市场占有率和绝对市场占有率)的计算等,都有赖于进一步的市场调研提供相关的数据。

策划方案执行完毕,效果评价也告一段落了,就应当把相关资料封存入档,进行严格的管理,一般情况下,不要轻易示人。但是,在不涉及公司机密的情况下,金融企业也可以适当地主动公布一些信息,适当的时候还可以联合专家将该策划全过程做成一个典型案例,如果进入高等院校教科书,对金融企业的品牌影响只会有好处,还能培养一批喜爱该金融企业的有实力的未来潜在客户。

实训:

综合训练并撰写营销策划方案

实训项目:金融营销策划综合训练。

实训目的:使学生掌握营销规划的程序、方法和技巧。

实训要求:针对当前发生的金融热点问题进行讨论,找一家密切相关的企业进行分组市场调查,设计问卷调查表,调查后撰写调研报告,根据调研得到的数据为该金融企业写一份营销策划方案,并亲自实施执行。

建议：由全班共同完成，可以选派代表与该金融企业洽谈，要求为其做一次营销策划。老师不要认为学生不可能完成这一任务，虽然这个任务具有很大的挑战性，但实践中，确实有些班级的同学完成了这一看起来"不可能完成的任务"。

任务八　银行产品营销策划

【知识目标】
了解商业银行的业务和产品，了解商业银行的目标客户群体，掌握商业银行的营销策略。
【能力目标】
能够对银行产品营销进行策划。
【素质目标】
能够较专业地与银行客户进行有效沟通和交流。
【引导案例】

商业银行的存款"失血症"

2011年10月27日，工商银行、交通银行、中信银行、宁波银行等密集发布三季度报。令人讶异的是，中国农业银行、深发展、中信银行等银行三季末的存款均出现环比负增长，减少最明显的是中国银行。昔日的"存款大户"国有银行居然出现存款流失，难免有些出人意料。中国银行(集团)首当其冲，9月末该行存款余额7.97万亿元，比上年末增加4317亿元，增幅5.73%。但和6月底的8.0964万亿元相比，9月末存款负增长1.55%，剧减1200多亿元。一位银行业分析师认为，中国银行存款流失可能是受海外资产收缩影响。

交通银行三季末存款环比增长50多亿元，增速略有放缓。存款失血成为多家银行共同的挑战。10月27日，交行副行长于亚利表示，存款增长放缓，原因之一是短期理财产品发行锐减，对存款时点数冲击较大。存款流失直接制约银行资产扩张，四季度银行存款竞争形势严峻。交行第三季度的存款环比略有上升。三季末存款余额3.2万亿元，比年初增加2957亿元，增幅10%。其中，公司存款占比为68%，与年初持平，个人存款占比32%，比年初上升0.07个百分点。环比来看，比6月末略增50多亿元，实现正增长。但交行副行长于亚利亦表示，该行三季度存款增速较上半年开始放缓，存款也面临压力。

更令人意外的是，向来存款基础稳固的中国农业银行也面临"失血症"。三季度末，中国农业银行存款余额为9.7万亿元，环比微幅下降27.6亿元，尽管幅度不大，但中国农业银行向来在存款业务上存在错位竞争优势，它的存款增长乏力表明当前银行业存款压力之大。东方证券报告指出，中国农业银行存款的波动，与该行并不积极于发售理财产品和拉存款相关联，这也是该行净息差仍环比上升的原因之一。

不仅是国有大行，股份制银行的存款增长也面临挑战。同期，深发展母公司存款出现小幅负增长，较2季度末减少0.62%，其中零售存款增长了3.53%，而公司存款减少了1.44%。一些分析师认为，由于深发展上半年汇票承兑金额增长较快，不排除有通过票据业务获取存款的可能，存款增长受票据业务整顿的影响较大。深发展子银行平安银行三季度存款增长亦不理想，环比减少了2.69%。另外一家存款减少的是中信银行，其9月末存款余额1.87万亿，比年初增长8.02%，但比6月末减少36.68亿元，环比下降0.2%。

相比而言,工商银行的状况要好一些。三季末客户存款余额已达 12. 14 万亿元,比上年末增加近 1 万亿元,比上年同期增长 7. 64% ,比 6 月末大约增加了 1000 亿元。同时,民生银行三季末存款环比亦略有上升。

(资料来源:王芳艳《21 世纪经济报道》2011 – 10 – 28)

8.1 存款营销策划

8.1.1 存款营销之于国内商业银行的重要性

(1)商业银行主要有三大业务:负债业务、资产业务和中间业务,存款业务是商业银行的基础业务,是商业银行负债业务中的主要业务,也是开展其他业务的基础和前提。

(2)上级行对下级行的考核体系中,存款是最重要的指标。而且,不少银行对支行长采用一票否决制,完成任务继续留任,完不成则要立马走人。因此,各家银行对存款的重视程度一直在增加,任务层层分解,责任到人,即在银行工作的每一个人都会有一定的"拉存款"的数额任务。任务完成状况与职位提升与存废、绩效奖金等切身利益直接相关。银行工作人员的压力大多与存款营销有关。

(3)国内商业银行最主要的利润来自于存贷款利差,存款吸纳的多少与银行的放贷量息息相关。存款也是银行流动资金的主要来源,是银行防范风险、降低不良率的主要途径,是银行市场占有率的重要指标。

8.1.2 商业银行存款营销陷入困境

自 2011 年 9 月以来,商业银行的存款呈现加速流出的态势,9 月下旬部分银行的存款余额负增长幅度破纪录地达到了 3% 。这就意味着,一家存款余额为 10 万亿的银行,本月存款流失可能达到了 3000 亿。而在 9 月上半月,四大行被披露的存款负增长规模达到了 4300 亿左右。

伴随着银行存款流失的加剧,基层银行工作人员的压力也在加大,为了完成上级行规定的任务和指标,各家银行各展其能,其中部分银行采取从资金掮客那里购买存款,从而在商业银行管理领域滋生出一些新的值得关注的现象。

8.1.3 银行高息违规揽存

【案例】

"储蓄 50 万加送 5000 元奖金"温州一行长因违规揽存被免职

7 月 1 日,因违规揽存,温州瓯海农村合作银行将军支行行长被免去职务。这是银行业 6 月底掀起"吸储大战"以来,首位因违规揽存而"下课"的银行行长。

每到月末,银行都会习惯性"冲规模",通过现金奖励、赠送礼品等方式变相提高利率,吸收存款,尤以今年 6 月底更甚。

由于年中考核"大限"逼近,加上银监部门 6 月起对银行存贷比情况进行"日均"监管,即要求存贷比日均不得高于 75% 的监管标准(很多银行的存贷比远高于该比例),各大银行纷纷上演"吸储大战":争相发行高收益理财产品、"存款5万元起有精美礼品送"、"存款不给利息送金条"。更夸张的是,有的银行宣称"1000万存2天可得利息18万"。

金融市场竞争激烈的温州也不例外。多家银行不惜喊出0.6%~0.8%不等的日息揽存。

6月30日,一条银行非法揽存的群发短信息被网络曝光"本行自7月1日起,推出存款加送现金活动,储蓄20万加送1200元奖金,储蓄50万加送5000元奖金,存款越多,奖励越高。"短信末尾,还留下了该银行行长的姓名及联系方式。发送该信息的温州瓯海农村合作银行将军支行行长,被网民戏称为"最牛揽存行长"。

而就在7月1日上午,温州银监分局刚发布《关于坚决制止违规揽存行为的紧急通知》,要求各银行严格加强管理,纠正高息违规揽存的不正当竞争行为,杜绝出现违规揽存现象。

发现该情况后,浙江银监局及温州银监分局第一时间采取行动,连夜通知瓯海农村合作银行进行核实,并于次日派出检查组实地检查。经确认后,立即责成该银行对相关责任人员从重从快处理。7月1日14时,这家银行紧急召开会议,对将军支行行长作出免职决定。

监管部门重申:严禁变相提高存款利率。

7月1日下午,温州银监分局分别召集温州国有银行、股份制银行、合作银行等3类银行负责人召开会议,进行监管谈话。

温州银监分局称,今后违规揽存等行为一经查实,将从严处理:对违规银行采取罚款、叫停业务准入、暂停新设机构等措施;将违规责任人员纳入银行业违规信息系统管理,与其从业流动、高管任职等进行长期挂钩;对严重扰乱金融秩序,或存在重大案件嫌疑的,将移交司法机关处理。据悉,该局近期将组织一次大规模突击检查,重点关注银行上半年的存款组织、月末季末冲量情况。

据新华社2日报道,浙江银监局新闻发言人向外界重申了"五个严禁":严禁银行擅自提高存款利率;严禁以循环质押、贷款返存、佣金和报销费用等方式争揽存款;严禁通过借款企业、资金掮客等不正当手段吸收存款;严禁压单、压票、暂停网银等强制或设限方式违规吸收存款;严禁通过返还费用或赠送实物等方式变相提高存款利率。

目前,浙江银监局已就存款市场规范问题,督促辖内各家银行取消存款单项考核奖励办法,不得将存款考核指标与职工个人工资、奖励、福利、行政职务安排等挂钩,严格执行月度日均存贷统计制度,以抑制银行对"期末冲高"模式的依赖,规范银行存款业务经营。

(资料来源:《东方早报》2011-07-03 作者:徐益平)

看完该案例,请查找相关资料,讨论并回答以下问题:

(1)银行为何会高息揽存?银监会为何一定要制止这种行为?

(2)日均存贷比是什么指标?这个指标对银行有何约束?

(3)1000万存2天可得利息18万,则日利率是多少?折合年利率是多少?

(4)日息0.6%,则折合年利率是多少?日息0.8%折合年利率是多少?

(5)讨论并解读浙江银监局的五个严禁。解释什么是"循环质押"、"贷款返存";什么是资金掮客?压单、压票、暂停网银等强制或设限方式违规吸收存款对银行有什么好处?

8.1.4 银行利用资金掮客购买存款

资金掮客可能有许多头衔,比如投资顾问、融资担保等,有的则直接堂而皇之印着某银行

Logo 的客户经理名片。而其真实的身份,则是游走于各银行、贷款客户以及存款客户之间的"食利者":资金掮客。

他们的任务主要是"帮完不成吸存任务的银行搞到存款,帮超额完成吸存任务的支行高利转出资金,以免明年任务量加大;帮本来贷不到款的企业得到贷款、帮金主争取更高收益。"

银行资金掮客主要游走于银行和金主(资金提供者)之间,其对银行的贡献是帮助银行吸纳存款,完成上级行规定的任务,其主要工作方式有贴息(日常吸纳存款)和冲量两种。

(1) 贴息。银行的利率有法定的上下限,但银行为了吸纳更多的存款,以完成上级行规定的存款营销的任务或者达到银监会规定的日均存贷比指标,用违规的方式,在银行存款上限之上,用额外贴息的方式获得客户的存款。这个工作由资金掮客辅助完成。上海目前的千万资金的贴息率为年化 3% ~5% ,杭州为 5% 以上,温州在去年资金最紧时曾在 7% 左右。

(2) 冲量。冲量则是季末年末的应急工作,就是把资金在银行账上摆上一天,以使银行达到存贷比的指标要求。其对单笔资金量的要求也较高,"一般 500 万起跑"。据介绍,资金存过 12 月 31 日这一天,单是现金返利,日息低的为 1% ~2% ,高的达 3% ~4% 。返利主要来自支行年末奖金,甚至是行长自掏腰包。

资金掮客们通过网络大量发布信息,去各种可能直接接触到资金提供者的地方,比如高端写字楼、汽车 4S 店甚至是银行,通过各种方式获得金主的资料信息,并说服其提供资金,达成交易关系。

银行资金掮客的存在,一方面说明银行管理的体制性漏洞较大,存在许多不合理之处,同时也说明了我国对商业银行的管理水平低下,风险不容忽视。

8.1.5 商业银行存款营销策略

(1) 存款产品创新策略。

存款产品创新策略是指对影响存款的各因素进行详尽分析后,重新组合排列,设计出更加符合存款客户需求的存款产品。

国内银行业经常备受诟病,主要原因在于部分银行热衷于乱收费,而不是努力进行产品和服务的创新。比较一下内外资银行的差异,很明显可以看出外资银行的产品种类要远多于中资银行。从赢利情况看,中资银行的利润约有一半来自于存贷款利差,而外资银行的利润只有约 12% 至 30% 来自于存贷款利差。中资银行受国家保护,利润来得容易,就失去了创新的动力。事实上,就存款产品而言,银行还有许多改进的余地。银行可以对存期、存款金额、可转让性、利率形式、计息方法、提款方式等要素进行组合,设计出一些新的产品或者产品组合,以吸引更多优质的存款客户。

(2) 存款客户差异化营销策略。

商业银行在环境分析和市场细分的基础上,对存款客户进行有效地区分,准确进行市场定位,针对不同的客户群体采用不同的策略,就是存款客户差异化营销策略。

商业银行应以客户为中心,同时对客户群进行适当地细分,对不同的客户群体采用不同的营销策略,过去那种无差异化的营销策略已经基本不适用了。比如就企业客户来说,有大型企业和中小型企业之分,商业银行可以将分号设立在企业内部,以更加方便企业以及职工的存取款。对中小型企业也可以在控制成本的基础上,尽量采用便利化的营销措施。就个人客户而言,也应该有科学的分类,以职业和收入分类的话,各个层次群体的差异很大,有下岗及企业退休职工(一般月收入在3千元以下)、普通的工薪阶层(一般月收入在2千至5千元)、白领阶层(一般月收入在5千以上)、金领阶层(一般月收入在1万至2万元)、小业主阶层(收入不定,一般会高过纯工薪阶层)、技术人员阶层(主导科技研发和掌握一定技能的员工,比如高校里的教师、企业里的技术人员等,他们的收入通常会高过普通员工)、管理者阶层(大中型企事业单位的中层管理人员,收入普遍高过工薪阶层)、公务员阶层(政府机关中的普通公务员和职能科室领导,他们收入较高且稳定,福利待遇好,往往在住房交通税收等方面享有特别的待遇)、垄断企业的职工(垄断企业往往可以依靠其垄断地位攫取垄断利润,因此收入要远高过普通的工薪阶层,比如电力、石油、银行等经济部门,其单位的领导者收入更是几十倍于工薪阶层,甚至更高)、领导阶层(在政府机关、大中型企事业单位的高层领导者,他们出有公车,目前在中国属于特权阶层)等。不同的人群,有不同的生活和消费方式,对银行的需求差异也很大,因此必须差别化对待。即便是同一阶层,有时因地域不同,也会有很大的差异,比如就农民而言,有进城务工的农民工(他们实际上已经不再是农民,但是他们在农村拥有土地,老家还有人种着庄稼,但他们本人已经不再从事农业劳动。技术好的装修工每月的收入可以突破1万元,超过白领。没有技术的农民工一个月只能拿到很低的薪水)、在家务农的农民(这又可以分为富裕地区的农民和贫困地区的农民。富裕地区的农民收入较高,比如华西村,几年前就每家发一辆汽车,他们实际上是新农村的工人。贫困地区的农民家庭年收入也不过就是几千元至一两万元左右)。

不同类型的客户对存款的需求和利益的核心诉求点也是不一样的,有的要求便利性,就近存款,平时利用网上银行进行转账等操作;有的要求资金的保值和增值;有的没有特别的要求,这一类型的人比较特别,这主要是由于中国目前长期负利率,但又缺乏合适的投资渠道,因资金太少,没有也不敢投资到其他领域去,即使存款利率再低,也必须将资金放在银行;有的将资金的安全性放在第一位,客观上他们需要找一家大的看起来不会倒闭的银行;还有的将银行的服务放在第一位;少数客户希望能得到银行尊贵的服务。

产品本身可以分为核心产品、形式产品、附加产品三个层次,在银行进行存款营销策划时,应当注意市场的竞争程度、客户对存款业务的利益诉求点等有针对性地进行策划,才能达到想要的效果。

(3)战略客户资源锁定策略。商业银行应当面向市场,学会定位。每个银行都应当有明确的服务对象,以某银行为例,位于某市的大学城中,该大学城拥有约15万名大学生和一万余名教职员工,大学生每月的人均消费约700元,该区域教职员工的人均月工资水平约6000元,所有员工的工资均由单位打入工资卡,这样,该银行如果在这样一个小区域内形成相对垄断的话,每月就可以获得约有一亿多元的存款额,算上9月开学时学生上交的平均每人约5000元的学费,该银行利用大学城的高校每年就可以获得至少20亿的存款。

每家银行都是在一定的具体环境下生存和发展,不同的客户带给银行不同的意义,二八原则同样适用银行,即少部分的客户带给银行大部分的利润,而大部分顾客只带给银行一小部分利润。因此,银行需要区分出哪些客户属于自己的战略资源,重点对待,但对大多数顾客而言,也要采用优质的服务来对待,因为他们对银行的取舍代表了民意,代表了企业形象,失去了他们,就失去了生存的根基,而且也容易受制于少数重要客户。

锁定客户,最主要的是锁定客户的资金,客户的资金有来源,有去向,无论来去,银行都要争取让客户资金在自己的银行经手。

同时,银行应密切关注以下几类客户(资金项目)的资金动向:

① 重大建设性项目资金。这些资金项目动辄数亿、数十亿、数百亿甚至数千亿,这对银行来说肯定是一块肥肉。当国家提出四万亿刺激经济的时候,银行就应当密切关注在本区域内哪些项目可以获得其中的资金。

② 政府性资金。包括财税、财政预算外资金、政府举办的重大招商引资项目会等,资金规模十分庞大。

③ 各类企事业单位以及机构资金。包括各类基金、证券资金托管账户、各单位的工资奖金发放账户以及各种专项资金项目等。

④ 居民基本的缴费账户。比如水、电、燃气等居民开立的自动缴费账户。

⑤ 其他重要的大额资金。如上市公司 IPO 或配股筹集的资金、新成立公司的注册资金、股本金等,尤其要争取新成立公司将公司基本账户和一般账户设在本行,以获得公司成长带来的后期红利。

⑥ 重要的个人账户管理。有些个人的资金实力很强,根据胡润富豪榜统计,截止到 2011 年下半年,中国千万级以上的富人约有 96 万人,每 1400 个中国人中就有一位是千万以上的富人,亿万富翁的人数则达到 6 万人,这是一个庞大的数字。

(4) 投资理财吸纳策略。中国人缺乏投资渠道,缺乏相应的理财知识和技能。2011 年,中国 A 股市场的投资者人均亏损 4 万元,这个数字超过了许多人的年收入。而商业银行拥有专业的金融理财规划师,拥有强大的资金后盾,国家在许多个人不能投资的渠道和领域向商业银行放开,在银行存款连续多年负利率的情况下,投资理财却以低风险、高收益获得投资者的青睐,2011 年在存款增长持续下滑的情况下,理财类产品呈现爆发式增长。

【案例】

银行理财产品爆发式增长的背后

据经济参考报 12 月 22 日报道,记者发现,银行理财产品爆发式增长的背后,是管理的相对落后和信息披露不透明,一些银行并未将"代客理财、保值增值"作为其开展业务的宗旨,而只是希望依靠产品发行为其传统的存贷业务铺路搭桥。

理财产品发行量猛增

"往年很少关注银行的理财产品,主要是今年市场走势不好,我从股市划了 10 万块钱购买银行理财产品,主要是做短期,30 天、7 天的都买过,年化收益率在 5.5% 左右,这一年下来也没赚到钱,但算是实现资产投资多元化分散风险吧。"一个广州白领说。

央行发布的《2011 年第三季度中国货币政策执行报告》显示,商业银行表外理财产品已经达到了 3.3 万亿元规模,迅速成为居民在储蓄、房地产、股市、基金保险信托等投资之外的又一项重要投资选择。

据 Wind 统计数据,2010 年全年发行理财产品 11762 只,比 2006 年的 1354 只增长 7.7 倍。2011 年上半年,理财产品的发行更是进入了快车道,半年共发行 10160 只,接近 2010 年全年发行数量;而 11 月份到期的银行理财产品达到 1786 款,较 10 月的 1689 款增加了 97 款,增幅为 5.74%。

光大证券行业分析师认为,在当前负利率的环境下,银行存款面临来自非银行金融机构的激烈竞争,而在银行体系内部,受制于严格的存贷比监管,即使大银行也面临来自中小银行的

"存款争夺战"。由于利率的非市场化,大量发行理财产品成为银行参与存款竞争的最重要方式,因此,近年来各家商业银行纷纷加大了对理财产品的发行和推广力度。

在来势汹涌的银行理财产品浪潮中,3个月、1个月、7天甚至更短期的理财产品占比超过六成。业内分析人士称,银行如果过度依赖短期理财产品,将造成存款在月初、月中、月末大幅震荡,极易诱发流动性风险。因此,近期银监会已经紧急叫停了一个月及其以下期限的理财产品,希望改变目前银行通过短期理财产品变相高息揽储的乱象。

在调查中发现,具体执行环节,各家银行迅速反应,以打"擦边球"的方式与监管层玩起了"躲猫猫":不让发行30天以内的短期理财产品,则发行31天、33天、35天的理财产品;一些银行还推出可以随时买、随时赎回的无固定期限理财产品,以及针对大额现金的定制存款业务,开出的收益率"相当诱人"。

同质化日趋严重

采访中不少投资者反映,感觉购买银行理财产品就像"刘姥姥走进了大观园",什么债券型理财产品、银信理财产品、银保理财产品、FOF理财产品、QDII理财产品……各种产品一大箩筐,让人眼花缭乱却又一头雾水。

普益财富研究员认为,设计"花样百出"的银行理财产品,实则同质化日趋严重,眼看年底考核将至,不同银行间的市场争夺战日趋白热化。在各项压力和利益的驱动下,部分销售人员为了提高业绩,向投资者片面夸大产品收益,隐瞒潜在风险。

过去以存贷为主业的商业银行,面对近年来呈爆发式增长的银行理财市场,是否已经做好了向"代客理财"转型的准备、相关的后续管理是否能跟上呢?

(资料来源:2011年12月25日中国新闻网)

利用投资理财的手段获得客户资金,是未来发展的方向之一,但是在业务呈现爆发式增长的背后,也存在着诸多问题:一是理财规划师的数量还严重不足;二是规划师的理财水平参差不齐,优秀的理财规划师比较少;三是个别理财规划师的职业道德和素养还不能令人放心;四是理财产品百花齐放,种类繁多,投资者很难选择;五是在产品推荐阶段,风险提示不够,容易造成投资者认为银行理财就是比普通存款收益率高的存款产品,一旦出现风险则很难接受;六是在某些年份,银行理财产品亏损比例仍然非常大。

利用投资理财产品吸纳客户存款,受到一些限制,比如银监会为了规范市场健康有序发展,曾经在一段时间内禁止了超短期理财的发行(暂停销售部分1个月期、2个月期和3个月期理财产品;值得注意的是,更新后的中长期理财产品,已一改原本可以提前赎回的条款,几乎全部更改为"不允许提前赎回"),对银行利用理财产品的存款营销方式带来了沉重的打击。当然,银监会之所以会禁止,根源还在于银行本身,在于不合理甚至是违法的竞争手段,在于危及了银行储户的根本利益,在于维护行业的长远发展。

那么,银监会为什么会叫停这类产品呢? 其原因在于:

第一,银行对理财产品普遍采用不透明的"资产池"策略。

据普益财富统计数字显示,2011上半年"资产池"类理财产品的发行量占比约为34%。而此类产品都对应银行资产池内的组合标的,大多数银行理财产品只注明投资范围、投资资产种类,而极少披露"各投资资产种类的投资比例",这种不透明性使得银行可以根据揽储形势需要而随意设定理财产品的收益,如果是存在揽储压力,就调高理财产品的收益,银行只不过从资产池的收益中多让利一点,进而达到揽储目的。而这些不公开的信息对投资人的危害是巨大的,事实上部分理财产品的巨亏导致了客户的巨额损失,银监会收到的理财客户的投诉巨增,是促使银监会迅速采取规范措施的重要原因。银监会针对资产池模式要求银行在理财产品结束或终止时,披露实际投资资产种类、投资品种、投资比例等信息;这也让银行饱受质疑的"资产池"模式实现更加透明化管理。

第二,银监会之所以会禁止客户提前赎回,原因如下:

2011 年 9 月 30 日,银监会下发《关于进一步加强商业银行理财业务风险管理有关问题的通知》即所谓的"91 号文",强调不得通过发行短期和超短期、高收益的理财产品变相高息揽储,并重点加强对期限在 1 个月以内的理财产品的信息披露和合规管理。事实上从 10 月份以来,7 天、14 天等类似超短期理财产品已经被叫停。

禁止客户提前赎回是因为也存在着管理的漏洞,如某银行推出的超短期理财产品这样规定:"满 7 天、不足 30 天,预计年化收益率达到 2.70%"、"满 30 天、不足 60 天,预计年化收益率达 3.80%"、"满 60 天、不足 90 天,预计年化收益率 4.20%"等,依此类推。在银监会叫停部分短期理财产品之后,银行实际上依然有空子可钻,比如设计一些长期产品,同时允许短期赎回且年化收益率照旧,就可以通过"化长为短"的方式来绕开监管。银行可以让客户签一个 3 个月理财产品合同,但 7 天就进行赎回,就相当于 7 天理财。

(5)满意服务策略。事实上,商业银行提供的服务与存款储户的要求还有相当的距离,拿工商银行的某支行来说,相当多的客户反映排队时间过长,夹塞等问题严重。经过实地调查发现,客户一般的排队等候时间在 20 分钟~40 分钟,最长的一次等候时间约为 1 个半小时,显然如此漫长的等候着实考验着每一位客户心理。以夹塞问题来说,实际上是银行为了更好服务客户,对客户市场进行了细分,向达到一定要求的客户提供金卡,持金卡客户可以优先办理业务。银行因为没有设置计算机自动排队系统,客户通过排队来解决优先次序的问题,而一个金卡客户来到之后,一下就排到了队伍的前面,难免引起纠纷。争吵的结果是虽然金卡客户在银行大堂经理的坚持下仍然排到了队伍的前面,但金卡客户会感觉到委屈;普通排队的客户感觉到更委屈,对银行的嫌贫爱富颇有成见;银行的服务遭受质疑,同样是满腹委屈。后来,银行改进了服务,增加了电脑自动排队系统,大大地缓解了这一矛盾,至少不会造成普通客户与金卡客户之间直接的面对面冲突。

从这一点小事可以看出,银行提供的服务还远没有让客户达到满意的程度,服务无止境,满意无止境。在未来能够取得优胜的银行一定是服务出众的银行。银行应当在服务方面多下功夫,在解决客户对服务的基本要求(如排队等候时间)之外,再加上一些温馨的个性化特色化服务,就更能够抓住客户心理,存款营销自然也就不成问题了。

商业银行必须建立以客户为中心的营销理念,积极争取银行与客户的双赢。每位员工都要认识到客户是银行的衣食父母,优质的存款客户是银行利润的来源,根据客户的要求再造业务流程,重视服务质量。金融产品的无差异性,决定了银行间的竞争很大程度上取决于服务的质量,谁能为客户提供优质高效的服务,谁就能在激烈的竞争中占得先机。银行必须树立以客户为中心、一切从方便客户的角度出发的主动营销理念,为客户提供贴心的"一站式、一条龙"服务。

(6)合作共赢策略。在合法不违规的情况下,商业银行完全可以寻找一些战略合作伙伴,采取一些共赢的举措,使多方利益最大化。比如加强与信托投资公司、证券公司、信用社、农发行、保险公司等的合作,也可以与水电公司、工商企业等开展各式各样的合作,广泛开展在资金结算业务、现金代理业务、代收代付业务、资金存放业务等方面的全面合作,同时积极开辟、拓展与创投、风投、小额贷款公司、担保公司等的业务合作领域,促使存款不断增长。

（7）整合促销策略。商业银行可以通过广泛的促销,促使顾客信任自己,将存款主动放在银行。一是进行全员营销,对内部员工进行培训,使其对产品知识、推销技能、服务礼仪、职业道德等方面拥有新认识,在存款营销方面拥有更加强有力的组织力和渗透力。二是从策略和具体行动上,进行广泛宣传,采用多渠道方式进行促销,但不管采用哪种渠道,必须传递同样的声音。

8.2　贷款营销策划

商业银行将现金放在自己手里是不能够产生任何收益的,只有将资金投放出去,才能产生利润。目前商业银行对外投放资金的主渠道就是信贷。

8.2.1　消除贷款营销观念上的误区

银行职员和普通大众对贷款业务可能都存在一些观念上的误区,尤其是负责商业银行信贷业务的员工,这些误区的存在尤其有害,这些误区有:

（1）贷款业务是人求我,不是我求人。目前确实存在着中小企业贷款难的情况,企业在急需资金的时候却借贷无门,有些企业在不得已的情况下在民间借下高利贷,最后导致企业破产倒闭甚至家破人亡。但这种现象的出现,主要是由于商业银行的市场竞争还不够充分,银行信贷业务本身存在缺陷,银行信贷观念跟不上市场发展的步伐所致。

（2）银行对待贷款业务向来只"锦上添花",而不会"雪中送炭"。银行对贷款资金的安全性放在第一位肯定是对的,因此对还款能力的考察最为看重,对银行来说,越是不缺钱的人还款能力自然也就越强,而通常最需要钱的人偏偏手里最没钱,还款能力自然也就弱。因此,银行偏向于对不缺钱的人贷款,这就是做所谓的"锦上添花"的事情,而相反的一面银行不太想做的事情则是"雪中送炭"。

但银行也可以换个角度看问题,看看风险投资的发展历史就知道,一个小银行家投了一小笔钱给了一个小企业,后来这个小企业变成了大企业,那个小银行家也随着小企业的成长而成长,变成了大银行家,这个小企业就是最初的苹果公司。这说明银行完全可以跟随小企业的成长而成长。只要对风险控制得当,对中小企业的投资是完全可行的。在全国许多地方的信贷实践证明,银行贷款给小微企业和农户的钱,资金安全回收率相当高,很多地方甚至达到100%。

贷款是商业银行目前最主要的利润来源,是银行一定要做好的业务,现在信贷市场竞争也非常激烈,优质的客户总是有限的,为了抢夺市场,各银行也无所不用其极,而只有消除贷款营销观念上的误区,树立正确的营销观念,才能发现更多的优质客户,抢到更多的市场份额。

8.2.2　贷款营销策略

1. 目标市场重新定位策略
在现今的市场经济条件下,已经不止有360行那么简单,各个行业、行业中的企业、企业中的个人都在市场经济大潮下发生着这样或者那样的变化。朝阳行业和夕阳行业会相互转化,新的行业会不断涌现,老的行业有些在走向坟墓,商业银行应该在行业初现之时,就介入信贷市场,与新行业共同发展,迎接美好的明天。在任何一个行业里,都会有做得很好的企业,也同样会有濒临倒闭的企业,这一点在好的行业和差的行业里都能发现,因此,只是抓住好行业还不行,还必须抓住好企业。而企业的经营也时刻处在变化中,抓住了一个好机会,一个差企业就能变成好企业,一个小企业也就能变成一个大企业,错失一个好机会或者没能避开一个重大威胁,好企业也就有可能从此走向末路,退出市场。个人和家庭也同样如此,起起伏伏,潮涨潮落,随着时间的流逝,有些个人变成了亿万富翁,有些人却家道中落。因此,银行建立信贷市场的进入和退出机制。商业银行应当实施该进则进、该退则退的信贷营销策略,在必要的时候主动积极地重新调整市场定位。一是按照国家产业政策及发展趋势制定信贷规划,排列支持目录,做到有所为有所不为,从预期战略高度,把好进入与退出的关口,扶优限劣,突出支持优势行业、优质客户,对预期要退出的行业和企业及早布防,循序渐进,争取不留后遗症;二是加强调查研究,对市场进行前瞻性的分析,及时做出信贷结构动态调整的预测和预报;三是排除外力干预,当断则断,特别是对衰退产业、夕阳行业、重复项目,信贷资金要主动扎口,已投入的要尽快退出,对产品无市场、经营无赢利、复活无希望的企业,要停止信贷支持,并通过多种措施挽回或减少信贷损失,对国家明令禁止的产业、行业和项目,信贷资金坚决不得介入。

2. 批零兼营,加强零售策略

银行的信贷批发业务主要面向企业和大型的项目,这是各家银行都非常重视的一个市场,而零售市场则是近十年才开始大力开发的新领域。信贷零售主要面向个人和家庭的消费信贷市场,以及小规模的个人或者小微企业用于生产的信贷市场,现在这一市场正呈现出特别的活力。比如,农业银行可以利用自身基层单位深入农村农业的优势,向特色农业、绿色农业、创汇农业渗透,支持农村种养大户、种田能手,支持高档蔬菜、水果、水产品的生产等,有选择地扶持农副产品加工业的发展;从实际出发,加大对农村中小企业、个体私营企业的信贷投入;积极支持非流通生产企业,拓展住房、大型农机具、教育等消费信贷市场。

3. 存贷挂钩策略

一是可以试行以存定贷,视其信用程度,商定信用比例,贯彻多存多贷原则,以调动银行和客户两方面的积极性。二是强化贷款保证金制度,一般不低于贷款额 10% 的比例,并实行专户存储。三是坚持主办行制度,对多头开户、只贷不存的企业亮起"红灯",主动退出并收回贷款。这些措施的跟进,有利于银行与客户之间建立更为密切的联系,也有利于加深银行对客户的服务。

4. 整合营销策略

整合营销(Integrated Marketing)是指为了建立、维护和传播品牌,加强客户关系,而对品牌进行计划、实施和监督的一系列营销工作。整合就是把各个独立的营销综合成一个整体,以产生协同效应。这些独立的营销工作包括广告、直接营销、销售促进、人员推销、包装、事件、赞助和客户服务等。总体说,就是不管多少张嘴巴,一定要发出一样的声音。商业银行是一个服务型行业,品牌影响力尤其重要,只有让人信任,才能更好地拓展信贷业务。

5. 分层营销策略

国内的商业银行实行的是总分行制,总行下面有各级分行,分行下面有支行,支行下面还有各个经营网点。因此实行贷款营销的分层定位。总行从全行经营出发,统筹兼顾、保证重点,选择一些重点行业和重点企业集团,作为直接经营的重点客户,实行本外币、境内外、全系统、全方位的业务发展;一二级分行要针对本地实际,走参与大市场、面向农工商、支持好项目、获得高效益的路子;基层行要着力县域经济,支持城乡一体化,主攻经济发展新的增长点。总行与一二级分行要把大系统、大企业、大项目作为主攻重点,县行以下要制定好目标规划,全系统配合,环环相扣。同时,上级行要为下级行提供服务,发挥信息和政策导向功能,下级行也要及时向上级行反馈情况,主动提出贷款营销的合理化建议并提供可行性的论证依据,努力形成上下配合、协调联动的局面。

6. 重点客户专人营销策略

商业银行应当在信贷业务上实施客户经理制,对大客户和重点客户由专人负责跟进,对客户经理进行持续的培训,使之能提供客户满意的服务。同时要建立风险评估、绩效评估和激励机制,不断改进和提高贷款管理水平。对不同的客户应选派不同级别、不同待遇、不同权限的人员任职,在明确职责的前提下,实行分级管理。同时规范客户经理行为,把信贷营销工作做得更细、更深、更实。对大客户和重点客户实施专人负责,派出最优秀的客户经理提供优质服务。

7. 差异化营销策略

差异化营销(Differentiated Marketing),是指面对已经细分的市场,企业选择两个或者两个以上的子市场作为市场目标,分别对每个子市场提供针对性的产品和服务以及相应的销售措施。企业根据目标子市场的特点,分别制定产品策略、价格策略、渠道(分销)策略以及促销策略并予以实施。

商业银行面对的客户几乎涉及到所有的阶层,不同阶层具有的特点差异很大,他们受教育的水平、收入、生活方式、消费习惯等都不一样,因此,采用差异化营销策略势在必行。

下面给大家一个较完整的银行贷款营销的策划方案,大家注意学习其中的写法。

【案例】

中国邮政储蓄银行个人商务贷款营销策划方案策划概要

为了发展邮储银行个人商务贷款的客户,扩大贷款市场中上客户份额,发展潜在客户,我们通过一系列的营销策略,整合产品营销和关系营销,将个人商务贷款推为邮储银行的特色业务,同时给邮储银行树立品牌形象打造稳健的、专业的、诚信的信贷服务,让资金需求者更加深入了解个人商务贷款,挖掘潜在的客户群体。

1. 营销策划目的

本次策划主要是针对邮储银行个人商务贷款展开的,其主要目的是扩大个人商务贷款的市场份额,同时建立邮储银行文化及品牌形象,发展潜在客户,我们将对个人商务贷款进行营销推广的同时,对银行内部专业人员的信贷专业水平、服务水平进行提高,满足广大投资者的资金需求。

2. 环境分析

1)外部环境分析

(1)宏观环境的分析。

① 经济:国民生产总值高速增长,居民储蓄快速增加,使巨大的资本潜在市场正在转变为现实市场。据统计,全国城乡居民储蓄存款余额平均每年增长 19.9%。居民还有 100 多亿美元的外币存款,手上还有 4000 多亿元的现金和 3000 多亿元的各种债券,总资产超过 3 万亿

元,这些变化将极大的拓展金融资本市场,为金融企业开展引资营销活动准备了物质基础。

②政策:面对风云变幻的国内外金融形式,2012年中国的货币政策在坚持"稳健"基调的同时也进一步丰富了其内涵,增强了政策的针对性,灵活性和前瞻性。出台更加有力的扩大国内需求措施,加快民生工程、基础设施、生态环境建设和灾后重建,提高城乡居民特别是低收入群体的收入水平,促进经济平稳较快增长。过去一年,中国人民银行多次上调存款准备金和加息,调节了货币在市场的流动性。到目前为止,我国货币市场的利率和银行间同业市场的融资率已经全部市场化了,在今后的"十二五"规划过程中,利率市场化的进程将会继续向前推进,这些都为银行贷款业务的发展提供了政策支持。

③法规:经济、金融法规的建立和发展,使金融企业的市场营销行为步入法制化、规范化的轨道,创造了良好的环境,金融企业可以充分参与公平竞争通过市场营销赢得市场和客户。

④科学技术环境:科技的进步为金融市场营销提供了有利的物质条件。以电子计算机为核心的信息技术和通信技术在金融业的广泛运用,为金融市场产品创新,推出各种深度高质服务项目提供了物质保证。尤其是卫星通信网络的建立,把全球的金融机构和金融中心连为一体,使金融行业的传统业务手段发生了划时代的变化。可以通过创新金融产品和服务工具来满足客户的需要。科技的发展将进一步缩短金融产品的市场生命周期,新技术导致金融产品不断更新、生命周期不断缩短,还影响着客户对金融产品和服务的需求方式及行为方式,金融市场营销的产品策略和新产品开发策略必须适应金融产品生命周期的变化,不断地调整市场营销策略。创新将成为金融市场营销策略的核心。

⑤文化:当前,中国邮储银行正在加速发展方式的转变,进一步提高市场竞争力。同时,自上而下深入贯彻学习党的十七大精神,积极倡导以人为本,大力强化企业文化建设,追求卓越,共创和谐,中国邮储银行在国内知名度和影响力日渐提升,企业文化建设与业务发展同样重要,两者相辅相成。片面强调业务发展,忽视企业文化建设搞不好就会适得其反,建设良好、和谐的企业文化肯定能成为业务发展的助推器。

(2)微观环境分析。

①金融市场环境。

a.金融市场的流动性、利率环境均趋于正常化,货币增速见底回升,负利率环境改善,银行理财等中短期理财产品收益率开始从高位回落,资本市场投资环境趋于正常化,保险业发展特别是寿险业发展的外部环境正在趋于稳定。与此同时,银行业信贷增速回落,存贷息差呈现缩小趋势,银行业利润增速趋于正常化,预计也将为包括银保业务在内的中间业务发展提供全新发展动力。

b.货币信贷总量平稳适度增长,对经济发展的支持力度较强。2012年3月末,广义货币供应量M2余额为89.6万亿元,同比增长13.4%。人民币贷款余额同比增长15.7%,比年初增加2.46万亿元,同比多增2170亿元。

c.现阶段中国企业融资结构中直接融资(股票、债券)所占比例较小,间接融资(银行贷款)占比较高。而中小企业始终是金融机构的重点扶持对象,银行对中小企业的贷款营销和服务质量已经较前几年有大幅度提高,贷款的门槛也已逐步降低,金融机构为中小企业准备的信贷资金充足,完全能满足广大中小企业的融资需求,有丰富的金融产品可供企业选择。

d.2011年,各地区经济运行态势良好,经济增长的内生动力不断增强。各地区金融业继续稳健运行,金融服务实体经济能力继续增强。居民储蓄存款增速有所放缓,中西部地区单位存款保持较快增长。宏观审慎管理框架建立并不断完善,稳健货币政策成效逐渐显现,货币信贷增长向常态水平回归,投放节奏更加均衡,信贷资源配置效率稳步提升。

② 客户环境。

在城市中,中小企业的融资需求日益增长,但大多数大型商业银行在信贷模块上主要针对大型企业,门槛较高;小额信贷虽要求较低,但对发展迅速的中小企业而言远远不够,因此,邮储银行个人商务贷款市场广阔,潜在客户数量不可估量。

③ 竞争者环境。

虽然目前四大国家商业银行仍拥有强大的经济基础、公众信任、基础设施、整体创新等方面的优势,占据着绝对优势和主导地位。但邮政银行的网点数量是全国第一,拥有储蓄网点3.7万个,汇兑营业网点4.5万个,且因是新组建的,无不良资金包袱,来源仍有巨大的增长空间,资金来源的数量具有明显的优势。

2)内部环境分析

(1)内部优势。

① 资产优势。

新组建的邮储银行无不良资产包袱,组织架构明确,产权结构明晰,资金来源仍有巨大的增长空间,资金来源的数量具有明显的优势。

② 信誉优势。

作为连接城乡的纽带,邮政储蓄长期以来扎根城乡,优质诚信的服务已经深入人心。

③ 渠道优势。

经过多年的建设与积累,邮政储蓄营业网点遍布城乡,网络功能齐全,网络覆盖面广,可为客户提供方便、快捷的电子化金融服务。

④ 队伍优势。

有一支特别能吃苦、特别能战斗、特别能奉献的干部职工队伍。

⑤ 明确的市场定位。

充分依托和发挥网络优势,完善城乡金融服务功能,以零售和中间业务为主,为城市社区和广大农村地区居民提供基础金融服务,与其他商业银行形成互补关系,支持社会主义新农村建设。邮储银行的优势和市场定位决定了邮储银行必须高起点,在服务人民群众、履行社会责任的基础上,以"安全性、流动性、效益性公益性"为经营原则,建立聘人按素质、用人按能力、运用资金按效益的现代金融企业制度。

(2)内部劣势。

① 资产负债结构单一。邮政储蓄资金运用主要集中于债券市场投资、协议存款两大类低信用风险业务,在资产选择上缺乏主动性。在负债结构方面,邮政储蓄银行资金来源较为单一,仅为居民储蓄存款。

② 人才劣势。邮储从业人员过去大多数从事邮政业务,金融专业知识和业务操作技能相对欠缺。

③ 体制机制。长期隶属于邮政局的邮政储蓄明显带有浓厚的计划行政体制色彩,效率低下。

④ 金融创新能力不足。由于成立的时间较短,缺乏相关经验,因此创新能力明显不足。

3）SWOT 分析

	优势（Strengths）	劣势（Weaknesses）
内部因素	1. 网点优势：目前,邮政银行拥有储蓄网点头 3.7 万个,汇兑营业网点 4.5 万个。 2. 资金优势：邮政储蓄银行的资金优势体现在两个方面：资金来源有巨大的增长空间；资金来源的数量具有优势。	1. 体制劣势：邮储银行由长期"只存不贷"的经营模式转向存贷均有的商业银行模式后,相应的经营管理,运行方式风险防控等存在很多问题,未建立完善的制度。 2. 人员劣势：邮储银行信贷人员业务水平有限,业务发展受到限制,缺乏专业的信贷人员。
	机会（Opportunities）	威胁（Threats）
外部因素	1. 随着国有商业银行机构改革的完成,中小企业融资需求相当可观。邮储可以借助网点优势,在农村广泛开发业务。 2. 银行中间业务的迅速发展成为银行增加收益的一项重要来源。邮储可以借机大力发展中间业务。 3. 经济的发展带动中小企业的快速发展。	1. 信用环境：我国整体社会信用大环境欠佳,目前我国银行体系还没有建立完善的个人征信体系,信用观念淡薄,没有还款意识。 2. 同业竞争：在农村市场上,农业银行和农村信用社也会给邮储带来一定的威胁。 3. 风险防范：从邮储现有的人员结构、知识结构以及运作方式来看,邮储根本不具备对贷款风险的识别和控制能力,邮政储蓄资金运用中的信用风险、市场风险和操作风险难以控制。

3. 营销战略

1）营销战略

（1）S－O 战略。

发挥优势,充分利用广泛的网点优势、雄厚的资金优势、经济的发展带动中小企业的快速发展的机会,大力挖掘潜在的客户资源。

（2）S－T 战略。

利用网点优势和资金优势,回避威胁,加大对个人商务贷款的宣传,提高优质服务,扩大二线城市贷款市场,锁定客户资源。

（3）W－O 战略。

抓住中小城市经济发展的机会,克服在体制上、人员上的劣势,完善邮储银行贷款机制,培养高素质的信贷人员。

（4）W－T 战略。

减小体制上人员上的弱点,避免与同业竞争者的正面冲突,但是千方百计扩大市场份额,立足于中小城市的中小企业。

2）目标市场

经工商行政管理部门核准登记,并有固定的生产经营场所的个人独资企业主、个体工商户、合伙企业主或有限公司个人股东。

3）营销目标

（1）定性目标。

邮储银行的优势和市场定位决定了邮储银行必须高起点,在服务人民群众、履行社会责任的基础上,以"安全性、流动性、效益性公益性"为经营原则,建立聘人按素质、用人按能力、运用资金按效益的现代金融企业制度。所以,个人商务贷款全心助力中小企业的发展,及时满足客户资金上的需求,助广大客户一臂之力,提高个人商务贷款知名度,令个人商务贷款存在于客户的潜意识里。

(2)定量目标。

在广东省内,充分利用我们邮储银行的优势,我们邮储银行个人商务贷款要占领二线城市70%的市场份额,一年内要放贷100亿。

4)STP战略

(1)市场细分。

个人商务贷款根据社会收入阶层来进行市场细分,同一社会收入阶层对金融产品的偏好往往表现较为一致,即人们的态度、行为、消费模式,投资意识等具有很强的相似性,反之不同的阶层对此具有差异性。根据我国的社会结构将个人金融市场分为四个阶层。

阶层1:高收入阶层(Upper),指继承了大笔遗产的人或高层管理者、个体工商户或地位显赫的高级官员及特别专家等。银行应由金融专家、高级客户经理或专门部门负责,提供高质量的资产管理等服务(月收入3万元~8万元)。

阶层2:中上等收入阶层(Upper Middles),指事业成功、大公司的中层管理人员或政府机关的中级官员及专家(月收入13000元~30000元)。

阶层3:中下等收入阶层(Lower Middles),指基层管理人员、政府机关的一般官员以及行业的普通专业人员,也包括技术熟练的技术工人和小企业主(月收入3500元~13000元)。

阶层4:低收入阶层(Lower),主要指一般工人,收入较低且相对稳定(月收入3500元以下)。

(2)目标市场。

根据以上市场细分,个人商务贷款的目标市场选择为中等收入的个体工商户、中小企业投资者、公司股东、合伙企业主、独资企业主。

(3)产品定位。

个人商务贷款就是一个好借好还的贷款:

其一,简化贷款手续,特别是在抵押担保上,应放宽一些条件,如利用贷户的房产作抵押,或推行联户担保和信誉、名誉担保等方式。

其二,采取特事特办的政策,对于那些难以具备担保抵押条件,但有比较好的投资项目的,给予适当的贷款,并帮助他们严格控制风险,把钱花在刀刃上。

其三,贷款规模不宜一律过"小",可采取见效发放的措施,针对信用记录良好的客户贷款额度可以相对高一点。

其四,要一视同仁,不管贷户经济基础如何,他们需要什么,个人商务贷款就应当支持什么,以更好地帮助中小企业更好的融资,促进中小企业的经济的发展。

4.营销策略

1)产品策略。

(1)产品组合。

个人商务贷款是中国邮政储蓄银行向中小企业主发放的、用于经营所需周转资金的人民币担保贷款,是邮储银行开拓城市零售信贷市场的主打产品。以"一次授信,循环使用;随时提款,手续简便;提前还款,免收费用;房产抵押,快速放款"为理念,以最优惠的条件满足客户需求。

(2)形式产品。

以"一次授信,循环使用;随时提款,手续简便;提前还款,免收费用;房产抵押,快速放款"为理念,以最优惠的条件满足客户需求。与小额贷款相比,个人商务贷款具有"额度大、利率低、循环使用、有房产抵押"的特点。以借款人夫妻双方或直系亲属名下个人住房、个人商用房房产作为抵押担保;额度授信有效期最长达 5 年,额度有效期内,申请人可根据自身需要随借随还,额度可循环使用;根据地区的不同,单一借款人的额度最高可达到 100 万元~300 万元。个人商务贷款的授信期限最长为 5 年,额度使用期限为 10 年,在授信期限内可以随时提款,每笔贷款的最长期限为 5 年,满足了绝大多数客户的用款需求。在 5 年的循环试用期内,客户可以在授信额度下任意提取,也就相当于一张客户的房产信用卡,随用随还。

(3) 附加产品。

还款主要采用等额本息、阶段性等额本息等还款方式;3 个月以内的贷款,可选择一次还本付息。借款人可根据自身资金周转状况,选择提前归还全部或部分贷款本息,不收取任何违约费用。循环授信期限最长为 5 年,循环授信期限内经营活动正常、款项用途符合贷款行条件,可多次申请贷款支用,每笔贷款支用的期限最长为 5 年。

(4) 品牌策略

中国邮政储蓄银行依托百年历史的中国邮政的背景,具有良好的声誉,为此,中国邮政储蓄银行股份有限公司坚持服务"三农"、服务中小企业、服务城乡居民的大型零售商业银行定位,发挥邮政网络优势,强化内部控制,合规稳健经营,为广大城乡居民及企业提供优质金融服务,支持国民经济发展和社会进步。个人商务贷款就是坚持为中小企业服务,解决它们融资困难的问题。

(5) 生命周期策略

个人商务贷款正处于成长期,是被市场迅速接受和利润大增阶段,能为广大的中小企业、个体工商户提供充足的贷款。为此,邮储银行要改进个人商务贷款质量,增加个人商务贷款特色,要进入新的细分市场,新的分销渠道,邮储银行广告目标从产品知名度的建立转移到说服潜在的客户接受和购买产品上来,邮储银行要适当的时候给予优惠贷款利率,以吸引要求低价格供应的另一层次价格的购买者。

2) 价格策略

人民币贷款利率表

日期:2011 - 4 - 6

种类 项目	年利率%
一、短期贷款	
六个月(含)	5.85
六个月至一年(含)	6.31
二、中长期贷款	
一至三年(含)	6.40
三至五年(含)	6.65
五年以上	6.80
三、贴现	以再贴现利率为下限加点确定
具体执行率请参考当地邮政储蓄银行	

中国邮政储蓄银行收费标准——贷款业务利率表

序号	业务种类	服务名称	适用客户	利率、期限	优惠政策	利率类别	利率依据
1	个人贷款	额度项下个人商务贷款	在城乡地区从事生产、服务、贸易等行业的微型或小型私营企业主(包括个体工商户、个人独资企业主、合伙企业合伙人、有限责任公司自然人股东等)及其他符合条件的农村及城镇生产经营者	按照中国人民银行、中国银监会的规定,个人商务贷款利率实行风险定价原则,确定合理的利率下限。各贷款行可依据同业竞争、借款申请人资质等情况适当上浮。额度商务贷款客度支用期最长为5年。		市场调节价	《中华人民共和国商业银行法》、中国银行业监督管理委员会令2010年第2号《个人贷款管理暂行办法》、《中国人民银行关于调整金融机构存、贷款利率的通知》(银发〔2004〕251号)
2	个人贷款	非额度个人商务贷款	在城乡地区从事生产、服务、贸易等行业的微型或小型私营企业主(包括个体工商户、个人独资企业主、合伙企业合伙人、有限责任公司自然人股东等)及其他符合条件的农村及城镇生产经营者	按照中国人民银行、中国银监会的规定,个人商务贷款利率实行风险定价原则,确定合理的利率下限。各贷款行可依据同业竞争、借款申请人资质等情况适当上浮。非额度商务贷款授信期限一般为1年,最长不得超过3年(总行特批除外)。		市场调节价	《中华人民共和国商业银行法》、中国银行业监督管理委员会令2010年第2号《个人贷款管理暂行办法》、《中国人民银行关于调整金融机构存、贷款利率的通知》(银发〔2004〕251号)

随着我国利率市场化逐渐深入,商业银行应该采取怎么样的贷款定价策略,合理确定贷款价格,在保持一定的赢利水平和经济增加值的基础上,同时又最大限度地满足客户需要,因而,个人商务贷款的定价策略是非常重要的。个人商务贷款正处于成长期,致力于中小企业的融资,为此我们可以采取渗透定价策略,参考央行给定的利率上下浮动,对优惠的利率服务和支持中小企业的发展,为解决中小企业融资困难提供平台。

3) 促销策略

多样化促销手段并用,加大个人商务贷款的促销力度。

个人商务贷款的促销活动可以采用多种方式,按照市场营销理论,促销活动一般来说分为两类:一类是人员促销,即利用促销人员进行推销;第二类是非人员推销,包括广告促销,营业推广和公共关系三种具体形式。在我国当前的条件下,个人商务贷款应将人员促销和非人员促销进行有机结合,针对不同的投资者类型开展不同的促销活动。

① 广告。银行在进行促销活动时,要把主要力度放在广告上。因此,我们在广告上的首要任务就是包装自己,宣传自己。可以拍一个宣传短片,在短片中打响我们的广告语:"好借好还个人商务贷款,全心助力您的发展"。充分让投资者意识到我们能给他们带来事业上的帮助,我们能为他们带来资金,带来便利,打响我们的品牌。

② 营业推广和公共关系。以座谈会、推介会、报刊或网上路演等方式组织信贷经理与贷款者的访谈,通过信贷经理的"现身说法",帮助广大中小企业主增进对个人商务贷款的理解,

让他们加大对贷款的信心与热度。

③ 人员推销。组织一支具有专业素质的促销队伍,包括客户经理团队营销和客户经理营销。在客户经理团队营销中,人员的促销方式为柜台服务,这是说当客户来到银行柜台后,由银行的柜台人员提供的服务。另一个是个别服务,这是指银行的推销人员专门为单位客户或部分客户提供的服务。客户经理的任务则是发展客户、推销产品和服务、情报收集和市场调研,还要负责客户关系管理与银行内部其他部门的工作衔接与协调。

④ 网络。银行网上营销拥有众多优势,资金安全,到账快捷,还贷率优惠。我们可以通过网络去宣传我们的企业形象,打响我们的品牌。通过在网上做宣传工作,而所需要支付的费用,绝对比电视媒体上来的少得多,同时,我们把网站建好,方便客户与我们联系。我们可以利用阿里巴巴、百度等在网上进行业务推广与宣传。

4)渠道策略

(1)营业网点。

① 网点的选址要定在商业区商铺和工厂附近,潜在客户资源会更多,会在一定的程度上增加收益。

② 银行网点直接面向消费者,其代表着商业银行的形象。因此,在网点中导入 CIS 企业形象识别系统,为银行营造出一种良好的企业文化氛围、树立良好的企业形象。如统一经营和管理规范,使客户感觉周到、热情、快捷、便利、可靠的服务。

③ 加强网点之间的营销配合,提高整体协作能力,是争取客户、赢得市场竞争的前提。网点"小支行化"是国外商业银行组织架构的普遍模式,它是信息技术和风险管理水平不断提高的结果。

④ 网点在总行统一战略下重点负责当地区域性客户的营销管理以及总部设在当地的大客户的日常联系。根据客户优质等级层次,抓好龙头,提升服务层次,实行分级管理,建立全行优质客户营销服务体系和总分行直接营销管理机制。

⑤ 利用网际服务建立新型"店中行"模式的银行网点,不断提高现有自助服务系统的价值。

(2)专业素质的销售队伍。

① 信贷客户经理是金融产品的推销人,银行争办客户市场的牵头执行人,银行与客户之间的协调联系人。因此信贷客户经理必须具备高于一般员工的综合素质,包括掌握国家货币信贷法律和制度,精通银行信贷业务,掌握相关产业和行业知识,具有全面的市场营销观念和强烈的创新意识,有较强的事业心和工作责任感,具备较强的业务协调能力和社交公关能力等,为客户提供优质的服务,让客户感到满意。

② 前台服务人员必需具备识别客户的能力,并将客户移交给信贷客户经理,由信贷客户经理进行营销与跟踪。

③ 培养一批高素质并且具有复合型知识的信贷人员,让其到各企业、各商务区和工厂进行宣讲,开拓更多的潜在客户。

(3)邮寄销售。

① 通过邮递员随信件把个人商务贷款资料发放到每位客户手中,让其了解,发现潜在客户。

② 通过邮箱的方式把个人商务贷款资料邮件发放到每个企业中,跟踪了解其需求。

（4）电话银行。

以电话的方式向客户进行陌生拜访,发现其是否有这样的需求,进行登记与跟踪。

（5）手机银行。

把个人商务贷款特点以短信的方式,进行群发,看是否有回复,有需求就跟踪。

（6）网上银行。

① 成功的电子银行需要有安全可靠的技术系统、能够满足客户需要的功能和产品、良好的服务体系和有效的市场营销手段等要素的支撑。

② 有专家为客户解决难题,降低客户理解上的难度,减少差错,拉近与客户的距离。

（7）企业银行。

随时关注网上银行最新的业务品种、业务结构及商业机会,分析企业网上银行对传统银行角色的深远影响。

5）有形展示服务策略

（1）设计因素。

① 建筑物颜色。使用绿色建材,显示邮储的特色。并在设计上严格按照基本模数设计节约材料。

② 室内风格。室内装饰采用西式现代装饰风格,以简洁明亮为主要特点;强调室内布置按功能区分的原则进行,取出了多余和繁琐的附加装饰;轻快明亮的亮色调为主的室内布置,使之更具现代与自然的神韵。

③ 室内布局。硕大圆形的室内空间,窗室内布局安排大气磅礴,气势恢宏。

室内的布局按功能划分:门口南边放有自动排队机,北边墙上有一电子显示屏,显示屏下面是一存放各种单据的柜台;室内大厅是一个圆行的空间,是客户等待区;正对门的半环形空间是提供理财和信贷服务的地方,包括四个低矮窗口,为顾客配备四把皮椅。南向是行长室、理财主管室、信贷主管室,专门负责大客户接待;北向是主要业务服务窗口,包括五个个人服务窗口和对公服务窗口。

外窗全部采用进口中空玻璃,在保证室内采光良好的情况下,还可以对银行提供部分安全保障。

（2）周围因素。

① 空气质量。大厅含有中央空调,办公区空调形式为变风量空调系统;另外银行含有前后两个门可以保障通风良好。

② 声音。空调机房内粘贴吸声材料,空调设备选用低噪声设备;圆形的等待大厅可以有效安排客户保证大厅的客户密度不要过高。以上两点可以使大厅的声音不至于孤独嘈杂。

自动叫号机的女声设置,可以有效传到大厅的任意角落,保证顾客排队等候时更加放心。服务窗口采用麦克风传音,让银行在提高安全防护时不至于影响服务交流。

③ 整洁度。银行配备专业保洁员工,可以最大程度的保证银行内部的空间整洁,具体包括外窗和门玻璃的明亮清洁,地板的洁净等。另外配备垃圾桶,室内大厅经理和保安会时刻注意大厅的卫生。

（3）服务员工(着装、行为)。

邮储银行对员工着装的一般要求:

① 员工在上班时间内,要注意仪容仪表,总体要求是:得体、大方、整洁。

② 男职员的着装要求:夏天穿衬衣,冬天穿西装,最好能系领带;穿衬衣时,不得挽起袖子或不系袖扣。不允许穿皮鞋以外的其他鞋类(包括皮凉鞋)。

③ 女职员上班穿正装,不得穿牛仔服、运动服、超短裙、低胸衫或其他有碍观瞻的奇装异服。

④ 员工要注意个人的清洁卫生,上班应注意将头发梳理整齐。男职员发不过耳,并一般不留胡子;女职员提倡化淡妆,金银或其他饰物的佩戴应得当。

(4) 服务要求。

① 学会去赞美、发现别人的优点,学会倾听和微笑;

② 学会着装庄重,举止得体,彰显职业品味;

③ 了解交际要点,提高交际能力,把握每一个机会,不错失优良客户;

④ 提升职业公信度,赢得客户的信赖,增加客户;

⑤ 用包容的心态去看待事物,通过塑造个人的职业形象,提升银行公众形象。

总之,中国邮储银行新员工服务礼仪培训要设法使员工的礼仪礼节和良好的服务能够给客户留下美好的印象。

6) 服务质量管理策略

(1) 金融服务质量管理。

① 强调主动服务,服务在开口之前。

主动服务强调:顾客一走进金融机构大门,不管是否有服务需求,金融机构工作人员或客户经理都应主动走上前来,面带笑容、热情接待,询问客户是否需要为其提供某项服务,并主动介绍服务品种,让客户备感尊贵优越。金融机构注重主动服务,"服务在顾客开口之前",对扩大客户资源,提升服务质量,将起到积极的作用。例如,在客户办理贷款业务过程中,根据客人表现出来的特点,灵活地介绍贷款产品,既能满足顾客需求,又能创造经济效益,还能让顾客感受到尊重。

② 建立顾客导向的服务标准,注重服务接触环节的礼仪规范。

金融机构应依据顾客需求制定具体的、可量化、可测量的服务标准。

a. 统计每次处理业务需要多少时间,服务失误出现的概率是多少,解决顾客投诉需要多长时间,从而考核员工的服务质量。

b. 针对贷款服务人员与顾客之间的互动过程,则应管理好每一个接触环节,包括开拓业务和信用评估,贷款的审查和发放,贷款的对服务人员和服务设备的管理,都应在每一环节实施礼仪规范。例如,针对开拓业务和信用评估,从客户进入大厅的迎接到为客户取号排序,再至帮助客人填写单据、为客提供有关贷款业务咨询,引领顾客到休息区等候,以体现客户至上的服务理念。

c. 在贷款申请的时候,您可以到经办支行柜台提出贷款申请,也可以通过咨询电话、信函或网络电子邮件方式向我行提出贷款申请。申请时,您需要填写额度借款申请表,并提交我行规定的各项材料;对于没到现场来申请的客户,资料可在我行信贷员拜访您时提供。在每一个接触环节上都注重服务礼仪的实施,优质服务就成为必然。

③ 提供高效服务,尊重客户时间。

在核定额度的时候。经办支行接到您的贷款申请后,业务人员会在2个工作日内与您联系,对于符合条件的申请,我行将指派信贷员拜访您对经营场所进行面谈和实地调查。根据调查结果,报送上级部门对您的最高贷款额度进行审批。还有如果您是初次申请贷款,从申请至贷款发放一般需要经过40个工作日,其中银行办理贷款时间约为10个工作日,但房屋管理部门办理抵押登记手续需要20～30个工作日左右。当您再次申请贷款时,只需3个工作日就可获得贷款。

④ 积极运用高科技设备,完美处理高接触服务。

积极运用高科技设备即指金融机构在对客服务过程中大量使用先进的设备设施,以此来缩短业务办理时间,提高服务效率,给客户更多选择,增强业务办理的自助性。如计算机设备和自助终端。以电话银行为例,它几乎提供了全部的银行服务:存款、贷款、转账、账单支付、账务处理、账户查询、购买保险、基金、外汇和挂失、信用卡授权、投诉等,为客户带来了极大的便利。

⑤ 创新服务策略,推行个性化增值服务。

信贷客户经理根据客户的不同需求,制定相应的服务策略,丰富服务项目,提升服务质量,这既是金融服务创新意识的体现,也是稳定客户资源,使金融服务差异化、个性化增值的关键。比如信用良好的客户可以享受贵宾礼遇服务,如可以优先参与邮储银行开办的主题活动、免费停车服务(如华润万家、百佳超市等)、赠送大型超市的购物卡等。

(2) 服务人员质量管理。

① 员工服务质量提升。一个合格的员工讲出的话,必须具备以下的要求:

a. 语言有逻辑性,层次清楚,表达明白。

b. 说话突出重点、要点,不需无谓的辅垫。

c. 不与顾客发生争论。

d. 一人处理问题,其他员工不围观不起哄。

e. 不使用粗陋的话语,不用方言土语。

同时一个合格的员工的话语还要体现礼貌语言的技巧和方式:

a. 避免使用命令式,多用请求式。

b. 少用否定句,多用肯定句。

c. 多用先贬后褒的方法。

d. 言语生动,语气委婉。

e. 要配合适当的表情和动作。

② 注意电话礼貌。

有的顾客为了省时省力,喜欢用电话直接与门店联系,有的是了解信息,也有电话投诉的。如果接电话的员工一问三不知,或敷衍了事,甚至极不耐烦,这会极大损害银行信誉,合格的员工接电话时应注意运用以下几个方面:

a. 充分做好打电话的准备。

b. 接通电话后,要先自报姓名。

c. 通话时应简洁明了。

d. 把对方的话记在纸上。重点再复述一遍,挂断电话前注意礼节,别忘了向顾客致谢。

e. 自己作不了主时,要请对方稍候,问明白了再作答复。

f. 接到找人电话要迅速转给被找人,他不在时应向通话人解释,尽可能帮助解决,并尽量留言。

g. 需要对方等候时,须向对方说:"对不起,请您稍等一下"。如有可能最好说出让他等待的理由。

③ 熟悉接待技巧。

一个员工每天要接待各种各样的顾客,能否让他们高兴而来,满意而去,关键就是要采用灵活多样的接待技巧,以满足顾客的不同需要:

a. 接待新上门的客户要注意礼貌,以求留下好印象。

b. 接待熟悉的老客户要热情,要使他有如逢挚友的感觉。

c. 接待性子急或有急事的客户,要注意快捷,不要让他因购买金融产品而误事和发生矛盾。

d. 接待需要参谋的客户,要当好他们的参谋,不要推诿。

e. 接待自有主张的客户,让其自由挑选,不要去打扰他。

④ 运用激励机制激励员工出色工作。

a. 主题活动法。

根据银行员工思想活跃、追求进步的特点,银行应定期开展不同的主题活动。比如,岗位技能大赛、书画大赛、手工艺品制作大赛、英语口语比赛等。通过不同的主题活动,引导员工好学上进、展示自我,从而产生向心力、凝聚力

b. 多设标兵法。

拿破仑说过:每个士兵的背包里,都有元帅的手杖。每个员工都有自己的特长。通过设立不同的标兵,使每个员工都能发挥自己的特长。比如,设立对客服务标兵、爱岗敬业标兵等。

c. 感情投资法。

感情因素对人的工作积极性有很大影响。酒店可经常采取感情激励的方式有:员工生日庆祝活动(领导祝贺、送生日蛋糕、生日酒宴、舞会等)、生病探视、对困难家庭进行扶助等。感情投资不但针对员工,还可以扩展到员工家属。工作中曾有一位部门经理,针对自己部门员工年龄小的特点,每月从员工工资中扣除部分储蓄起来,到年底一并发放给员工家长,得到了员工家长的支持和认可,从而起到了较好的激励作用。

d. 兴趣激励法。

兴趣是推动员工努力工作最好的动力。根据员工个人兴趣以及工作需要,银行管理者通过双向选择帮助员工找到自己感兴趣的工作,从而产生持久的激励效果。

e. 文体活动法。

业余文体活动是职工兴趣和才能得以展示的另一舞台。银行通过组织丰富多彩的文体活动以及各种兴趣小组活动,帮助员工搞好八小时以外的业余生活,使员工业余爱好得到满足,增进了员工之间的感情交流和对企业的归属感,从而提高银行凝聚力。

f. 物质激励法。

除了激励工作中常用的奖罚激励法外,制定银行整体的利润分享制度也很重要。把银行每年所赚的利润,按规定的一个比率分配给每一个员工。银行每年赚得越多,员工也就分得越多。员工的分成每年要随时兑现,从而让员工明白"大河有水,小河不干"的道理,员工积极生产自不待说,还能随时随地地纠正或及时反映服务工作中存在的问题,帮助银行提高整体服务质量。

g. 形象激励法。

形象激励就是充分利用视觉形象的作用,激发酒店员工的荣誉感、成就感与自豪感,这是

一种行之有效的激励方法。通常的做法是将先进员工照片上光荣榜、银行内部报刊等,此举不但员工本人能受到鼓舞,而且更多的职工也能受到激励。

（3）顾客策略。

① 对顾客之间的关系加以管理。

例如,在营业厅增设客户经理。客户经理应维护服务环境(如禁止顾客喧哗、吸烟等);维持服务秩序(如维持排队秩序、制止插队现象、监督顾客遵守一米线等);关注顾客之间的潜在冲突并寻找合适机会予以化解。

② 对顾客与员工之间的关系加以控制。

首先你得以身作则,拿出你作为客户经理的本事,让他们佩服你、敬佩你(这个是前提)。第二,要放下身份去尊重他们。举个例子,现在有个乞丐对你很尊敬,你可能没啥感觉。但是如果李嘉诚对你很尊敬,那么你的感受完全可以用受宠若惊来形容,这就是区别。你也可以这样理解如何得人心!

7）客户关系管理策略

客户关系管理的核心是要提高客户满意度,我们所说企业在实施CS(客户满意)营销战略的时候,通常都是从这几个方面入手的:

（1）开发客户满意的产品。

（2）提供客户满意的服务。

（3）进行CS观念教育,建立CS系统分析方法。反过来要做到这几点,以求得客户满意,客户关系管理战略绝对是很好的支持手段,了解用户,了解他们的现实和潜在需求,能够分析出他们的购买动机、偏好和购物习惯,这都将为提高客户满意度增加砝码。为此,我们应从如下几方面着手:

① 确定目标客户。

抓住关键人,真诚待人,个人商务贷款主要面对的是个人独资企业主、个体工商户、合伙企业主或有限公司个人股东这些客户群体。建立客户资料,对重点单位关键人的各方面资料作统计、研究,分析喜好。

② 业务以质量取胜。

没有质量的业务是不能长久的,过硬的质量是每项工作的前提,这要求充分的理解客户的需求,以良好的服务质量、业务水平满足客户,实现质量和企业利润的统一。邮储银行业不断提高自己的业务质量,从整体上提高自己的声誉。

③ 加强业务以外的沟通,建立朋友关系。

只有同客户建立良好的人际关系,才能博取信任,为业务良好发展奠定坚实的基础。平常节假日对客户的问候、礼品相送、年终客户联谊等活动。给客户一个良好的印象,获得自己的声誉,这样客户就会为银行推荐新客户,不断挖掘潜在的客户资源。

5. 营销行动方案

全年行动方案

第一阶段(100000):

营销初期,以公关营销为主,人际营销为辅,建立邮储银行个人商务贷款的口碑,使个人商务贷款能够存在与部分客户的潜在意识中。采用公关营销方式,组一场主题活动,充分利用公共资源的影响面和其公信力,来展示个人商务贷款。

活动名称:"小生活大幸福"主题活动

活动介绍:策划一系列表演,内容包括人们日常生活的种种趣事,在其中融入理财、信贷等一系列的金融知识到娱乐人们和普及金融知识,并提高和推广人们对信贷的需求的效果。

活动范围:广州市及深圳市周边县市(三水、从化、增城、龙岗)、中山市、江门市等城市的二线城市

活动形式:相声小品,歌曲演唱,特邀嘉宾,有奖问答。

第二阶段(1200000):

传统媒体与网络媒体共同推广,使个人商务贷款为潜在客户所接受。

(1)投放广告。

广告语:"好借好还个人商务贷款,全心助力您的发展"。充分让投资者意识到我们能给他们带来事业上的帮助,我们能为他们带来资金,带来便利,打响我们的品牌。

① 电视广告:例如,广东卫视、南方卫视的各档财经节目播出前的最后一个广告为播放个人商务贷款 15 秒的广告。预计播放一个月。

② 平面广告:在南方都市报,羊城晚报等报刊上的经济板块刊登三期个人商务贷款广告。

③ 户外广告:户外广告与生活极其贴近,能在区域上进行选择投放是它的优势。户外广告中地铁、公交站牌等位置的展示,可以作为其他广告的补充,形成全时、全体的信息传播网络。

(2)开展座谈会、推介会、电视专栏节目。

开展组织信贷经理与贷款者的座谈会。还可以利用电视节目的影响力,在广东卫视的财经节目《财经郎眼》中做一期个人商务贷款的专栏访谈节目,邮储银行信贷经理在节目中向观众介绍个人商务贷款的各方面情况。通过信贷经理的"现身说法",帮助广大中小企业主增进对个人商务贷款的理解,让他们加大对贷款的信心与热度。

第三阶段(150000):

品牌营销。建立邮蓄个人商务贷款业务服务品牌,通过业务的不断扩展和业务量的提升,让业务的售后服务和客户关系维护成为关键,开展一系列理财客户回馈活动。以良好的产品和优越的指导服务,成就精致的银行服务品牌,进而进军其他更有潜力的县城镇区域,或者其他潜在地区的客户。

活动主题:"好借好还个人商务贷款,全心助力您的发展"——创业与理财客户回馈活动。

活动介绍:二三线城市小商户对创业与理财相关知识及产品的需求与中国邮政储蓄银行主推业务"个人商务贷款"相结合推出的一项客户回馈活动。邀请信用良好的客户,开展一系列的理财内容相关沙龙、参观、交流活动。客户可通过本活动获得理财专家理财建议、当地中小企业主的经验分享、与其他有共同需求客户交流的机会。参加本活动的客户也将享有其他增值与优先服务的机会。

活动目的:推行核心业务"个人商务贷款"建立亲和与值得信任的形象。

活动对象:二线城市的中国邮政储蓄银行客户。

招募形式:实行邀请制,城市客户以短信与信函方式发出邀请。

活动范围:广州市及深圳市周边县市(三水、从化、增城、龙岗)、中山市、江门市、东莞市等。

活动形式:理财知识沙龙,论坛,参观企业,专家诊断。

6. 预算与损益表

项目\季度	一季度	二季度	三季度	四季度	年度
一、营业收入	10000000	15000000	20000000	25000000	70000000
利息收入	164000	246000	346000	410666	1166666
金融企业往来收入	1000000	1200000	1500000	1700000	5400000
二、营业支出	8000000	10000000	12000000	15000000	45000000
利息支出	70000	87500	110000	131250	398750
金融企业往来支出	80000	80000	100000	100000	360000
内部员工培训费用	30000	40000	30000	30000	130000
广告费用		700000	500000		1200000
主题活动	100000				100000
回馈活动				150000	150000
公益活动				50000	50000
网站规划费用	50000	50000	50000	50000	200000
人员储备费用	100000	100000	100000	200000	500000
增设服务费用	5000	5000	5000	5000	20000
其他营业支出	1000	1000	1000	1000	4000
三、营业税金及附加	58200	812300	837300	1091400	2799200
四、营业利润	2799800	5110200	5055200	5329350	18294550
加:营业外收入	100000	100000	120000	120000	440000
减:营业外支出	30000	40000	50000	50000	170000
五、利润总额	2869800	5180200	5125200	5399350	18564550
六、净利润	2869800	5180200	5125200	5399350	18564550

7. 营销风险控制机制设置

对于目前初涉信贷业务的中国邮政储蓄银行而言,无论从抵押贷款业务的从业经验、风险管控能力等方面,还是从人员配备、人员知识储备等来看都存在明显的不足。

1) 风险分析

邮蓄银行个人商务贷款风险来源要从两个大的方面进行分析:

(1) 企业因素。

企业因素(借款企业的状况变化),是形成银行贷款风险的最主要客观原因,其主要包括以下几个方面:①借款人的经营风险,借款人的经营情况由于种种原因而可能发生很大的变动,以致直接影响到银行贷款的安全。②项目的建造风险,这也是贷款风险的企业因素之一。③自然风险 即企业自身行为无力抗拒,但祸及企业的非经济性因素。④欺诈风险,即企业以正当经营为由,骗取银行贷款,移作他用,或进行非经营性使用,或从事违法经营活动,或贷款到手后,溜之大吉,携款而逃等欺诈行为给银行带来损失,这些风险因素都形成银行贷款的欺诈风险。

(2) 银行因素。

银行因素,即银行本身在调查、发放和管理等环节出现问题而造成贷款不能按期收回的各种因素。银行因素主要表现在以下几个方面：①信贷人员素质差，对贷款的调查、审查和检查不力；②重贷轻收；③贷款政策失误；④贷款决策失误；⑤行长、信贷人员以贷谋私或发放人情贷款；⑥决策人员太富于冒风险，投机性经营过多；⑦缺乏风险意识，对贷款风险认识不足等。

2）风险的控制措施及方法

信贷风险的控制措施最主要的是从本银行系统内进行防控：人员配置、服务意识、监督考核等多个方面入手，进一步提高个人信贷业务质量，防范和控制商务贷款风险。

（1）邮蓄银行要完善信贷管理制度。

① 建立法纪制约机制，制定违章违纪处罚办法和标准，对违章违纪人员严肃处理。

② 落实贷款"三查"制度和审贷分离制度，建立程序制约机制。

③ 建立业务员互查制度，每月定期不定期组织业务员相互检查贷款手续是否合规合法，利率执行是否正确，是否存在一户多贷现象。

④ 为消除信贷员"惧贷"思想，可以规定一定条件下的贷款损失不必承担责任，如天灾、人祸等不可抗力产生的贷款损失以及政策变化等外部大环境造成的损失，但业务员必须承担催收的责任。

（2）加强信贷政策学习，提高专业业务素质。信贷管理部门在加强作业监督人员培训学习的同时，加强信贷客户经理和风险经理的培训和管理，利用各种培训转培训的机会，组织个贷业务知识学习，提高业务操作技能，培养严谨、规范的信贷工作作风。

（3）根据各级行检查发现的问题和监督核准发现的问题，分门别类，按品种编制了个贷常见问题汇总表，下发支行，认真对照学习，规范操作。使贷款更加规范，档案资料更加完整齐全，有效防范了操作风险。

（4）充实监督核准人员，健全岗位责任制。根据业务发展需要，泰安分行调配增加了信贷作业监督人员。同时，根据上级行关于信贷监督核准人员必须具备中级以上审批人资格的指示精神，要求未取得资质的相关人员全部参加今年的资格考试。

（5）根据实际情况，进一步明确和细化监督执行职责，与个人绩效、年度考评挂钩，充分提高每个人的工作积极性。

（6）牢固树立服务意识，保证业务顺利开展。信贷管理部始终把"为一线服务、为客户服务"作为主要工作来抓，合理安排监督核准时间，在确保业务资料完整、合规的前提下，以最快的速度、最短的时间完成放款核准。信贷作业监督和核准中发现的问题及时通过电话与支行沟通，尽可能地缩短整改时间，提高效率，有效地支持了支行营销工作的开展。提高考核水平，增强信贷制度执行力度。

（7）进一步细化信贷监督操作，量化考核结果，将支行档案移交及时率、监督核准问题整改率、问题差错率全部纳入今年的考核，有效加强了支行信贷制度执行和信贷风险的控制力度。

（8）建立有效的信贷营销激励机制，调动贷款营销积极性。要采取有效措施，鼓励基层社开展贷款营销；要改变过去对贷款只有"终身责任追究"、"零风险"等约束机制的状况，可根据当地经济发展的实际，确定合理的贷款损失率；在加强贷款风险防范的同时，建立适合信贷人员的贷款激励机制，根据其发放贷款的数量、质量和赢利情况等给予适当奖励。

3）中国邮储银行风险控制机制

（1）约束机制：指商业银行在风险控制工作中，通过设置机构和岗位、明确各机构和岗位的职责、科学地制定业务操作程序、合理地进行工作分工,采用一定的方式和方法,在银行重要的经营管理活动中形成相互制约,防止个别人利用职务之便谋取私利,给银行带来风险。建立严格、科学的业务操作规程,行为规范是建立约束机制的重要途径。在业务操作过程中设置必要的职责分离可以形成有效的制约。

(2)激励机制:银行为了更好地防范内部人员带来的风险,通过对员工工资、福利、安全保障、晋升提级等制定科学的方案,给员工公正、合理的待遇,促使他们积极工作,维护银行利益的机制。

(3)决策机制:通过授予决策人决策的权限、采用一定的决策程序和决策方式、利用一定的决策方法制定银行经营管理中的各项决策。决策的权限是决策机制构成的重要因素,必须保证权限与决策人的能力相适应。

(4)处罚机制:在风险控制工作中,通过设置专门负责对错误、过失行为进行处罚的机构和岗位,颁布各种处罚的制度依据,制定处罚标准,对于违反国家法律法规、银行规章制度的行为和个人,给予恰当的处罚的机制。

8.3 信用卡营销策划

8.3.1 我国信用卡营销的发展

信用卡业务被称为中国零售金融市场最后一块"奶酪"。比照世界发达国家和地区平均每人2张~4张信用卡的持卡量,以中国的经济发展趋势和人口基数,信用卡市场可以说刚刚起步,吸引了来自全世界的银行巨头们关注的目光。目前,来自海外的发卡银行,如JCB、汇丰、渣打、东亚及花旗均已对中国的信用卡市场进行渗透,国内各家银行也不失时机地进行业务和技术上的准备,并积极开拓市场。

20世纪90年代初期,中国台湾地区的信用卡市场面临着与目前内地相似的处境,以花旗银行为首的外资银行为了抢占有限的市场资源,率先成立了信用卡营销部门,采用类似于保险的经营策略和手段开发客户,取得了非常好的效果。1993年,出于经营效率和经营成本的考虑,又率先将信用卡营销部门向社会企业开放,由社会企业代理该行的信用卡市场营销工作,银行只负责信用卡的银行基础业务。信用卡营销代理行业就是在这样的背景下出现,并在短时间内形成了独特的风格,使中国台湾地区的信用卡行业在90年代中后期形成了一个飞速发展的鼎盛时期。

目前国内已有的信用卡主要有:工商银行—牡丹卡、农业银行—金穗卡、建设银行—龙卡、交通银行—太平洋卡、招商银行—招行信用卡、广发银行—广发卡、中信银行—中信卡、深发银行—深发卡等。

我国内地的信用卡市场一直是由银行高度垄断的,办卡程序极为繁琐,发卡量形不成规模效应,用卡环境建设远远滞后,卡均消费额和卡均信贷额等指标非常低,直接束缚了信用卡市场的发展和壮大。到了20世纪90年代末期,以中国银行为代表的内地信用卡发卡银行,接受了来自中国台湾地区的这种信用卡经营模式,率先于1997年9月17日由其北京分行与营销代理企业——北京天马信达信息网络有限公司(中国银行长城准贷记卡市场营销代理商)签约,向社会推出了信用卡服务,开创了内地信用卡发卡走向市场化的先例。1997年我国内地诞生了第一家信用卡营销代理企业。紧接着中国建设银行北京分行于 1999 年 10 月与营销代理企业签约,也推出了该项服务。之后中国农业银行大连分行更进一步,直接与来自中国台湾地区的具有丰富信用卡发卡经验的专业营销公司签约,由后者在大连代理中国农业银行金穗信用卡(准贷记卡)的市场推广业务;2001 年该公司与广东发展银行签约,进军上海信用卡市场,在上海代理广发信用卡(贷记卡)的市场推广业务。随后上海、广州,以及其他一些中小城市,也涌现出了一批信用卡营销代理企业。使得早期申请信用卡极为复杂的程序变得简单了。经过这些企业的努力,在一定程度上推动了国内信用卡的产业化进程,促进了信用卡的市场化发展。信用卡营销代理模式,已经逐渐成为中国信用卡行业走向市场化的重要组成部分。

销售信用卡的目的是希望消费者更多地通过本行提供的服务来刷卡消费,从而赚取其中的利润。所以,销售的第一要义是售给确定的潜在消费者(我们不可能把信用卡销售给没有消费能力的中学生,也无法将它销售给没有这种消费习惯的传统人士或者民工)。没有目标地销售几十万张甚至更多信用卡固然容易,但是否能切实地收到效果、达到目的,却要另当别论了。另外,在信用卡销售过程中,需要做好征信、评估、初审、发卡等工作,难度颇大。

8.3.2 信用卡蕴含的文化与理念

信用卡消费重在便利、超前、时尚。拥有信用卡将省去旅行、购物、美容、住宿中的诸多麻烦,信用卡在销售和使用的过程中传达着年轻、时尚、个性等文化理念,使用户愿意并乐意使用信用卡。信用卡可以根据客户的需要做得非常有个性,比如针对情侣开发情侣卡,并且可以将客户提供的个性化照片印制在卡片上;可以针对高端消费人群开发高尔夫卡;还可以专门针对女性开发她们喜爱的信用卡。目前银行卡主要分为借记卡、准贷记卡、信用卡 3 种,而信用卡又分为普通卡和金卡两种。

不管银行推出什么样类型的信用卡,都要体现银行特定的文化内涵。从卡的图案、形状、大小、标准色、标准字等方面到信用卡的功能设计以及能够为顾客带来的价值考量,都要体现银行的文化特质。

【案例】

民生推出国内首张全国性母婴主题联名信用卡

2012 年 2 月 16 日,中国民生银行携手乐友孕婴童,于北京金源燕莎购物中心举行了"情系民生·幸福'友'约"为主题的新品发布会,共同推出了国内首张全国性母婴主题联名信用卡——民生乐友联名信用卡,为更多时尚妈妈和宝宝们送去了一份春的祝福和浓情厚礼。

卡面设计采用了卡通风格和暖色色彩,可爱、简约而温馨,作为国内首张全国性母婴主题的联名信用卡,此卡集合了中国民生银行和乐友优质服务的精华,功能丰富而强大,势将为持卡人带来快乐购物、快乐育儿的美妙体验。联名卡除提供二卡合一、双倍乐友积分、体验孕产妇及婴童专属一站式购物服务及精彩会员活动等专属权益外,还可享受多种分期、旅行预订、私人律师服务及高额航空意外保险等诸多服务,合作双方还即将联合推出诸多合作商户提供的专享优惠活动,且首次申办联名卡的新客户满足一定条件还可获得价值 50 元的乐友电子券一张。

中国民生银行自 2005 年发行第一张信用卡以来,在信用卡业务领域取得了卓著成绩,目前发卡量已超 1100 万张,为持卡人提供了全方位和高品质的服务,此次民生乐友联名信用卡的推出不仅丰富了民生信用卡产品线,为适龄孩子家庭提供了更丰富的选择,更表明了要履行承诺回馈消费者的决心。民生信用卡的企业精神是"以市场为导向,以创新为灵魂",不断致力于满足中国消费者多样化的金融消费需求。

此次推出的爱心妈妈专属联名卡,更贴合妈妈们的情感需求,关爱宝宝健康成长。民生乐友联名信用卡秉承"母婴时尚,乐享生活"的服务理念,为持卡人倾心打造多重惊喜,携手步入高品质精彩生活,让您在尽享消费乐趣的同时,处处乐享、乐购、乐动!

（资料来源:2012 年 02 月 17 日,中国经营网）

看完以上案例,请同学们思考以下问题:民生银行的这张信用卡为什么要联合企业一起发行? 同时,请查阅资料,将你知道的较大型的银行发行的信用卡总结一下,各有什么特点? 相比较而言,他们的优劣势分别是什么? 如果你是信用卡发行人员,你如何策划并亲自营销给客户?

8.3.3　信用卡目标市场

信用卡具有时尚、便捷等优点,更可体验"先消费后还款"的全新消费方式,享受"境外消费,境内还款"的便利,所以特别受商务人士、青年一代,尤其是经常出差的年轻人士的偏爱和追崇。目前,年轻人的钱包里有多张信用卡已经是司空见惯的事了。由于信用卡的消费者必须具备一定的收入水平和偿还能力,拥有较强烈的消费欲望和超前的消费观念,因此将目标客户定位为年龄在 20 岁～45 岁的年轻白领以及有丰厚积蓄的老年人较为合适。

8.3.4　信用卡营销方法

（1）品牌营销。对于银行而言,品牌的口碑和价值是最重要的无形资产,不同的银行在客户心目中留存有不同的风格,因此,也会受到不同类型客户的选择。比如,相比而言,工商银行给人的印象是网点多,招商银行则被认为服务好,广发银行深受中小企业的欢迎等,每家银行应根据自己的品牌特征有针对性地推出一些相应的信用卡产品。同时,由于我国的信用卡市场还存在许多市场的空白,因此可以设计一些新颖的信用卡以占领新市场。对于品牌营销来说,可以采用一些大众媒介的广告进行传播。

（2）面对面营销。可以在银行网点,也可以在人流量较大的商场等处,由专人负责信用卡的介绍和发行工作。当然,这些工作可以由银行营销人员完成,也可以由代理发行公司完成。

（3）特殊功能营销。针对汽车日益进入城市家庭,汽车的使用成本不断上升的情况,建行推出的龙卡因具有免费洗车的功能,深得有车一族的喜爱。在城市里洗车一次一般价格在 15元～40 元,而办理了建行的龙卡,可以免费洗车一年,这样的馅饼当然会比较受欢迎。

（4）网络营销。可以通过在门户网站上做广告链接,也可以在论坛上发贴等各种各样的方式进行网络营销。

（5）会议营销。可以在企事业单位里进行集体营销,也可以将目标客户邀请至某一地点开展会议营销。

（6）电话营销。通过电话途径寻找终端用户,具有便捷、准确的特点,并可长期跟踪。

（7）关键人物营销。想要大批量地发行信用卡,一定要抓住关键人物营销,以关键人物的成功营销带动大批人员的成功销售。另外,营销人员要对自己的产品非常熟悉,擅长介绍,同时要非常熟悉信用卡申请表格的填写。

8.4　中间业务营销策划

8.4.1　中间业务概述

中间业务的英文原名是"Intermediary Business",意为居间的、中介的或代理的业务。银行中间业务是指银行以中间人的身份为客户提供各类金融服务而收取一定手续费的业务。因为中间业务的操作无资金风险、利率风险和汇率风险,不涉及资产负债的变化,仅凭借银行信誉、技术、信息和劳务等来获得利润,故中间业务日益受到国内外金融业的青睐。目前商业银行的中间业务主要有本、外币结算、银行卡、信用证、备用信用证、票据担保、贷款承诺、衍生金融工具、代理业务、咨询顾问业务等。在国外,商业银行的中间业务发展得相当成熟。美国、日本、英国的商业银行中间业务收入占全部收益比重均在40%以上,美国花旗银行收入的80%来自于中间业务。而我国目前商业银行中间业务的规模一般占其资产总额的15%左右,与国外相比,中国四大国有独资商业银行中间业务的总体发展水平低、效益差,2005年末我国四大商业银行中,中间业务收入占总收入的比重分别为:中国银行为17.5%、中国建设银行为9.3%、中国工商银行为8.7%、中国农业银行为12.33%,四大银行平均仅12%左右。

目前我国商业银行开办的中间业务有260多种,但实际运用的品种很少,且主要集中在收付结算和代理业务品种方面。而西方商业银行推行的中间业务已达上千种之多,涵盖代理、结算、担保、融资、咨询和金融衍生品等众多领域。与国外银行相比,我国商业银行的中间业务还存在着许多不足之处,业务品种比较单一,占比较低,有些银行因此而丢失了一些优质客户。

【案例】

南京爱立信"倒戈"事件

2002年春,南京爱立信公司凑足巨资提前还掉19.9亿元中资银行贷款,转向外资银行(花旗银行上海分行)签订贷款合同。起因则是相关中资银行难以提供"无追索权的应收账款转让"业务。所谓"无追索权的应收账款转让",是保理业务的一种,属于贸易金融的范畴。如今中资银行已对此类保理业务驾轻就熟,如民生银行已建立起完善的贸易金融业务体系,光大银行为多家合资企业提供服务。可在2002年,当时那家被南京爱立信"抛弃"的中资银行,不是没有努力挽留过客户。为设法留住南京爱立信,在此之前度身定做,创新了"应收账款债权转让"的业务,最高额度为5亿元。可南京爱立信又提出办理"无追索权的应收账款转让"业务的新要求。那家中资银行认为风险太大,只能眼看着这项收益高于传统贷款的业务被"抢走"。而与此形成对比的是光大银行上海分行已经为上海贝尔提供了实际属于无追索权性质的保理业务。光大银行不仅为上海贝尔提供预付款融资,而且作了坏账担保。2001年,光大银行花费3800多万元"买断"上海贝尔的部分应收款,没有一分钱坏账。

8.4.2　商业银行中间业务的特点

(1) 有些项目不容易收费。长期以来,商业银行为水电公司代收费都属于免费项目,这些免费项目也占有了银行不少的资源,但人们已经习惯了免费的午餐,想要将免费项目转换成收费项目却不太容易。

（2）有些项目乱收费。商业银行的乱收费早就引起人们极大的反响,有些项目由于消费者反响太大而被银监会叫停,比如银行账户密码挂失的10元钱,已经被叫停。

（3）中间业务的创新和运作还有很多不足。

8.4.3　中间业务营销策划应注意的问题

（1）中间业务应以客户需求为导向

如光大银行总行营业部结合首都居民的多种金融需求,最近推出了一系列中间业务。例如,阳光卡电话订购火车票业务、光大银行与中国航空信息网络公司共同推出的"航旅通"业务,以及光大银行和中国人寿合作开发的"储寿保"业务都为客户带来了极大的方便。

（2）中间业务一般应采用差异化营销策略

中间业务种类繁多,人们对中间业务的需求也千差万别,个性化的需求也要求商业银行采取差异化策略来营销产品。

（3）坚持产品创新

中间业务一直是国内银行的短板,目前的中间产品还不足以满足企业和个人顾客的所有需求,产品创新的空间和余地还很大,因此,只有坚持产品创新和服务创新,才能把业务做得更好。

（4）制定合理的价格

商业银行的品牌与其美誉度密切相关,而人们评价银行的一个重要依据是银行的收费标准,所以,银行制定合理的价格,再辅以适当的促销方式,才能获得更佳的效果。

实训:

存款营销策划

实训项目:撰写存款营销策划方案。

实训目的:训练同学们从专业人士和实践的角度思考问题。

实训要求:至少观察附近的3家银行,比较他们的服务特色,各有何优缺点,想一想,如果让你做其中一家银行的行长,你如何通过改进服务的办法来吸引储户?改进服务有哪些途径呢?在小组讨论的基础上,请写一份针对该银行的存款营销策划案。

建议:小组作业,3人~5人一个小组,调查、探讨和方案撰写在课下完成,课堂上分小组上台演讲。演讲时使用PPT等多媒体工具,准备工作也在课下完成。演讲完毕后设置提问环节,其他同学向演讲同学发问,以便更好地发现调查的不足之处,并有助于改进演讲小组同学的方案。

任务九　证券经纪业务营销策划

【知识目标】
了解并掌握证券公司及证券类产品。

【能力目标】
能独立完成证券产品策划方案的撰写。

【素质目标】

了解证券客户及其需求,培养团队合作精神,善于与人沟通。

9.1 证券经纪业务概述

证券经纪业务主要是发展新客户,维护老客户,为客户提供资讯信息等服务,收取交易佣金的一项重要业务。

证券经纪人必须拥有证券从业资格,他们一般印上"证券公司客户经理"的头衔,是证券公司专职的营销人员。

证券客户经理想要做好业务,要学会用脑,还要利用好证券公司提供的业务支持平台。因为证券公司有专业的市场研发团队,每天会提供很多信息,证券客户经理可以将客户的提问交给研发团队以得到更加准确的答案回复顾客,也可以将研发信息每天定时或者不定时发送给自己的客户。客户经理们应当树立一个理念:让客户赚钱才能让自己赚钱!因此,帮助客户就是帮助自己。客户经理的收入主要来自于三个方面:一是基本工资,这一部分收入占比很少;二是发展新客户的奖励;三是来自于老客户交易的佣金提成。优秀业务员的高收入主要来自于第三个方面。

9.2 证券经纪业务策划

金融类专业的大学生实习时或者毕业以后进入证券公司后,一般是从证券经纪人开始做起,因此基本上可以算是从事证券行业的第一份工作。许多大学生在开始从事这个行当之前,总会有许多困惑,其中最大的困惑就是如何寻找客户,做出优异的业绩。那么怎么解决这个难啃的骨头呢?

1. 学会拜访客户

拜访客户是需要一定技术的,首先要知道如何找到客户,寻找到合适的客户本身对于新入门者就是一道最难迈越的门槛。这些相关技术在本书里放在第三个模块中供大家学习。在这里强调几点重要的内容:

(1)拜访客户每天要保持一定的量。量的积累才会引起质的变化,想要有好的业绩,就必须不断积累客户,大客户也是这么一点点积累起来的。那么每天拜访多少客户比较合适呢?根据情况不同,建议每天拜访的客户量保持在 10 至 30 人左右。

(2)要学会不断地总结经验教训。营销是一件与人沟通的工作,光靠纸上谈兵是做不好营销的,有经验的营销人员比一个会考试的营销员更容易赢得顾客。当然,更重要的是,有经验的营销员可以从一切方面学习到宝贵的经验,自己经历过的事情可以总结经验,从别人的身上可以看到经验,书里读来的东西可以转化成自己的经验。这样不断学习的结果就使得经验越来越丰富,与人打交道也就更加游刃有余。这些经验中,与人沟通时的听、说、问、看的技巧,成交的技巧尤其重要。同时,要学会写工作日志,这是总结经验、让自己惯于思考的一种最好的方式。

(3)别忘记电话沟通。新手营销员可能会非常勤奋,他们每天不停地拜访客户,但业绩不佳,原因何在?新手容易犯的一个错误就是像狗熊掰棒子,掰一个丢一个,最后发现还是只有一个。新手拜访客户没有错,值得鼓励,但缺乏后续的跟进工作就显得有些盲目了。有些顾客可能会觉得这个营销员不错,但是再也等不到这个营销员来见自己,也等不到电话,这时碰到其他公司的营销员,自然不会再等他了。所以,新手营销员在离开顾客时别忘记跟顾客约一个下次见面的时间或者打电话的时间,并且牢牢记住,在约定的时间与顾客再次联系和沟通。

(4) 学会让顾客介绍顾客。许多新手营销员在离开顾客之后就彻底离开了,而优秀的业务员总是不会忘记问一句:请问,您身边还有亲戚朋友有这种需求吗? 如果有的话,能不能麻烦您帮我介绍一下,我想为他们提供满意的服务。即使这句话只有百分之一的顾客回应说有,那么营销员也捡了个大便宜。顾客的介绍远比营销员自己辛苦地介绍效果要好得多,而这一切只不过是多说了一句话则已。

2. 学会多渠道的沟通联系方式

(1) 擅长利用高科技联系。随着科技的发展,有一些新的联系方式既可以提高效率,还可以降低联络成本。比如建立 QQ 群、MSN 群、飞信群等,尤其是飞信群,既可以向顾客发短信,随时通知顾客一些重要的信息,又可以群发,还是免费,非常方便。现在出现的一些微薄、微信等的新方式,营销员也要善加琢磨,善于利用这些沟通联系的新方式。

(2) 利用网络平台,让顾客更好地找到自己。营销员有两个世界,一个是现实的世界,需要与顾客面对面地或者电话沟通,另一个是虚拟的世界,也要让虚拟的人(有时会暂时不知道性别和年龄)更顺畅地看到并主动联系自己。营销的目的是让别人知道你,信任你并接受你和你的产品,这样你就成功了一大半了。

(3) 学会尊重和感动顾客。无论采用哪种联系方式,一定要让顾客产生一种被尊重的感觉,比如用"您"代替"你",在言谈举止之间流露出发自内心的真诚感和尊重感,就是赢得顾客的最佳方式之一,如果能够引起顾客内心的某种共鸣,让顾客产生了感动,那么拿下订单的希望几乎就是90%以上了。

(4) 学会为顾客着想,让顾客挣钱。证券客户之所以来投资,一定是想挣到钱的,资产的保值和增值是一个基本的目的,如果这一点做不到,无论营销员如何做,顾客都有可能脱离公司,甚至彻底离开这个市场。因此,优秀的业务员一定要善于回报顾客对于自己的信任,并帮助顾客挣钱。顾客挣到了钱,他才会有更多的资金,交易量才会更大,营销员也才能挣得更多。当然,一个挣钱的顾客通常会主动带来更多的有钱的顾客。

(5) 让自己变成一个专业人士。所有证券营销人员都应当成为一名专业人士,但每个人专业的程度是有区别的,不少新手营销员之所以业绩不佳,跟他们的敬业态度和专业程度有着直接的关系。试看两个营销员的差异。

【案例】

两 个 营 销 员

两个营销员都是新手,分别是两个漂亮的 21 岁的女孩,都是刚刚拿到证券从业资格证不久,一个在东北证券,一个在国信证券。

在东北证券的女孩不拿绩效,每月有 1200 元的工资,不多也不少,她早上 9:30 之前到公司,下午 3:30 之后就可以离开公司,公司从来不要求也不需要她们加班。也就是说,她每天在开盘的 4 个小时的时间内保证人在公司就可以了。

在国信证券上班的女孩早上 8:30 之前赶到公司,先是查阅当天的期刊、杂志、本公司下发的研究报告等,将最重要的信息在9:10之前发到顾客的手机上,并向顾客致上每天必有的亲切的问候。在正式开盘以后,不停地接听和拨打电话,回答顾客提出的各种疑问,自己回答不了的,就请证券分析师做出答案后,再回复给顾客。下午收盘后,跟随公司参加当天盘面的研讨会,跟踪分析大盘趋势和具体的股票信息,对顾客手里的股票尽可能做到心中有数。这样一直能忙到晚上9点才能下班。这个女孩第一个月拿了800元的底薪,没有绩效提成。第二个月拿到2500元的薪水,有1600元的绩效奖励。第三个月拿到4500元的薪水,正式工作一年后的薪水稳定在1万元上下(每月不固定,随绩效的改变而改变)。通过努力地工作,这个女孩不仅挣到了钱,而且还结交了属于自己的朋友。

这两个营销员都是2010年毕业的高职大学生,是真实的案例,相信能够给在校的高职生们一点点启发。

虽然现在不提倡以外貌取人,但是对证券从业人员来说,这一点完全不适用。作为一名证券从业人员,即使你自己不认为自己是一名专业人士,在顾客的眼里,不少人也会把你当作一名专业人士。专业人士应当在感觉上也要给人专业的印象。因此,要求证券从业人员在外貌上要精干专业,比如,要穿一色的西装、打领带,仪容整洁,谈吐得体,头脑敏捷,精力充沛。

在内涵上,一个证券从业人员想要变得专业也并不困难,多读多看多学习就可以了。比如养成每天阅读三大证券报(中国证券报、上海证券报、证券时报)等专业期刊的习惯,不懂的问题记得经常与专业人士探讨,时间长了,也就慢慢专业了。

9.3 实践探讨:证券公司的客户经理怎么干?

方正证券公司为了让自己的客户经理尽快进入角色,在培训之余,编了一套顺口溜让他们牢记:

客户经理的一天:

九点到银行	白页夹中放	挨座逐个发	客户重点讲	封闭基金好	折价是个宝
证券公司买	别处买不到	您要没时间	留个电话先	劝您赶紧办	要不收益减
加大拜访量	标准话术讲	遇事心别慌	基金股票户	记得要分清	引导客户说
市值加佣金	一定全问清	十个基本点	服务是中心	信心加冷静	统统全拿下
回家莫要闲	工作日志写	每日必报填	客户资料表	整理很关键	网上看新闻
论坛写留言	营销有问题	解决在当天	榜样是力量	主动去学习	成长天天见
短信每天发	邮件不要落	要有好产品	记得打电话	服务是主题	促成不要忘
证券前景好	人人都知道	习惯养成前	一切是空谈	大家齐努力	成功在明天

(大家可以探讨一下这个顺口溜,是不是也可以看到证券公司的客户经理是如何工作的了?)

他们建议的客户经理一天的时间安排是这样的:

9:00前获取新闻。

通过报纸,论坛以及行情软件中的资讯区了解当日的政策及行业要闻,并编辑成短信发送给需要的客户。

9:30-17:00营销工作

在渠道派送宣传页,积累潜在客户电话或进行现场促成(主要工作)。

给前一天预约开户的客户打电话确认开户时间,并提醒客户必须的资料,如果有客户需先到原券商转户,提醒客户注意事项以及所需资料。

开户

拜访客户:给客户安装交易软件,送对账单,方正月刊等。

给老客户做电话回访:服务,转介绍。

给潜在客户做电话促成。

17:30 以后,回家后的总结与学习

撰写工作日志:拜访量,电话数,以及营销问题的上报是重点。

做潜在客户电子文档的整理,新开客户电子文档的整理。

给潜在客户打电话,预约明日开户。

上报明日预约开户情况(21:00 前)。

仔细阅读市场日报,当日新闻,学习研发报告以及专业知识。

学习公司以及证券行业各项规章制度以及工作流程。

为需要 E-mail 服务的客户发送电子邮件。

安排明日工作计划。

【案例】

××证券公司营销策划方案

前　言

市场部为了树立品牌形象,建设规模的、高质量的营销团队,开拓市场,逐步扩大营业部在当地的影响力,展现营销团队的潜在活力,开拓并巩固营销渠道,发展客户,创造营销奇迹特制定以下营销方案。

第一部分　市场部战略定位

1. 市场的范围

以南宁市区为中心,辐射到周边城镇,为中高端客户提供股票基金等投资产品和保守的理财咨询服务。

2. 客户服务方式

(1) 基础服务主要包括:及时解决现场及非现场客户交易过程中的问题;客户提出的有关业务及证券知识方面的问题,及时给予清晰和全面的解答;积极同客户沟通,促进客户能够及时和细致了解公司新业务种类和服务产品;为客户提供多种交易方式;收集了解客户需求,及时反馈业务部门,促进完善客户服务内容。

(2) 亲情服务主要包括:法定节日或特殊节日营业机构管理人员通过广播或到客户群体中恭贺或者有能力的也可给客户举办一些活动;客户及家人的特殊日子发贺电、发贺卡、打电话、拜访、送鲜花等形式表示祝贺。这类服务三种客户的区别也不大,只是一般客户,通常不进行客户及家人的特殊问候。

(3) 咨询服务主要包括:根据客户需求选择性的将各类研究咨询张贴或转发客户;定期提供客户持仓个股分析报告;及时向客户提供高质量的资讯产品和信息,并根据客户需要为其度身定制资产配置方案;定期将研究机构的投资策略报告发送给客户;通过网络服务平台,对客户提供一对一咨询服务;客户专用电子信箱服务,为客户提供个股门诊单、周评报告、月度投资计划以及模拟投资组合等;通过短信提供咨询建议;提供个股答疑、推荐以及跟踪个股服务;现场客户和非现场客户定期沟通。这类服务三种客户的区别就比较大,一般客户只提供基本的咨询服务,接受公共的咨询,而重要客户和核心客户一般都有一一对应的客户经理服务,核心客户的个性化咨询服务比重要客户更好。

(4) 增值服务主要包括:根据其需要提供各类研究报告,包括内部研究成果和外购报告;以短信营销和客户服务为信息平台,为高端投资者提供实时行情、股市资讯和在线交易同时提供自选股等个性化管理功能。提供及时、全面、权威的财经资讯,短信营销信息和客户服务平台作为补充可提供及时的公告信息、个股预警、个股资讯、成交回报、资金变动、中签通知服务;根据客户需求,编撰投资分析报告,如果客户资产量达到相当规模,可根据其需要提供全方位私户理财计划。这类服务三种客户的区别就更大了,一般客户基本不享受增值服务,重要客户享受及时的服务,核心客户则享受全面及时的服务。

第二部分　团队的组建和管理

1. 团队的组建

(1) 通过与其他证券公司优秀客户经理接触,了解营销员在原来券商的情况,引进有经验的证券营销员。

(2) 联系部分高校,建立校企实习培训基地,能够充分的挖掘有潜质的营销员。

(3) 团队的建设

2. 团队的管理与执行

无规矩不成方圆,制度的建设可以规范团队的工作开展,以形成一个共同的工作目标,制度制定的内容包括:日常考勤制度、会议制度、各种台账制度和激励制度,而且是可以执行的。①考勤制度,目的是了保证工作时间。内容包括办公室考勤与驻点考勤。②会议制度,目的是讨论解决工作中的问题和提供学习平台。内容是周例会、月例会、公司例会。③台账制度,目的是对工作的监督与跟踪。内容是工作计划、工作日记和其他与销售工作相关的台账。④激励制度,目的是保持团队的工作热情。内容有正负激励之分,正激励一般有:公司高层的表扬与肯定;经济奖励;提升奖励以及公费旅游。

3. 团队文化建设

态度决定人生的成功高度,而团队文化就像这人生的"态度",它决定团队效力是否 $1+1>2$。团队文化是对公司的企业文化和发展战略认同的前提下,形成一种积极、易沟通、学习的精神状态。团队文化的外在表现是团队有共同的工作目标、集体活动开展情况以及学习制度的执行情况。共同的工作目标是指团队全体成员愿意把自己的才能奉献给团队,以争取取得良好的业绩。集体活动的开展并不是很难,在每次例会后举行一场足球赛、篮球赛并不是过分的要求,或者大家出去欢唱。学习也是团队文化建设的重要内容,共同学习,共同进步。学习公司的销售政策、学习新品知识、学习彼此优势等。只有学习型的团队才能取得好的业绩,因为学习的态度反映团队的精神面貌,是团队工作技能的保证,是沟通的需要。

4. 个人与团队共同进步

个人在团队工作中,应把自己的职业规划跟团队业绩相结合,最大可能地发挥潜能,做到公司与个人双赢。

第三部分　营 销 措 施

1. 银行驻点营销

几年前,银行驻点营销是市场一种创新,让券商从营业部的坐商走向了市场,让单一的营业部场地,扩张到全市所有的银行网点,因当时的银证通模式,银行直接可以开立券商资金账户,客户可以在银行进行一站式的手续办理。让券商拓展了极大的一部分离营业部很远很远的客户,券商投入小,产出高。银行开发的客户质量也相对比较好。

为此,我市场部与银行关系须注意以下五点:

(1) 要建立双方长期合作关系。

(2) 一般企业在银行都有个企业账户,可以通过银行工作人员的推荐来帮本营业部实现。他们和企业有个很好的交流合作关系。对他们比较信任。这点要求银行和本营业部的合作关系处理好。

(3) 管理层要对银行公关关系的重视。每隔半月或新人报到之时都工有上级对银行关系的回访。

(4) 在重要节日会送上些礼品。通常情况下,礼物费用控制在 1000 元左右。

(5) 对于重点驻点网点公关,需营业部利用资产的资源为网点注入一定量的存款,为营销员提供更好的业务开展空间。

综上所述,营业部门高管应重视商业银行负责人的公关行动。

2. 与大通讯机构的合作营销

要与电信、移动、联通、铁通、网通等机构合作。合作模式应有所不同,例如,移动、联通,仅对券商开放系统的合作是不够的。可在其营业厅布点,发展其内部员工。其余的中大型的通讯机构,合作的内容包括,通讯商的资源共享,通讯商入驻小区营销活动时,双方共同营销。券商负担部分通讯机构的产品赠送、通讯商的营销人员兼职券商的营销,实现双赢。

3. 低佣金的促销

南宁市场的佣金,应该是目前以来最低的阶段。从华泰证券 2008 年开始就以所有客户的佣金打至 0.8‰,南宁市场进入了佣金价格战,各券商纷纷跟进,愈演愈烈,现在的光大证券开展佣金年费制,打出“一天一元,轻松一年”口号,但是实行佣金年费制的这一时期,光大证券一直莫名其妙的没有得到多大的扩张,其主要原因是缺少一支强有力的营销队伍。目前,营销团队人数多,且人员相对稳定的券商开始对低佣招揽客户的方式有所收敛,实行按资产多少来规定佣金比率,并随着咨询方面优势的提高逐渐取消降佣制度。目前新进的券商,都是以低佣来招揽客户,新进来的安信证券的佣金比例是整个南宁市场最低的,10 万左右都可以给 0.3‰。考虑到目前整个市场竞争状况以及公司未来的发展,对一般客户,本团队开发客户时,给予非现场交易的手续费为 0.5‰到 2.0‰的政策是合适的,给予营销员一定底限的自己做主的佣金调节,对特殊客户再另行申请。而对于本营业部也可以科学地对成交量较大的客户做出更大调节。

4. 社区营销及技术服务站营销

可以选择些人流量比较大,商业性质比较强的地段进行布点。分工合作,两人派单,两人对有意想客户进行营销说明。在周围的高档写字楼张贴海报、设点促销,利用上下班及午餐人流量大的时间段派发宣传资料、意向沟通,周末在优质社区、大型商场摆台促销,以登记电话送小礼品方式挖掘潜在客户,日常电话跟进,开户即送精美礼品一份。可以不定期的与企业合作:搞庆典联谊活动或投资座谈会股市沙龙等,免费开股东卡,送精美礼品,开发团体客户及机构户。

5. 服务品牌的营销

为客户提供有效的资讯,能让客户在市场上挣到钱才是王道。本营业部在公司没有特别的支持下要坚持自己组织语言,坚持每日一到两条对大盘的分析,个股的推荐等信息。当然这个还依赖与个人专业知识掌握的多少而论。充分利用金穗金融软件下载按资产量的多少来给予使用作为卖点,从而使客户对软件存在一定的依赖性。提高公司在南宁的竞争力,应尽量避免通过价格竞争来实现;通过差异化的服务,增加顾客的满意度和忠诚度,提高公司的品牌形象和知名度。对于差异化服务和公司品牌的树立和扩展,我认为可以通过几个措施来实现。

(1) 广告和公关工作的开展是品牌建设的重要步骤。

一个可行的办法就是在周末组织公司所有的营销人员以及公司高管在当地的养老院或孤儿所等一些公益事业单位做义工从而既为社会献了一份爱心,又在宣传本营业部。何乐不为?相信这样的宣传对与老百姓来说比一些空洞的广告更具说服力。

在借势营销中,可以借助的手段是多方面的,比如,其他行业具有轰动效应的大事件;政府有关部门的政策法规;新闻媒体的各种报道等等。通过策划发挥、延伸实施,就可以为我所用,去实现自己的营销目标。

(2) 以客户需求为导向,提高服务质量,形成竞争力。

面对迅速变化的市场,要满足顾客的需求,建立关联关系,企业必须建立快速反应机制,提高反应速度和回应力。这样可最大限度地减少抱怨,稳定客户群,减少客户转移的概率。提高服务水平,能够对问题快速反应并迅速解决。这是一种企业、顾客双赢的做法(每隔半个月或股市出现重大问题时候对客户的回访。将客户反映的问题做记录。根据问题小组展开讨论,给予客户问题解决的方法)。

(3) 同时,加强对客户维护,对其进行分类管理,大力推行关系营销,缩减成本扩大利润。

关系营销越来越重要了,在企业与客户的关系发生了本质性变化的市场环境中,抢占市场的关键已转变为与顾客建立长期而稳固的关系,从交易变成责任,从顾客变成拥护者,从管理营销组合变成管理和顾客的互动关系。记住二八定律,必须优先与创造企业80%利润的20%的那部分重要顾客建立牢固关系。否则把大部分的营销预算花在那些只创造公司20%利润的80%的顾客身上,不但效率低而且是一种浪费。而沟通是关系营销的重要手段。

(4) 营销的目的是利润,但执行的核心是公司员工。

对企业来说,市场营销的真正价值在于其为企业带来短期或长期的收入和利润。一方面,追求回报是营销发展的目的;另一方面,回报是维持市场关系的必要条件。企业要满足客户需求,为客户提供价值,但不能做"仆人"。因此,营销目标必须注重产出,注重企业在营销活动中的回报。一切营销活动都必须以为顾客及股东创造价值为目的。同样对员工来说,回报也是对其工作价值的肯定。从外部营销到树立内部营销理念。由于员工是客户的直接接触者,管理者的观念、思路和决策都要通过员工们的日常工作和行为来贯彻和体现。事实上,内部员工应是营销活动的首要对象。"要善待客户,必须首先善待员工",高度重视内部营销。处理好管理者权威和员工自主性的关系。首先,应该培养共同参与意识、共同的价值理念和行为准则、共同的归属感,努力为员工创造个人发展的机遇和条件。其次,处理好各部门之间的关系。建立明确的责任分工、畅通的信息流动系统及科学、公正的内部考核制度,并前后台效益挂钩,树立起群策群力的合作意识,保证各项政策持续而切实的贯彻。完善管理制度,增设优秀新人奖、开户纪录奖、市值纪录奖等奖项,完善薪资待遇(比如当月成交量达到 600 万/1000 万/1500 万等等的提成变法做到多劳多得,奖罚分明。积极进行各项市场调查活动,能对公司的销售模式和销售政策,提出意见和建议。以人为本,追求个人价值。在新的体制和组织结构下,所有人员的价值由业绩来衡量和体现,而不以上级的主观评价为依据。同时,要形成尊重员工、关心员工的风气,摒弃那种牺牲或压抑员工个性的文化氛围,处处体现出亲和力。

企业文化要人性化,要朴素、踏实、奖罚分明,要有完善的体系和制度。经常组织员工培训,与投资公司、保险等营销团队合作,资源共享,相互借鉴,请其优秀讲师授课,为我部客户经理培训营销技巧,养成积极心态。

> **实训:**

证券营销策划

实训项目:撰写一份证券营销策划方案。

实训目的:学习金融专业的同学进入证券行业后,往往是从销售岗开始做起,从证券经纪人做到营销团队经理等职。本次实训目的就是要同学们从行业的角度分析,更多地了解证券行业的特点和优劣势,并对周边的证券公司做一定的了解,为将来的就业打下基础。

实训要求:选择一个具体的证券公司,分小组设计并制作一份证券营销策划方案。

任务十　保险营销策划

【知识目标】
了解保险企业并熟悉保险产品。
【能力目标】
能独立完成保险产品策划方案的撰写。
【素质目标】
了解保险客户及其需求,善于与人沟通,掌握说服顾客的技巧。

10.1　彻底消除对保险行业的误解

保险有社会保险和商业保险,本书中所指保险如无特殊说明,一般特指商业保险。

保险(Insurance)是指投保人根据合同约定,向保险人(保险公司)支付保险费,保险人对于合同约定的可能发生的事故因其发生所造成的财产损失承担赔偿保险金责任,或者当被保险人死亡、伤残、疾病或者达到合同约定的年龄、期限时承担给付保险金责任的商业保险行为。

保险是一种特殊的产品,首先,人人都需要它,但同时很多人又对保险营销存在着或多或少的误解。甚至有个别知名主持人在节目中还说出了"一人做保险,全家不要脸"这样不太合适的话语。在对高职大学生进行职业生涯规划调查的过程中,绝大多数同学不愿意从事保险行业,他们不愿意从事保险的理由主要是两个:一是社会上存在着种种误解,感觉从事这个行业很不光彩;二是不知道该怎样做才能做好。

因此,有必要扭转一下大家的思想观念。大家可以思考几个问题:有一天你会不会老? 你需要养老保险吗? 有一天你有没有可能生病? 由保险公司来支付你的保险费你愿意吗? 有一天你会不会拥有自己的汽车? 除了强制类保险,你会为你的汽车购买商业保险吗? 你能保证你的人生不出现意外吗? 如果付出一点保险费你将会得到对人生对家庭的保障,你愿意吗? 你能保证你的财产永远是安全的吗? 比如永不发生火灾、盗窃等事件? 你愿意在事件发生之后获得保险公司的损失赔偿吗?

回答了上述问题就可以看到,保险对人生的保障真的是无处不在,如果没有了保险,人生真的会面临更多更大的风险。仅看刚刚过去的 2012 年国庆黄金周就可知:10 月 3 日香港撞船事件导致游船沉没,39 人死亡;10 月 5 日 0 时 25 分许,京港澳高速韶关乳源段南行 1921km 处发生一起特大交通事故,致 7 人当场死亡、3 人受伤,9 车不同程度损坏。某些地方虽然没有发生特大型交通事故,但交通事故比平时多了 2 倍~3 倍,4S 店及保险理赔单位连称忙坏了。10 月 6 日 14 时 48 分,河北省保定市南市区五尧乡东五尧村一居民小区 18 号楼发生爆炸案,截至 10 月 7 日凌晨已造成 32 人轻伤,2 人重伤,1 人死亡。7 日中午,在青银高速青岛方向临淄出口西 500 米处,一辆核载 53 人的大客车发生侧翻。事故造成 6 人当场死亡,8 人在送医后死亡,40 余人受伤。9 月 30 日至 10 月 7 日,整个双节期间,全国共发生道路交通事故 68422 起,涉及人员伤亡的道路交通事故 2164 起,造成 794 人死亡、2473 人受伤,直接财产损失 1325 万元。这些大大小小的事故灾祸几乎每天都在发生,谁能保证自己一辈子一定能够平平安安呢?

事实上,人人都需要保险,保险行业在中国仍然处于黄金发展期,这从保险行业的低数据水平和快速发展就能看得出来。评价消费者的保险需求有两个指标:保险密度和保险深度。保险密度是指人均拥有保单的数量,目前中国是 0.3 左右,日本是 6~7 之间,中国台湾地区和韩国约为 3~4,欧美很高。保险深度是指购买保险的金额,中国保费的金额也很低,远低于周围国家和世界平均水平。从历史上看,中国保险行业的真正发展是从 1992 年开始的,而英美等国已经有了 200 年~300 年的历史。综上所述,保险行业的快速发展在中国至少还应有 20 年的黄金期。

保险从业人员的收入水平也还是不错的。截止到 2012 年 10 月,北京保险从业人员的平均工资水平约为 4603 元,北京保险从业人员相关职位的平均收入水平(月薪)如下:

销售人员(北京)￥4672

保险代理人(北京)￥5914

客服人员(北京)￥3576

财务人员(北京)￥4237

行政人员(北京)￥3495

保险经纪人(北京)￥6140

电话销售人员(北京)￥4678

网络客服人员(北京)￥3627

保险理财规划师(北京)￥6816
保险顾问(北京)￥5764
业务人员(北京)￥4578
以人民币计,截至 2012 - 10 - 07

从近几年对高职学生毕业后从事保险行业的同学跟踪分析也表明,保险行业属于收入较高的行业之一,且稳定性也非常不错。2010 年 6 月,对在上海平安正式工作正好满一年的同学进行调研表明,17 个同学,收入最低的约 4500 元,最高的约 1 万元,大多数同学的薪水在5000 元~8000 元之间。其中,一个同学脱离了业务岗,进入管理岗,一个同学考了企业内部的培训师,专职为新进的大学生进行入职培训。以上同学刚入职岗位均为平安保险公司的电话营销岗,除了正常的薪水之外,他们拥有公司正式员工的身份,享有国家规定的三险一金,享有正常的休息日和法定节假日,并有年终奖等福利待遇。在公司,每个人每年有四次晋升机会,只要做得好,就一定有机会。每年随着入职时间的增加,基础薪金会随之而增加。工作环境整洁优雅,工作场所像是欧洲古堡式建筑,总体上说,工作是比较令人满意的。

当然,保险行业在中国的发展历史还比较短,还仍然存在着各种各样的缺陷,尤其在保险理赔的满意度方面还存在着很多不足。从新闻媒体的报道来看,银保业务等方面还存在着一定的骗保行为,但随着保险行业对保险从业人员素质的要求提高,随着行业本身的不断规范,保险行业的发展也会越来越好。

10. 2　保险营销策划应当注意的问题

金融行业的营销策划在流程上都大同小异,区别在于各个行业本身的产品不同,行业内的一些运营规律不同,客户的价值关注点不同,因而在策划时也要有相应的区别。

(1)保险营销策划人员要熟悉保险产品和理赔流程。保险产品是非常复杂的,有人身保险、财产保险、责任保险等,不同的保险公司推出的保险产品又各式各样,每天还会推出新的产品,每一款保险产品的保险条款都是厚厚一沓纸,因此,想要了解清楚所有保险公司的所有产品几乎是不可能的。

但熟悉保险产品是做好保险策划的前提条件,因此,在对具体的产品策划时,要不断深入地探讨及了解保险产品的特性,以及竞争对手产品的特性,了解消费者关注的价值点。这样才能有的放矢,策划才有可能成功。其次,要了解平安保险的理赔流程,如平安保险理赔流程如图 10 - 1所示。

因为保险的单据特别多,有时填的表也很多,还要了解并熟悉保险产品的各种表格,如图 10 - 2 就是平安理赔过程中需要填写的一张表格:

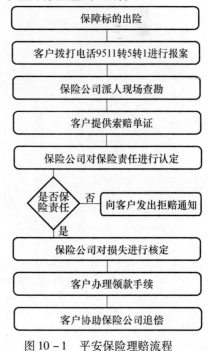

图 10 - 1　平安保险理赔流程

中国平安财产保险股份有限公司

机动车辆保险索赔申请书

案件号：9**86000301*******

交强险保单号	****000*035/********	承保公司		
商业险保单号	****C00*2010********	承保公司		
被保险人	张三	号牌号码	粤A-*****	使用性质 营运/非营运
发动机号		车架号		
报案人 张三	联系电话 13********	驾驶员 张三		联系电话 13*******
出险时间 201*年*月*日*时 分	出险地点 **街道*x		报案时间 201*年*月*日*时 分	
出险原因 ✓碰撞 □倾覆 □盗抢 □火灾 □爆炸 □台风 □自燃 □暴雨 □其他				

其他事故方交强险投保及损失信息

车牌号码	厂牌车型	被保险人	交强险保单号	承保公司	损失金额	定损公司
粤*****		李四	*********	**	**	平安
开户名		开户银行		帐号		

出险原因及经过：

(时间)(地点)，张三驾驶标的车粤A-*****与**发生碰撞，导致保险事故发生，**受损，**受伤。

以上信息为报案人电话报案时所描述，如需补充，请在备注栏中填写。

备注

兹声明本人报案时所陈述以及补充填写的资料均为真实情形，没有任何虚假和隐瞒，否则，愿放弃本保险单之一切权利并承担相应的法律责任。

本人同意提供给平安集团（指中国平安保险（集团）股份有限公司及其直接或间接控股的公司）的信息，及本人享受平安集团金融服务产生的信息（包括本单证签署之前提供和产生的），使用于平安集团及因服务必要而委托的第三方为本人提供服务及推荐产品，法律禁止的除外。平安集团及其委托的第三方对上述信息负有保密义务。本条款自本单证签署时生效，具有独立法律效力，不受合同成立与否及效力状态变化的影响。

被保险人签章： 联系电话： 年 月 日
报案人签章：张三 联系电话：13******* 年 月 日

特别告知：
1、本索赔申请书是被保险人就所投保险种向保险人提出索赔的书面凭证。
2、保险人受理报案、现场查勘、参与诉讼、进行抗辩、向被保险人提供专业建议等行为，均不构成保险人对赔偿责任的承诺。
3、为充分保障您的权益，根据《机动车交通事故责任强制保险条例》的相关规定，我司已书面告知您需要向保险公司提供的与赔偿有关的证明和材料（详见本索赔申请书背面之《索赔告知书》）。

被保险人签章： 联系电话： 年 月 日

图 10-2 平安保险理赔申请书

（2）保险企业针对不同的客户,推出的保险产品也会各有不同。这主要是因为,各个客户（企业或家庭）状况不同,对家庭客户来说,3 口之家和 5 口之家的情况差异很大,同样是 3 口之家,可能家庭条件的差异也很大,家里有没有老人和孩子,老人的身体状况如何,孩子的教育目标(是否准备出国留学或者一定要上名校等)不一样,收入不同,寻求的保障利益点不同,要求的保障能力也不同,因此保险单也应该是不一样的。

因此,保险企业做的针对较大范围内目标市场的营销策划活动相对较少,更多的是针对单个客户的策划,有时还需要制定若干套方案以供客户选择。

（3）时刻关注形势的变化。新近发生的一些较大的灾祸其实也是说服客户购买保险的理由。

（4）注重情感营销。感动客户,让客户转介绍客户,为营销人员提供其他客户的联系方式等,也是一种不错的方式。比如,通过设计,有营销人员问客户以下几个问题:

① 在过去的 20 年,您是否一直住在这里,从来没有搬过家或换过电话? 这份合同需要交20 年,并且管您一辈子,您是否保证一辈子不搬家? 不换电话?

② 为了给您提供更准确、快捷的服务,请您写出 5 个最好朋友的名字,因为他们不可能同时搬家、同时换电话。

③ 如果因为搬家、换电话公司联系不到您,造成续期保费不能按时交上,合同暂时失效,如果发生保险责任,公司是不给理赔的,这意味着您这几年的钱就白交了。

结果,客户在要求下都能写出亲朋好友的名字,转介绍达到 100%。

10.3　保险营销实践:为客户提供一份合适的保险方案

要注意保险营销人员提供的方案与理财人员提供的方案是不太一样的,大家试比较以下两个案例。

【案例一】

冯女士的保险单

被保险人资料:冯女士,24 岁,金融业,银行职员,月均收入 5000 元,侧重需求:重大疾病保险、养老金、意外险。

上海平安人寿陆女士根据客户需要建议购买平安智盈人生（万能型）附加一些意外保险组合。

保障方案:

产品名称	基本保额	保险期限	保费	缴费年期
平安智盈人生(万能型)	20 万	终身	6000	10 年
智盈人生提前给付重大疾病保险	8 万	—	—	—
附加平安无忧意外伤害保险	3 万	1 年	—	—
附加无忧意外伤害医疗保险	1 万	1 年	—	—
合计:			6000 元	

按平安金领电子计划书:10 年缴费,第 3 年至第 6 年保单年度每年追加 10000 元。

寿险保障 20 万(意外身故、疾病身故),重大疾病保障 8 万。

保险利益:

生存保险金:当被保险人生存至 55 周岁时,根据当时的保单价值的金额(按《金领电子建议书》中档计算约 26 万),可以每年或每月领取做补充养老。

身故保险金:前期因意外身故,保险公司给付 20 万 + 3 万、后期当保单价值超过保险金额时保险公司给付保单价值的 105% + 3 万。

前期因疾病身故,保险公司给付 20 万、后期当保单价值超过保险金额时保险公司给付保单价值的 105%。

重大疾病:保单生效 90 天后,初患重大疾病保险保险公司给付 8 万。

万能型产品是一款交费灵活、持续缴费有奖励、有缓缴功能(缓缴不影响保单利益)、投资回报透明公开,可部分领取、前期保障为主,后期以补充养老为主的产品。

意外医疗:因意外引起的意外医疗门急诊、住院费用 100 以上 10000 元以内。

【案例二】

公务员家庭的 45W 现金该如何打理

客户家庭基本情况:

叶先生,今年 30 岁,硕士研究生学历,公务员,家住江西省。父亲,今年 59 岁,公务员。母亲,已退休,57 岁。叶先生月收入约 3500 元,父亲月收入 4500 元,母亲月退休金 3000 元,家庭月收入合计为 1.1 万元。每月日常生活支出约 2100 元。家庭目前有现金及活期存款 45 万元,一套自住房,目前市值在 100 万左右。一套投资性住房,价值 60 万元。

家庭理财目标:

(1) 实现家庭资产的保值增值;

(2) 准备一到两年购买第二辆车,价值在 30 万左右;

(3) 按揭一套房产,首付预计 10 万元 ~ 15 万元。

家庭理财规划:

家庭财务分析:叶先生正值中年,马上要面临结婚成家立业等大额支出。家庭年收入 13.2 万元,对于中部城市来说,基本属于高收入家庭,由于没有任何负债,总体财务状况比较健康。每年总支出为 2.5 万元,每年可以有 10.7 万元的结余,结余比率为 81%,远远高出一般家庭 30% 的平均线。说明叶先生可以有更多的可投资资产用于合理投资增加投资收入。从叶先生现金和活期存款账户余额可以看出 45 万元的流动资金过多,太多的现金资产将会使家庭在高企的通货膨胀下加速资产贬值。

理财建议:

(1) 家庭应急金准备。

家庭应急资金准备是为了保障家庭的正常运转和意外时的应急需要。既不能太多,这样会面临着通货膨胀对家庭资产带来的贬值影响,也不能太少,这样会使家庭在遇到突发事件时陷入财务困境。需要在资金的流动性和收益性之间平衡利弊。叶先生家庭收入比较稳定,家庭面临的不确定概率相对较小,建议储备 3 个月的日常支出,约 6300 元合适。其中 1000 元继续存活期存款,另 5300 元则购买货币市场基金,货币市场基金的风险较小,收益却高于活期存款,是非常好的现金管理工具。

（2）风险管理和保险规划。

足额的保险措施,可以为家庭幸福增加一份安全的保障。叶先生目前只有基本社会保险,很显然,对整个家庭来说保险保障是不够的。建议购买适当的商业保险作为补充,叶先生作为家庭经济责任主要承担着,应当作为重点保障对象。具体补充保险产品上,可配置30万元的终生寿险另加50万元的意外险。

（3）投资规划。

做投资之前,需要进行个人风险偏好分析和风险承受能力测试,选择最适合自己的投资工具。每年的结余可按资产组合的方式:20%投资于债券型基金等低风险类投资工具,满足资产保值需要。50%可投资于股票、股票型基金、混合型基金等风险类投资工具,满足资产增值需要。剩余30%可购买银信合作的理财产品,收益率一般在5%左右,投资门槛较低,一般在5万元起步。

（4）购车计划。

以叶先生现有的财务状况和未来两年的资产积累速度,基本可以实现买车的愿望。徐先生两年时间可结余20万元,结余资金可暂时购买银行短期理财产品,银行理财产品收益稳健,年化收益率在5%左右。产品到期后可赎回直接用于支付购车款即可。

（5）购房计划。

针对叶先生想再购买一套住房的计划,由于当前国家对房地产市场调控政策仍然以从紧为主,未来房地产市场存在着很大的不确定性,家庭中购房的理财目标还需要房地产市场进一步明朗后再做考虑。

（资料来源:搜狐理财,理财顾问:汉和理财规划中心 张先生）

从保险单上可以看出,保险本身是一个专业性非常强的行业,因此,作为一个保险的营销人员,必须要懂保险,要学会向客户解释保险,还要适时地向客户说明保险单存在的一些潜在的风险,使投保人明白自己的权利和义务,这样才能真正取信于投保人。

实训:

保险营销策划

实训项目:撰写保险营销策划方案

实训目的:保险产品纷繁复杂,同学们应该尽量多地做些了解,只有了解产品才能做好策划。通过本次实训,同学们应达到了解具体的保险产品,并能够为之撰写策划书的目的。

实训要求:针对一个具体的保险产品,撰写一份完整的保险营销策划方案。

建议:①保险产品可以任何选择;②请注意保险产品营销策划书与客户保险方案的区别,这两者是完全不同的两个概念。本任务中只提供了保险方案的案例,没有提供保险策划方案的案例,但保险策划方案的写作与证券、银行等策划方案的流程和格式是基本一致的。

金融产品销售技巧

任务十一　金融客户开拓的基本方法

【知识目标】

了解金融产品客户开拓的基本方法及各自的特点。

【能力目标】

能够选用合适的方法进行金融产品销售。

【素质目标】

能技巧性地运用所学方法进行金融产品销售。

【引导案例】

招商银行"金葵花"理财服务体系

招商银行 2002 年 10 月推出的"金葵花"理财,在中国金融市场新一轮高端客户的争夺战中获取主动,产品推出一年后,"金葵花"理财品牌和服务体系,获得"中国首届杰出营销奖"银奖,这是唯一进入这次评选决赛的国内金融企业。

成功绝不是偶然的。"金葵花"不仅仅是一张小小的银行卡、一种理财套餐和优质的服务,而是招商银行创新经营的一个缩影,是招商银行在愈加激烈的金融竞争大潮中战略智慧的体现。招商银行提出了"生活质量最大化"的理财理念,以"金葵花理财,为您成就未来"为目标,设计了全面的"金葵花"理财服务体系。该服务体系包括七个方面:"一对一"的理财顾问;优越专属的理财空间;丰富及时的理财资讯;一路相伴的全国漫游;特别享有的超值优惠;精彩纷呈的理财套餐;方便到家的服务渠道。"金葵花"理财体系还进行了以下创新:"一对一"是"金葵花"理财的核心。围绕"理财顾问"服务,建立了由数百名高素质的客户经理组成的"个人客户经理"团队,为个人高端客户提供"一对一"的投资理财规划服务的条件。整合优化产品和服务。根据客户理财的主要需求,创造性地推出了"易贷通"、"投资通"和"居家乐"三大套餐,形象生动,朗朗上口,提高了服务的亲和力。创造性地集合行内专家,成立了外汇通工作室,同时利用合作伙伴资源,推出了每日定向为贵宾客户提供个性化理财资讯服务。充分利用服务优势和全行统一的 ISO9001 服务平台,为贵宾客户提供全国统一设计的理财中心、贵宾厅、出游资讯服务、紧急支援服务、财物保管服务,专门设置了全国统一的"金葵花"客户服务热线。统一设计发行全国通用的"金葵花"贵宾卡。精美的卡片设计及外包装,充分彰显贵宾客户尊贵身份,凭此享受各项"金葵花"理财服务。集合全国区域服务资源、全行共享。创造性地集中全行资源,开发"金葵花"特约商户,与特约商户建立资源共享的密切联系,使"金葵花"客户处处感受到超凡的待遇和优惠。

(资料来源:《经济观察报》2003 年 09 月 02 日)

　　如今,金融企业之间的竞争越来越激烈,除了传统的店面营销之外,金融企业越来越多地采用其他的营销方式,如面谈、电话营销、短信营销和网络营销。这些营销方式各有特点,互为补充,构成了金融企业新的营销体系,同时也给客户带来了不同的体验。

11.1　面　谈

　　面谈,顾名思义,是面对面地向客户介绍和销售产品。金融产品大部分具有专业性强的特点,一般的客户如果没有专业人员的指导很难了解;有些金融产品还具有个性化的特点,是金融企业根据客户的情况个性化量身订制的,比如说银行、证券公司、保险公司的理财方案。面谈有助于客户深入地了解金融产品,从而选择、购买金融产品;也有助于金融企业深入全面地了解客户、推荐和销售合适的金融产品,为客户量身定制个性化金融产品,从而提高金融服务的质量。

　　具体来说,面谈在金融产品的销售中具有以下优缺点:

11.1.1　优点

1. 互动性

　　双方面对面进行面谈,除了语言讲解以外,面谈营销人员可以通过展示各种资料,直观地向客户展示金融产品。客户有任何问题都可以当面提出并得到解答。尤其是较为复杂的金融产品,面谈的方式更有利于向客户讲解产品知识。相比较电话销售,面谈不仅可以从语调、语气中判断对方的心理,也可以从表情、肢体语言看出对方的心理状况。营销人员可以通过察言观色来判断或修改对方及自己的谈判策略,非常有利于谈判。面谈的方式在金融营销领域广泛运用于保险、银行、证券等金融产品的营销。

2. 易于建立信任

　　俗话说:"见面三分情",陌生人之间天然是有一种戒备、猜忌心理的。在面谈的过程中,营销人员可以直观地感受到对方的心理活动,分析原因,从而有针对性地解除对方的疑虑。在面谈中,营销人员还可以用自己的态度、情绪感染对方,从而缩短相互间的感情距离,建立融洽的关系,得到对方的最大信任。

3. 为客户提供便利性

　　面谈可以是客户亲自前往金融企业营业场所进行,也可以由金融企业营销人员前往客户的住所、工作场所进行上门服务,为客户提供了便利。随着人们工作生活节奏的加快,人们越来越注重服务的便利性。尤其是金融企业的中高端客户,他们大多数在单位、家庭起到支柱的作用,在忙碌的工作与生活之余更加渴望得到便利的服务。

4. 销售主动性

相比较传统的店面销售被动地等待客户上门的方式,面谈对于金融企业来说在销售方面具有更强的主动性。面谈要求营销人员主动地走出去,直接面对潜在市场,识别潜在客户、主动地去接触客户、了解客户、发现客户的需求,引导客户了解金融产品,激发客户的购买欲望,从而完成金融产品的销售。店面销售面对的是已经具有初步的购买欲望的客户,而面谈的方式则面对金融产品目标市场上所有的潜在客户,这个市场更大,客户人数更多,可能完成的业绩水平更高,但同时对营销人员提出了更高的要求。

5. 服务个性化

金融产品面对的客户由于收入水平、观念、受教育程度、年龄、风险偏好等因素不一样,对金融产品的需求也千差万别。而随着理财观念的逐渐普及,越来越多的个人和家庭需要的是全方位的保障和合理的投资组合。这就要求金融企业在全面深入了解客户的基础上提供个性化的服务,加上金融产品具有专业性强的特点,需营销人员讲解、演示,所以面谈在金融产品营销方面具有独特的优势。

6. 有利于开发和推广新产品

金融产品更新换代的速度是很快的。现代营销学认为,任何一种新的金融产品的出现都是源于市场,归于市场。从市场调研、产品开发,一直到推向市场,都离不开和客户的接触。面谈的优势是减少流通中的一些环节,能让信息比较直接、迅速地反馈给金融企业,让企业能较快地适应市场需求,开发出新的金融产品。同时,也可以面对面地把新产品信息直接地传递给客户,使客户尽快地了解和接受它,缩短市场推广的过程。此外,新产品的推广费用是很大一笔开支,而面谈可以通过营销人员的耐心讲解、演示和说明,就能把新产品打入消费市场,节省了推广费用。因此,相比较传统的金融产品而言,面谈在开发和推广新的金融产品方面,具有更强的优势。

7. 面谈可以节省流通费用

传统的金融产品是通过金融企业实体网络渠道进行销售的,如银行在社区的支行、网点、证券公司在街道的营业部。而这些实体网络渠道,计算其租金、软硬件设备、营业费用、人员工资,需要耗费一大笔费用。面谈的方式有利于金融企业减少实体网络渠道的数量,从而为金融企业节约流通费用。

11.1.2 缺点

1. 效率低

面谈面对的客户是金融产品目标市场的所有客户。首先,面谈的效率取决于能否有效地识别出这些客户;其次,与主动上门进行购买的客户相比,有些目标客户由于观念、性格、信息渠道等原因没有意识到自己的需求。这就需要营销人员进行金融产品信息的传递和需求的激发。这也降低了面谈的效率。最后,面谈一般是一个营销人员对一个客户或者一个营销人员对少数客户进行,并且在很多情况下营销人员必须前往客户所在地,因此,在效率方面不具有优势。

2. 客户有戒备心理

从心理学上讲,人对陌生人总是具有戒备心理,尤其是期望从自己这里获取利益的陌生人。这为约访带来了一定的难度。随着各行业面谈销售的普及,一些素质低下的企业和营销人员更是加强了人们的这种戒备心理。而这种戒备心理一旦产生,就阻碍了客户对营销人员、金融产品建立信任,销售更是无从谈起。这成为面谈营销的一个很大的阻力。

11.1.3 面谈的步骤

(1) 开拓。客户开发工作是销售工作的第一步,通常来讲是业务人员通过各种方式初步了解市场和客户情况,对有实力和有意向的客户重点销售,最终完成目标区域的客户开发。

(2) 约访。约访是指销售人员与客户协商确定访问对象、访问事由、访问时间和访问地点的过程。

(3) 接触。良好的接触能够给客户建立良好的第一印象,有助于销售向良好的方向发展。

(4) 挖掘需求。挖掘需求就是激发客户对金融产品的需求,尤其是隐性需求。

(5) 异议处理。很多客户会对产品提出异议。异议处理是指客户对产品、销售人员、销售方式和交易条件发出的怀疑、抱怨,提出的否定或反对意见。正确地处理异议有助于为销售排除障碍。

(6) 促成。当顺利完成以上步骤后,销售人员和客户之间已经建立了良好的关系,能否达成协议就取决于"临门一脚"的功夫了。销售人员需要细心识别客户发出的成交信号,与客户取得共识,迈向互利的成交决定,从而达到销售的最终目的。

【案例】

香港商业银行的客户经理制

香港商业银行客户经理制起源于20世纪80年代初的外资金融机构。他们开始是将资产负债管理的内容与客户密切联系起来,并根据客户的需要,提供个性化服务,把金融产品的营销与商业银行的收益结合起来,达到金融产品营销的最佳配置与组合。随后发展为以客户为中心、以市场营销为主要内容的制度建设、管理方法和金融产品创新。经过近二十多年的不断完善,目前客户经理制已成为香港商业银行普遍采用的一种管理制度。

客户经理的主要职能主要有:①开拓银行业务(基本职责)。②维护现有客户,为客户提供一揽子服务。③受理客户授信申请。④参与审批工作。客户经理主管大都是贷款审查委员会委员,直接参与审批工作。⑤搞好贷后监控工作。⑥收集反馈信息。

香港商业银行客户经理在长期激烈的市场竞争中积累了许多丰富的营销经验。在开发客户方面,创造了推介方式、媒体寻找、交流活动、拜访不活跃客户、发掘潜质客户等多种选择和开发目标客户的技巧。在市场营销方面,创造了品牌营销、差别营销、岗位营销、专柜推广、网络营销、交叉营销、产品生命周期营销等多种营销策略。在公关宣传方面,注重宣传策划的统一性(由总行统一策划组织)、宣传内容的针对性、宣传媒体的适用性、宣传形式的多样性、宣传效果的长远性。香港商业银行也采取了有效的措施对客户经理进行监督和管理。加入WTO后,按照市场准入和国民待遇原则,我国已逐步取消外资金融机构的种种限制,逐步开放我国的金融市场,这对我国金融业将带来严峻的挑战。为适应世界金融业发展,香港客户经理制先进的市场营销和管理经验值得内地银行业借鉴。

(资料来源:巴伦一《香港客户经理制》华夏文化出版社)

11.2 电话营销

电话营销即是指通过使用电话来实现有计划、有组织,并且高频率的扩大顾客群、提高顾客满意度、维护顾客等市场行为的手法。随着客户为主导的市场的形成,以及电话、传真等通信手段的普及,很多金融企业开始尝试这种新型的市场手法。

11.2.1 优点

1. 互动性

电话能够在短时间内听到客户的意见,和客户沟通,从客户的语音、语气了解客户的需求、意见,从而提供针对性的服务,是非常重要的双向交流的商务工具。

2. 电话营销的及时性

电话营销中,营销人员可以不出办公室,瞬间与客户通话联系,速度上来说,没有其他工具可比拟。电话营销可以在最短的时间内让客户了解到我们所要传递的信息。

3. 节省时间和开支,提供工作效率

电话营销可以让营销人员在不出办公室的前提下实现销售全球化,这样就节省了面谈而带来资金和时间成本。此外,电话营销还便于规模化进行。很多金融企业建立了电话营销中心,由训练有素的电话业务人员进行专业的电话营销,每小时可为 5 名～15 名客户提供服务,提升了营销的效率,又降低了营销成本。

4. 普遍适用性

目前,电话这一通信工具已经遍布到国家的各个角落各个阶层,而移动通信工具的普及使得电话营销可以随时随地地进行。电话的普遍性给电话营销的发展提供了前提条件,就是因为电话的普遍存在,这样电话营销人员就可以寻找到不同的客户,所以电话的普遍性也是电话营销的一大优势。

11.2.2 缺点

1. 容易被拒绝

在销售谈判中,销售者最怕自己的产品或服务被客户毫无余地的批评、拒绝,而在电话营销中,由于打电话的时机不对、受到干扰等原因客户会干脆地拒绝对方,在面谈中,双方或多或少都会顾及对方的情面,即使谈判破裂也会给对方留有面子,在电话谈判中由于双方不见面,客户不会有太多的顾及,他们会直截了当地拒绝。在面谈时,如果客户仅仅是口头上的拒绝,营销人员还可以进行进一步的努力,但是如果客户挂断了电话,那么几乎没有回旋的余地。

2. 不能真实判断对方的心理

研究表明,只有10%左右的信息可以通过听觉传递。在电话沟通中不能看到对方的表情、肢体语言,只能听到对方说的话,了解到对方的语气,仅凭这一点很难准确地分析出对方的真实意图。并且受到文化、个性等因素的影响,有些客户会刻意隐藏自己的真实想法,更加给电话营销带来了困难。

3. 不易建立情感和信任

仅仅依靠语言交流,很难充分地进行情感交流。而且电话交流具有一定的虚拟性,不如面

谈来得生动真实。在这种情况下很难建立情感和信任。

4. 缺少展示机会

电话营销只能通过听觉传递信息,不能通过展示相关资料而给予视觉刺激,而金融产品本身的专业程度和复杂程度较高,这就更加影响了客户了解金融产品的兴趣,增加了客户了解金融产品的难度。

11.2.3　电话营销的步骤

(1)准备。

在进行电话营销之前,要做好充分的准备,选择合适的时间,把谈话的要点列出。准备好记录用的笔、纸。

(2)开场白。

开场白包括自我介绍、询问对方时间是否合适以及介绍自己的目的。好的开场白可以吸引客户的注意。

(3)挖掘需求。

(4)推荐产品。

(5)促成。

后三项和面谈相似。

【案例】

我国保险电话营销发展概况

电话营销又称电话行销,是指通过使用电话、传真等通信技术,来实现有计划、有组织,并且高效率地扩大顾客群体、提高顾客满意度、维护顾客关系等市场行为的一种营销手段与营销模式,是直复营销的一种,起源于美国,出现于 20 世纪 80 年代以前,后来逐渐发展到日本、中国台湾、中国香港、印度、新加坡等亚洲地区,90 年代初进入中国,并在大陆得到了迅猛的发展。2002 年开始,友邦保险等具有外资背景的保险企业首次将电话营销应用于保险行业,开始了保险电话营销的征程。2003 年招商信诺、中美大都会等也都相继涉足了电话营销领域,这个阶段标志着电话营销正式进入中国保险市场。之后随着平安保险、大地保险、天平保险等公司获得保险电话营销牌照后,中国保险行业的电话营销业务算真正开始起航了。

保险电话营销是指通过专业的呼叫中心,以电话作为与目标客户进行信息沟通的媒介,保险电话营销专员通过电话向准客户推销公司的保险产品,以获得目标对象对保险产品直接反应的直接销售方式。

在国内较早开展保险电话营销业务的公司有友邦人寿、招商信诺、中美大都会、太平人寿等。虽然从国内保险电话营销近几年的发展情况来看,其发展速度及规模与理想之间尚存在一定的差距,如以北京地区为例,2008 年北京 497.7 亿元的保费中,保险电话营销渠道的贡献率不足 5%,但保险电话营销作为一种新兴的保险产品分销模式正处在蓬勃发展的阶段。保险电话营销在国外已经得到比较充分的发展,已成为一种重要的营销模式,因此只要运用得当,这一新型营销模式在国内必定能够成为促进保险业健康发展的另一个"功臣"。然而在国内,保险电话营销毕竟还是一个新生事物,在整个国内保险市场上所占比例较低,2007 年,包括电话营销在内的公司直销渠道所实现的保费收入在寿险业中只占 11.92%,因此,只有不断修正保险电话营销在运行中的"不足",加上国家政策上的支持,保护性的开发,才能使保险电话营销的发展走上正确的轨道,真正成为保险公司的一种主要销售渠道。

(资料来源:杜玉新《金融教学与研究》2010 年第 06 期)

11.3　短信营销

短信营销就是以短信平台发送手机短信的方式来达到营销目的,包括文字短信和彩信。短信营销以其显著的优点在金融营销领域也得到了广泛的使用。比如,许多证券公司就充分利用了短信营销的手段,他们根据客户需求选择性的将各类研究咨询张贴或转发客户;定期提供客户持仓个股分析报告;及时向客户提供高质量的资讯产品和信息,并根据客户需要为其度身定制资产配置方案;定期将研究机构的投资策略报告发送给客户。

11.3.1　优点

1. 高效性

短信营销在效率上具有无可比拟的优势。使用手机发送短信,一般手机发送 1 条短信需要 1 秒的时间,1 天大约可以发送 86400 条短信。即使我们只使用一部手机,也可以在 3 天之内给某个中等城市所有的手机用户发送一条短信。如果使用短信网关发送短信,发送速度更快。并且短信的到达具有实时性,客户几乎同时就能接收到信息,而且很少有人不去查看短信。

2. 方便性

短信营销不会影响对方的正常活动。无论何时都可以向对方发送短信。如果对方由于一时忙于其他事务没有及时看到短信,但是他的手机已经收到短信。他可以在某个方便的时候阅读短信。因此,短信营销较少引起对方的反感。

3. 经济性

手机发送一条短信的费用只有 0.1 元左右。相比较其他营销方式,价格低廉。而且门槛低,只要有一部手机或者一部计算机即可操作。

4. 广泛适应性

随着移动通信工具的普及,和电话营销一样,短信营销的使用具有广泛的适应性。

5. 精确性

短信营销最大的特性就是直达接收者手机,"一对一"传递信息,强制性阅读,能提高人与广告的接触频率。

6. 蔓延性

短信营销具有很强的散播性,接收者可将信息随身保存,需要时可反复阅读,并可随时发送给感兴趣的朋友。

11.3.2　缺点

1. 单向交流

短信发送之后,只能期待对方的主动联系,所以在大多数情况下,是一种单向交流工具。只有有现实需求的客户才会主动联系,营销人员无法进行有针对性的讲解、说明、劝导、激发,大大降低了交易的成功率。

2. 字数限制

受到短信协议本身的限制,每条短信的长度不能超过 70 个汉字,如果分割成多条短信,就要考虑到成本问题,这为信息的传递带来了一定的限制。

11.4　网络营销

网络营销就是以互联网络为基础,利用数字化的信息及金融网络媒体的交互性来辅助营销目标实现的一种新型的市场营销方式。在信息网络时代,网络技术的开发和应用改变了信息的分析和接受方式,改变了人们生活、工作、学习、合作和交流的环境,企业也必须积极利用新技术变革经营理念、经营组织、经营方式和经营方法,搭上技术发展的快速列车,促使企业飞速发展。网络营销是适应网络技术发展与信息网络时代社会变革的新生事物,必将成为 21 世纪的营销策略。网络营销也就成为金融企业日益重要的营销方式。如今,在金融领域,网络营销已经被广泛运用于网上销售、信息发布、客户服务、客户关系维护、网络调研等方面。

11.4.1　优点

1. 不受时空限制

营销的最终目的是占有市场份额,由于互联网具有超越时间约束和空间限制进行信息交换的特点,因此使得脱离时空限制达成交易成为可能,企业能有更多的时间和更大的空间进行营销,可 24 小时随时随地提供全球性营销服务。比如网上银行,突破了银行营业时间的限制,使客户能够 24 小时接受银行的服务。同时突破了空间的限制,无论客户走到哪里,只要有计算机,就可以接受银行的服务,给客户提供了极大的方便。

2. 多种形式的信息交换

互联网络被设计成可以传输多种媒体的信息,如文字、声音、图像等信息,使得为达成交易进行的信息交换以多种形式存在和交换,可以从各个方面充分地激发客户的购买欲望。

3. 覆盖面广

网络营销的覆盖面广。传统模式都是指向区域性,金融企业的网络营销系统一旦建立起来,面对的是开放的和全球化的市场,可以接触到全国乃至全世界的消费者。极大地提高了营销的效率。

4. 成本低廉

网络营销以其高覆盖面可以减少金融企业物理网点的数量,减少租金,设备、人工和水电成本。招商银行的物理网点数量远远不能和工、农、中、建、交等老牌国有商业银行相比,但是它凭借先进的网上银行服务跻身先进银行的行列。

11.4.2　缺点

1. 可控性差

由于网络传播有着强烈的"放大效应",网络营销因其高覆盖性极大地提高了营销的效率,但是,这是一把双刃剑,一着不慎带来的负面影响也会被无限放大,处理这些负面效应可能导致更高的成本。

2. 受到网络安全性的影响

网络营销依赖于网络,因此存在一些网络安全隐患。拒绝服务攻击是网络安全的顽症,它是攻击者想办法让目标机器停止提供服务甚至主机死机,从而影响正常用户的服务,是黑客常用的攻击手段之一。拒绝服务攻击问题也一直得不到合理的解决,究其原因是因为这是由于网络协议本身的安全缺陷造成的。在网络发达的今天,如果一个公司的网络服务质量降低或者顾客不能访问该公司的网络,顾客可能会转向另一家公司,有可能就是它的竞争对手。木马病毒是另一个广为人知的网络安全隐患,木马是一种隐蔽性很强的病毒,通常把自己伪装成正常的服务。木马的危害主要是窃取用户的机密信息,如网银账号和密码,或者机密文件等。此外,网络支付的安全性对于金融企业也非常重要。很多银行都给自己的网上银行配备了 U 盾(UKey),通过 U 盾来加强网银的安全。倘若一家银行的网上支付系统出现了漏洞,那不仅会给它带来信誉上的损害,更重要的是会给客户带来认知度的降低,从而导致客户流失。

【案例】

招商银行的网上银行道路

1995 年,美国三家银行联合在因特网上建立全球第一家网上银行。网络银行以其拥有的广泛信息资源、独特运作方式,为金融业带来革命性变革。

马蔚华目光如炬,抓住了这一机遇,及时锁定银行业务网络化的战略目标,决定让招行与网上银行联袂。在国内网上银行领域确立了开拓者、领跑者的地位。此时招行在全国只有几十个网点,和四大银行相比,网点数量相差悬殊。但是善于在战略上自省的招行摒弃了规模战略,大力发展电子渠道,抢占了金融服务领域的制高点,以补足自己在物理网点上的劣势。

1998 年 4 月 16 日,在招行"一网通"网上银行支付系统开通,1999 年 6 月,招商银行网上支付系统实现全国联网,客户消费不再受地域限制。1999 年 9 月 26 日,招商银行在北京开新闻发布会,正式宣布了招行的网上银行计划"一网通",在国内率先推出了包括企业银行和个人银行服务在内的综合网上金融服务。"一网通"推出后迅速深入人心,许多电子商务网站都使用招行的支付工具。先行一步的巨大成功吸引了各家银行投入网银的开发,陆续推出了功能类似的网上银行服务平台,但是招行早在它们前面打响了自己的名声。

2000 年下半年,招行又推出了网上信用管理、网上个人银行的大众版和专业版两个版本。2000 年底,招行网上交易额达 8600 亿,网上客户超过 1 万户。虽然这个数字并不惊人,但是已经比马蔚华年初指定的指标高了三四倍。

到了 2007 年,招行网上交易总额已达 305 亿元。当年国内网上银行支付交易额达到 976 亿元,招行三分天下有其一。

为领跑同行,招行不断改进和完善网上企业银行的功能结构、系统流程、业务模式等,持续对网上企业银行进行升级换代,从最初的 1.0 版本发展到 5.0 版本,始终保持着国内网上银行业务领域的领先地位。

2003 年,"一网通"作为中国电子商务和网上银行的代表,获得了有 IT 应用领域国际"奥斯卡"奖之称的 CHP"21 世纪贡献大奖"决赛提名奖,这是中国企业首次获此殊荣。

网上银行大大分流了招行物理网点的业务量。到 2004 年中期,招行网上银行的企业用户数近四万家,对公结算业务的 15% 和个人业务的 80% 都是在网上完成的。2006 年,网上个人银行交易笔数累计达 3500 万笔,相当于 200 个营业网点业务量,每年节省人力成本数千万元。

如今,国内大多数银行都进入第二代网上银行时代,而招商银行在享尽赞誉后已经开始挖掘新的增值服务,进入第三代网上银行,推出了个人财务分析业务、网上财务管理等针对个人的新型服务。

在别人看来,网上银行只是一种交易的渠道而已,但是招行认为网上银行也是一个能够独立发展业务的平台,不仅是将银行的业务搬上网而已。招行 2004 年 11 月推出的"财富账户"针对个人中、高端客户对闲置资金集中理财的需求,利用网络 24 小时方便快捷地提供购买保险、证券、缴费等服务,实现客户对自己储蓄和投资业务的全面管理。它不仅打通了本行的银行卡和账户,甚至可以"管"到其他银行的账户——支持招行和其他银行的划账业务,同时还能投资基金、股票等。

"财富账户"不只是一种产品,更是一个平台和管理工具,被定义为与"一卡通"比肩的跨时代产品,推出之际马蔚华亲自助阵宣介,反映出他对此的极高期望。该项业务受到了白领客户的广泛欢迎,单在上海一个城市,一个月内就推广营销近 6000 户。"财富账户",还大大拉动起了招行原先表现平平的保险代销业务。到 2005 年年底,"财富账户"已经拥有了 7 万多客户。"一网通"的研发自始至终将安全性放在首位,保持着在这一领域中的同行业最先进水平,并采取业务与技术相结合的方式,尽可能实现便捷与安全的完美平衡。2007 年末,招行成为国内唯一一家接受国家密码管理局审查网上银行安全性并获得高度认可的银行。

在网上购物时代,招行又与淘宝网合作推出了"支付宝一卡通",完全绕开了网上银行的账户体系,用户只要在支付宝网站输入支付密码就可以完成付款,不再需要登录到银行的支付网关验证持卡人的身份信息。持卡用户不仅可以在阿里巴巴和淘宝平台购物,还可以在国内外支持支付宝的数十万家电子商务购物网站上使用。这将激起持卡用户潜在的消费欲望,有效激活银行卡用户向网银用户的转化,进一步扩大招行在电子商务市场的影响力。

(资料来源:张力升《中国需要好银行:马蔚华与招商银行》中央编译出版社)

11.4.3　网络营销常用的方法

网络营销首先是对网站整体进行 SEO 优化,不仅使客户产生良好的网站访问的体验,而且让网站的目标关键词在搜索引擎有较好的排名,从而提升网站曝光率。其次是网站外部的免费推广,通过论坛、博客、微博、即时通信工具等形式,扩展自己的客户群,树立自己企业的口碑和品牌影响力。最后是网站外部的付费推广,吸引潜在客户的点击,以此来促进公司业务的增长。

1. 网站内部 SEO 优化

SEO 的中文意思是搜索引擎优化,是指通过采用易于搜索引擎索引的合理手段,使网站各项基本要素适合搜索引擎的检索原则并且对用户更友好,从而更容易被搜索引擎收录及优先排序。简单的说就是通过总结搜索引擎的排名规律,对网站进行合理优化,使网站在百度和谷歌的排名提高,让搜索引擎给你带来客户。金融企业在推广新业务时可以通过 SEO 优化让它在目标客户中更多地曝光。

2. 博客营销

博客营销是利用博客这种网络应用形式开展网络营销的工具,是公司、企业或者个人利用博客的交互性特征,发布并更新企业、公司或个人的相关概括及信息,并且密切关注并及时回复平台上客户对于企业或个人的相关疑问以及咨询,并通过较强的博客平台帮助企业或公司以低成本获得搜索引擎的较前排位,以达到推广的目的。目前许多保险代理公司、保险代理人、银行、证券公司、基金公司都开有博客,博客这种方式也逐渐在金融领域里得到推广。

【案例】

招商银行的微博策略

1. 多平台、多账号的微博布局

通过研究发现,与很多企业只在新浪微博上进行营销不同,招商银行在国内主流微博上都有账号,包括新浪微博、腾讯微博、网易微博、凤凰微博、人民微博和讯微博都开通了官方微博,成为国内布局最全的金融微博,招商银行这一举措是极其理性的选择,国内微博格局并未明朗,各大微博覆盖的人群也存在差异,特别是和讯这样的财经类的专业微博更是招商银行这样的金融企业进行微博营销的理想选择,以和讯微博为例,它是由国内高端财经资讯平台——"和讯网"推出的专业微博,是国内垂直微博网站的典范,依托和讯多年的财经用户的积累,和讯微博聚集了大量的财经高端用户,这些人群与招商银行的目标客户有较大的重合性,在和讯财经微博上进行微博营销符合精准营销的理念,所以,选择和讯这样的垂直性的微博网站也是招商银行微博营销的一大特色。在各大微博网站的布局保证了招商银行能够最大程度上覆盖目标人群,增加招商银行的影响力,截止到 2011 年 2 月 19 日,在人气最高的新浪微博上招商银行的粉丝已经达到了 212435 人,在腾讯微博与和讯微博上也分别达到了 151011 人和 12321人。美中不足的是招商银行在新浪微博的较为活跃,在其他微博上仅仅是发布消息而很少开展活动和进行互动,这一点相信招商银行会在未来的微博营销中进行改进。

招商银行不仅在微博营销上采取多平台的策略,同时,在同一平台,招商银行采取了多账号联动的策略,以新浪微博为例,招商银行在新浪微博开通了 19 个账号,除主账号招商银行外,还有招商银行信用卡中心、招商银行私人银行、招商银行远程银行中心、招商银行全球金融市场、招商银行办公室党建、招商银行招银大学、招商银行 i 理财,以及招商银行天津、上海、福州、广州、昆明、深圳等各大分行,如此庞大的官方微博阵容在整个新浪微博中都不多见。招行之所这么做的一个重要原因是要突出专业的服务,如果粉丝只对招行的信用卡感兴趣,他就可以只关注招商银行的信用卡中心这个账号,这样的做法有利于为其客服提供更加专业、更加细分的资讯与服务。而各分行开启自己账号有利于为本地客户提供更加优质、有针对性的服务,提高用户体验。

2. 极具特色的内容策略

招商银行的微博的成功很大程度上是其内容的成功,我们看到,从开通微博到现在招商银行所发的 1765 条微博中,内容丰富,包罗万象,不仅仅局限于招行本身的相关信息,同时,招行还开创了很多利于传播的新内容,比如"星座理财"、"趣味金融"、"理财知识"等内容:

"天蝎通常不会为金钱烦恼,因为他们花钱和赚钱都属于豪放型!虽然很多人觉得天蝎座心机很重,但在财务上他们其实没什么心机。心情的起伏会让他们花钱没有计划,虽然今天没钱了但第二天又是一支努力工作的快乐天蝎座!"

"你知道吗?钱也需要洗澡。#招商银行趣味金融#今天为你分享钱币洗澡中心的趣事。据说,在一张流通的钱币上携带的细菌大约 900 万个。钞票处理中心就是负责给钱币洗澡的机构,除了负责销毁银行系统收回的残币、假币外,还定期对钱币"清洗"(除臭、除尘、灭菌)以提高投放钱币清洁度。"

这些内容在保持与金融相关的同时又注重内容本身的趣味性与传播性,正是这些精心设计的内容让招商银行获得了粉丝的认同。同时,招商银行业关注社会热点,利用热点话题来提升自身微博的影响力。比如,招商银行在微博中对2010年诸多社会热点都进行过追踪,用搜索引擎分析发现,在招商银行所发的1734条微博中,有关"上海世博会"的微博达46条,有关"南非世界杯"的有55条,有关"广州亚运会"的达42条,这些内容符合微博粉丝的传播心理,获得了不错的营销效果。从内容的呈现方式来看,在这些涉猎甚广的微博中,招商银行创造性地采取了内容分栏的策略,由于所发的微博来自不同的主题,分栏就是理想的选择,招商银行用微博的话题符号"#"将不同主题的微博分开,如#招商银行趣味理财#、#招商银行资讯快报#、#招商银行星座金融#、#招商银行生活趣识#、#招商银行理财知识#、#招商银行月度话题#等,通过分栏,这些本来无序内容立即变得非常有条理,让其粉丝在查看微博的时候一目了然。

(资料来源:宋逸《微博营销,把企业放到微博上》机械工业出版社)

3. 电子邮件(E-mail)推广方法

电子邮件营销是通过电子邮件的方式向目标用户传递价值信息的一种网络营销手段。电子邮件营销属于一种低成本、低投入、广覆盖、低产出的营销方式,它分为两种,一种是基于用户许可的电子邮件营销,另一种是利用软件群发邮件,许可的电子邮件营销具有明显的优势,比如可以减少广告对用户的滋扰、增加潜在客户定位的准确度、增强与客户的关系、提高品牌忠诚度等。根据许可电子邮件营销所应用的用户电子邮件地址资源的所有形式,可以分为内部列表电子邮件营销和外部列表电子邮件营销,或简称内部列表和外部列表。内部列表也就是通常所说的邮件列表,是利用网站的注册用户资料开展电子邮件营销的方式,常见的形式如新闻邮件、会员通信、电子刊物等。外部列表电子邮件营销则是利用专业服务商的用户电子邮件地址来开展电子邮件营销,也就是电子邮件广告的形式向服务商的用户发送信息。常用的方法包括传递电子刊物、会员通信、专业服务商的电子邮件广告等。金融企业可以借助内部或者外部的数据库系统用电子邮件营销的方式进行客户关系维护。例如,平安保险公司就针对已投保客户的需求进行分析,定期将一定的险种优惠信息及新的险种信息发送到客户的邮箱。

4. 综合网站推广方法

除了前面介绍的常用网站推广方法之外,还有许多专用性、临时性的网站推广方法,如有奖竞猜、在线优惠卷、有奖调查、针对在线购物网站推广的比较购物和购物搜索引擎等。这些方法通过别出心裁的创意,吸引潜在客户参与,并在参与中了解企业、了解产品、产生认同,从而起到推广作用。

【案例】

民生银行"精彩无限"游戏营销项目

为配合宣传电子银行产品、服务和活动,民生银行从2008年11月25日到2009年1月13日和新浪网合作,推广民生电子银行"精彩无限"游戏营销项目。

该项目采用"视频+游戏"的创新投放形式,用9个精彩视频,详细介绍了电子银行产品,并以生动有趣的形式进行了动画型宣传。另外,活动采取富有趣味性的游戏形式,非常吸引网友,有效参与游戏网友数量高达 14039 人。

一般而言,爱玩网络游戏的网民以年轻人居多,而这些人也正是民生银行电子银行的目标客户群。通过游戏和抽奖,吸引他们对民生银行电子银行的关注,加深其对产品和品牌的认知和印象,引导其选择民生银行电子银行。

纵观整个活动,游戏活动形式选择及策略运用中的营销思路很值得借鉴:在传统营销的模式中,用户往往被动接受广告和信息。而民生银行电子银行利用游戏的互动性使这一过程转变为用户主动参与的过程。玩家在游戏过程中,通过与其他玩家的互动,以及与民生银行的互动,将品牌或产品所要传达的讯息传播开来,从而加深了对品牌和产品内涵的理解,使品牌和产品的营销效果最大化延伸。

(资料来源:2010 - 06 - 23　尹轶男　BNET　商业英才网)

5. 即时通信工具营销(IM 营销)

即时通信营销又叫 IM 营销,是企业通过即时工具 IM 帮助企业推广产品和品牌的一种手段。当访问金融企业网站时就出现的即时通信在线,有专门的客户人员在线服务,这样,潜在的客户如果对产品或者服务感兴趣自然会主动和在线客服联系。金融企业也可以通过 IM 营销通信工具,通过发布一些文字、图片等方式传播企业品牌、产品和服务的信息。聊天群组营销是即时通信工具的延伸,具体是利用各种即时聊天软件中的群功能展开的营销,在 qq 等即时通信工具上,人们按照兴趣、喜好和共同关注的东西形成自己的小圈子,这就是"群"。目前的群有 qq 群、msn 群、旺旺群、有啊群等。根据相关信息,金融企业可以精准寻找目标客户,也可以建立相关主题的群邀请他人加入,比如说建立或者加入股票、基金、理财产品等流通群,同时向群内多个客户发布信息,具有更高的信息传播效率。如果引起了客户的兴趣,客户会自发地向其他人转发,在开拓客户方面,尤其是精准客户开拓方面,即时通信工具也具有很大的优势。

【案例】

富国推出 MSN 机器人客户服务

富国基金日前推出新版网站,并率先使用"富国 msn 客户服务智能机器人"来辅助客户服务。富国基金表示,去年以来,基民数量的增加使客户服务工作的压力骤然增加,通过网站、机器人来提高客户服务的效率是公司新的尝试。

富国基金客户服务部总监丁飓介绍,"msn 客户服务智能机器人"实际上是一个自动答复系统,可以做到随时随地接受服务,大大提高了客户服务的效率。富国基金市场总监谢生认为,除了市场发展太快,客户数量增长迅猛之外,基金公司和投资者沟通渠道单一,也是造成客服压力过大的原因。

(资料来源:2008 年 03 月 18 日 中国证券报)

6. 社区营销(SNS 营销)

SNS 是为一群具有相同兴趣和爱好的人们建立的在线社区,人们由于相同的兴趣和爱好聚集在社区,用户之间可以相互交流。由于其人数众多,信息通过人们的口口相传,具有强大的传播能力。SNS 营销也就是利用 SNS 网站的分享和共享功能,通过人们之间的相互传播实现的一种营销。通过病毒式传播的手段,让你的产品被众多的人知道。SNS 营销相对来说还比较新型,但有些金融企业已经开始将它作为新的营销方式。

【案例】

"QQ互联"助力招商银行社交网络营销成功之路

毫无疑问,时下社交媒体作为企业营销的新方向,成为众多企业关注的热点。如今年3月日本地震以后,招商银行在QQ认证空间上的一条有关"问候在日本的信用卡用户平安"的信息,就引发了网络热议,而招行的服务精神得到了众多网友的赞誉。据了解,自招商银行与"QQ互联"合作以来,3个月时间内已积累企业QQ认证空间粉丝高达168万,并成为首家进入百万粉丝俱乐部的金融企业。

对此,招商银行相关负责人表示,与"QQ互联"的合作,是目前招商银行在营销创新方面最为重要的一个举措,将助力招行在品牌关注度、形象乃至业绩等方面的进一步提升。据该负责人介绍,目前,凭借"QQ互联",招商银行已经在信用卡产品与用户之间打造出兼具"产品信息发布"与"用户沟通互动"这两大功能的QQ认证账户空间。通过这一互动、沟通平台,招行不仅能够发布信用卡的相关最新信息,发布最新的团购、积分活动,也可以解答用户有关办理信用卡的相关问题,及时了解用户的反馈信息,并与用户进行深度互动。另外,在此平台之上,用户们也可以相互进行交流与资讯分享。

而据了解,"QQ互联"是QQ空间为第三方网站、媒体提供的开放平台,主要包含喜欢组件、分享组件和连接QQ空间等九大社交组件,帮助第三方网站、媒体与QQ用户进行长期互动。以招行信用卡为例,QQ用户只要点击"喜欢"按钮,就能轻松地成为招行信用卡的粉丝;通过点击其他相关组件按钮,也能快速、便捷地实现各种功能。

该负责人认为,"QQ用户群是国内规模最大、最具活力和消费潜力的网民,QQ空间又是全国最大最活跃的SNS社区平台。因此,招商银行一直对这一用户群及平台非常重视。"'QQ互联'将我们与这部分用户群链接在一起,不仅带给我们的是超高的品牌人气,同时也让我们掌握了一种新型的互动沟通方式。通过这样一种社会化媒体的全新营销方式,招商银行也能为客户提供更为积极、高效的在线服务。"

另据最新数据显示,包括招行信用卡在内,目前通过"QQ互联"打造的企业QQ认证空间粉丝总数已经高达两亿。行业人士认为,作为一种新型营销方式,社交网络正在逐步被各行各业所接受,并纳入到企业营销体系中去。从招行信用卡这一成功案例可以看出,QQ互联已经成为帮助企业进行社交网络营销的利器之一。而企业也由此可以得到从关注度到品牌形象的全面提升。

(资料来源:cc博客2011-07-21)

7. 付费的搜索引擎推广

付费的搜索引擎推广是以搜索引擎为平台,按照点击次数收费的一种广告模式。它是以百度、谷歌为代表的关键字竞价作为赢利模式的。只要客户在搜索引擎中输入企业在后台设置的关键词,企业的网站就会出现在明显的位置。它的优点一是覆盖面广,几乎覆盖了所有的网民;二而是由于是客户根据关键词主动寻找,这种营销方式针对性强,可以轻松锁定目标客户,这两个特点使得它能对海量客户群进行精准营销。付费的搜索引擎推广明显的优势使得银行、保险、基金公司普遍都采用这种方式推广他们的产品。

8. 网络广告推广方法

网络广告就是在网络上做的广告。利用网站上的广告横幅、文本链接、多媒体等方法,在互联网刊登或发布广告,通过网络传递到互联网用户的一种高科技广告运作方式。目前由于网民的数量急剧增长,尤其是年轻人习惯用网络进行工作、娱乐,网络广告的市场正在以惊人的速度增长,网络渐渐成为发布广告的主流媒体,其发挥的效用越来越重要。金融企业可以根据情况,在一些流量大的网站进行广告投放,吸引潜在客户的点击、宣传公司品牌、产品,以此来促进公司业务的增长,这种方式在金融企业中也得到广泛的使用。

网络营销方式多种多样,除了上述方法之外,还有论坛营销、软文推广、病毒性营销方法、快捷网址推广方法等,新的网络营销手段也正在不断地被创造出来。只要有创意,就能在网络这个强大的媒体上源源不断地推广自己的产品。

实训:

金融企业调查

实训项目:选择一家在客户开拓方面富有特色的金融企业进行深入调查。

实训目的:通过实践调查给自己找一个师傅来学习,通过学习掌握客户开拓和沟通的方法,消除对销售的恐惧感,并逐渐喜欢上这一岗位和职责。

实训要求:针对该金融企业在客户开拓时所采用的具体的客户开拓方法、方案、实施情况及取得的成果等,撰写一篇调查报告。

建议:小组作业,3 人~5 人一个小组,每组选择一家金融企业,最好不同的小组分别涉及到证券、银行、保险、基金等细分行业,可以采用网络调查方式和实地调研方式,在课下完成,课堂上分小组上台演讲汇报。在这过程中既总结汇报自己的成果,同时学习其他小组的成果。

任务十二　销售面谈的技巧

【知识目标】
掌握销售面谈各个阶段即约访、接触、挖掘需求、异议处理、促成、客户维护的方法和技巧。
【能力目标】
能够运用所学方法和技巧进行金融产品销售的策划工作。
【素质目标】
能技巧性地运用所学方法进行金融产品销售。
【引导案例】

保险大师的第一张保单

梅第·法克沙戴(Mehdi Fakharzadeh),全球保险界尊称他为:"永远的世界第一!"梅第,现年88岁,连续三十三年跻身MDRT会员的梅第,投身保险业逾六十年,至今仍自己驾车拜访及服务客户。他的至理名言是:"就算是一流的业务员,每天起床也是没有工作的状态。"

梅第早期在美国大都会人寿,除了积极认真扮演好收费员的角色外,也开始向"地狱厨房"的居民推荐新保单。当然,他总是被拒绝。当梅第的同事自动要放弃一件十分钱保单时,他就自告奋勇地接下这个在"地狱厨房"附近开店的生意人的case。

"算了吧,这样做没什么好处的,梅第放弃这个案子吧。住在贫民区的人又穷、又难沟通、小心又被赶出来啊……"同事泼他的冷水,梅第喜欢挑战别人认为不可能、很难、无法达成的事,所以尽管同事一直叫他不要去,他依然决定去拜访这位住在"地狱厨房"的生意人。

面对客户的叱责和不耐烦,第一次拜访的梅第站在门外,以谦虚有礼貌的态度,不断请客户开门借他五分钟,几分钟后,客户终于同意让他进门。"你说5分钟,就5分钟,讲完就快走,免得我的晚餐冷掉了……"虽然客户开门让他进来,但是态度仍旧非常冷酷。

结果他们不但超过原来说五分钟的三十六倍时间,更在三个小时里相谈甚欢;生意人还意犹未尽地不断询问梅第问题,有关资产、负债、遗产税,以及当时对现金的需求……当然生意人的晚餐也早已冷掉了,但这对他而言,已完全不重要。

最后,梅第带着保额十万美元的投保单愉快地走出生意人家的大门,成交了这位生意人每年四千美元的保费。这份保单顺利地获准通过公司核保。更令梅第开心的是,一年之后,这个生意人打电话给他,要再加保十万美元。

这真是令人愉快的case,当时有谁知道贫民区附近的街上,竟然住着一位有钱的生意人?又有谁相信,原来只要收十分钱的保费,梅第竟然成交了四千美元?

如果在梅第先生与这位商人谈话之前,他就断定自己一定不会销售出去保单,那么也许他连十分钱的保费也无法收回来。但是正是因为梅第先生的坚持完成了这份四千美元的保单。我们对待每一位客户的时候都应该以相同的态度去面对,不能因为客户的贫穷而歧视他们,保险是爱心事业,贫穷的人们也更需要保险,因此更需要我们的服务。我们做保险事业,不能每次都希望签一笔大单,而应该积少成多,对待每一位客户都以诚相待,根据客户的需求,去谈保单,以客户的风险为本。

梅第与客户面谈时,第一个重点是:前二十分钟都在关心客户,绝对不会一见面就立刻谈保险,这样会让对方有压力甚至厌烦。第二个重点是:一定会跟对方谈他有兴趣的话题,而不是只顾着滔滔不绝地讲保险。梅第拜访客户前通常会先做功课,大概了解客户的兴趣和爱好,如果客户在忙,他会很客气地问客户:"对不起,我是不是占用你很多的时间呀?"通常客户会笑着说不会。接着梅第会慢慢观察,在与这客户的前二十分钟会谈之间,他对于自己与保险的信任是否还有障碍。这二十分钟的交谈,梅第称之为破冰,完成销售的破冰动作后,客户会渐渐喜欢上自己,再开始讲保险。在破冰的过程中,梅第会很自然地聊到,自己在保险界的一些成功经验与得奖记录,比如他经常是美国大都会人寿全公司的销售第一名,经常受邀到全世界各国演讲等,不是用夸张的、炫耀的方式来讲,而是在自然而然的愉快对话中轻松表达。

能够让客户相信你、喜欢你,客户自然愿意从你这里购买保险。如果在与陌生客户第一次见面的时候,就谈保险,会让人马上产生逆反心理,我们在马路上行走的时候,别人跑过来对你推销东西的时候,我们的第一反应,一定是摆手、摇头。这种拒绝并不是真的拒绝,而是一种自我防卫。如果我们能与客户建立良好的关系,彼此先了解熟悉对方,让客户认可,那再谈到保险,就是顺其自然的事情了,客户也会非常愿意接受。虽然我们强调以结果为导向,但是如果一味得追求结果,反而会适得其反。破冰的环节至关重要,是我们能不能取得成功的关键。

（资料来源:《保险大师梅第成功故事分享集锦》）

12.1　寻　找　客　户

12.1.1　客户开拓的渠道

销售的第一步就是寻找准客户,这是销售成功的前提条件。现在,金融行业的竞争越来越激烈,产品同质化的趋势也非常明显。金融企业对客户尤其是优质客户的争夺非常激烈。对于许多金融产品的销售,不能仅仅依靠客户上门,还要依靠营销人员的大力开拓。

12.1.2　准客户的特征

潜在顾客是指既有购买所推销的商品或服务的欲望,又有支付能力的个人或组织。

在推销活动中,营销人员面临的主要问题之一就是把产品卖给谁,即谁是自己的推销目标。营销人员在取得客户名单之后,要对其进行鉴定,看其是否具备潜在顾客的资格和条件。如果具备,就可以列入正式的潜在顾客名单中,并建立相应的档案,作为推销对象。如果不具备资格,就不能算一个合格的潜在顾客,也不能将其列为推销对象。一个尚未找到目标顾客的企业或推销员,就开始进行狂轰滥炸式的推销,其结果只能是大炮打蚊子似的悲哀。所以,寻找顾客是推销工作的重要步骤,也是推销成败的关键性工作。

现代推销学认为,要成为潜在顾客,应具备三个条件:

(1) 有购买某种产品或服务的需要。

(2) 有购买能力。

(3) 有购买决定权。

寻找潜在顾客,推销员首先必须根据自己所推销的产品特征,提出一些可能成为潜在顾客的基本条件,再根据潜在顾客的基本条件,通过各种可能的线索和渠道,拟出一份准顾客的名单,采取科学适当的方法进行顾客资格审查,确定入选的合格准顾客,并做出顾客分类,建立顾客档案,妥善保管。

12.1.3　准客户的类别

金融企业按照不同的标准,可以把准客户分为多种类型。

客户分类的方法,大致有如下一些:

(1) 按客户性质:主要是划分为企业客户和个人客户(或家庭客户),典型的代表是银行。这是一种非常重要和基础的划分,几乎所有的金融企业的业务组织架构都划分成"公司业务(机构业务)"和"个人业务"。

(2) 按客户规模:需要说明的是,不同行业因为业务不同,对于客户规模的评判标准也不同,对客户规模主要是按资产和收入等标准来划,以此来确定客户的购买能力。

(3) 按客户行业:这主要是针对企事业单位客户的划分方法,比如按行业可以划分为电力、交通、教育、政府等。

(4) 按客户性别、年龄、收入水平以及偏好(如对风险的态度和承受能力)、性格等,这主要针对个人客户或家庭客户。

12.1.4　收集名单

金融产品要想销售量能持续增长,除了维护好老客户以外,还要有源源不断的准客户的来源。通过一定渠道收集准客户名单是进行客户开拓的基础。通常开发准客户有这么几个方向。

1. 现有客户转介绍的名单

现有客户可以说是发展和其有关的其他客户的最佳渠道。现有客户和营销人员以及金融产品已经产生了一定的信任,请他推荐自己的朋友、同事、亲戚等作为潜在客户,一方面,难度较低,另一方面,客户的推荐比金融企业自己宣传更容易得到信任。如果现有客户是企业客户的话,还可以请他推荐自己的合作伙伴作为潜在客户。

2. 工商名录

工商名录可以从多种途径获得,可以用黄页、工商名册获得,也可以从行业协会获得。如今网络非常发达,从网络上也可以轻松获得各类企业的信息。收集这些名录有利于银行、证券公司、保险公司等金融企业发展公司客户。金融企业还可以根据企业的规模、行业等信息判断客户的购买能力和发展潜力。而且,企业中聚集着大量的工作人员,金融企业也可以发展企业中的中高级管理人员,乃至普通员工成为个人业务的客户。由于他们较为集中,可以发展成团体业务,如果发展个人业务的话,利用员工在同事中的影响力,转介绍非常容易。因此,在他们当中发展个人业务也是事半功倍的。金融企业还可以根据所营销的产品的目标市场对这些企业加以选择。

3. 参加或举办各类活动

参加或举办各类活动,如展会、俱乐部、会所、课程等可以更多地与潜在客户交流、沟通、增进感情、获取信息,也可以更多地在市场上展示公司产品及公司形象,向外界传递我们的信息,让外界了解我们。如果是大型展会的话,还可以搜集更多的和行业相关的状况、了解竞争对手情况为公司的发展战略及营销模式的调整作依据。但是,举办和参加各类活动的费用高昂,金融企业要认真核算成本。

4. 随时随地通过各种渠道收集

客户资源是无所不在的,只要营销人员有心收集客户名单,在日常的工作和生活中有很多途径。比如各类报刊、杂志、报纸、电视进行报道和在这些媒体上刊登广告的企业、发布招聘信息的企业,我们都可以对他们的信息加以收集、整理。营销人员还可以和其他公司业务人员互换资源,比如高级健身会所、高尔夫球会的客户也是金融企业优质的潜在客户。营销人员在参加朋友聚会、同学聚会、甚至家长会时都可以随时随地地交换名片,从中可能发展出一些客户。只是,通过这些渠道发展客户,客户较为分散,针对性不强。但由于几乎没有什么成本,而且面向的人数众多,坚持收集,也会有很大的成效。

12.1.5　筛选名单

名单收集好之后,要按照准客户的轮廓和要求筛选出可能购买的客户。一般来说,按照客户购买的可能性,可以分为有明显购买意图并且有购买能力、有一定程度的购买可能、对是否购买尚有疑问三类。挑选出重点推销的对象,会使销售活动的效果明显增强。因此,名单的筛选是约访之前必须要做好的工作。

12.1.6 维护更新准客户卡

准客户资料卡要不断地增加和经常更新,不断扩大准客户的数量和收集准客户的资料才能适应不断变化的金融市场的需求。

12.1.7 客户开拓的方法

1. 缘故法(直接关系)

缘故法是营销人员销售金融产品时首推之法,也是最基本的销售方法之一。所谓缘故法,顾名思义就是通过熟悉的人来营销产品,即向亲戚、朋友、乡亲、同学、同事、同好(即休闲、旅游的伙伴)等人群来推销金融产品。缘故法销售的技巧就是充分利用人际关系来推销自己的金融产品,这类客户往往容易接近,容易产生信任,容易营销,因此"缘故法"的营销技巧十分有效,极易成功。

2. 转介绍法(间接关系)

当和客户产生信任时,可以要求客户进行转介绍,转介绍法本质是为了克服陌生准客户的心理信赖障碍,借助他人的名气、友情、信用和威望等影响力而展开的一种公关活动。客户的亲戚、朋友、乡亲、同学、同事、同好(即休闲、旅游的伙伴)都可以成为转介绍的对象。转介绍法可以帮助营销人员迅速拓展客户群,而遭到拒绝的可能性较少。但只有极少数老客户会主动向营销员提供转介名单。所以转介绍成功的要点就是争取主动,开口向客户提出要求。在实践中,我也可以通过举办活动,例如,卡拉 OK、小型旅游、生日宴会等,同时邀请客户带朋友参加,也可以获得大量的转介绍客户。

3. 直冲法

直冲法就是直接对陌生人进行营销。直冲法不受关系网和已有客户数量的约束,面对的准客户的数量是巨大的,但客户信任度低,拒绝率高,容易对销售人员自信心产生打击。直冲法不是漫无目标地寻找营销对象,而是把市场进行细分,对客户群进行全面的了解和分析,寻找出潜在的营销对象。

4. 目标市场法

目标市场法是指根据营销人员自身和市场的特点,立足于适合自己的个性、教育背景、工作经历,或者人际关系等,去建立一个专门市场的方法。比如说某车险营销人员是车友俱乐部成员,他把俱乐部其他成员作为目标市场就是一种目标市场法。

5. 职团开拓法

职团开拓法是一种目标行销方式,指在职团管理层支持下,在职团工作场所向职团成员销售员工自愿购买的、通过定期薪资扣缴付费的保险产品及其他金融产品的销售模式。职团开拓的优势很明显,对同一个职团的准客户进行营销,他们具有共同特征、需求趋同,便于同一时间对多个客户进行销售,降低销售成本。

6. DM 信函法

DM 信函法也称 DM 广告,就是通过邮政途径,根据商务信息和广告内容的适用范围,分门别类地去制作商业信函,选择有针对性的目标客户寄发函件广告。它具有针对性强、寄递范围广、费用低、人情味浓、保密性强、广告效果好等特点。

12.2　约　访

约访是指销售人员与客户协商确定访问对象、访问事由、访问时间和访问地点的过程。约访在推销过程中起着非常重要的作用。它是推销准备过程的延伸，又是实质性接触客户的开始。

12.2.1　约访的基本原则

（1）确定访问对象的原则。确定与对方哪个人或哪几个人接触。

① 应尽量设法直接约见客户的购买决策人。

② 应尊重接待人员。为了能顺利地约见预定对象，必须取得接待人员地支持与合作。

③ 应做好约见前的各项准备工作。如必要的介绍信、名片等，要刻意修饰一下自己，准备好"态度与微笑"。

（2）确定访问事由的原则。任何推销访问的最终目的都是为了销售产品，但为了使客户易于接受，销售人员应仔细考虑每次访问的理由。比如，认识新朋友、市场调查、正式推销、提供服务、联络感情、签订合同、收取货款、慕名求见、当面请教、礼仪拜访、代传口信等。

（3）确定访问时间原则。要想推销成功就要在一个合适的时间向合适的人推销合适的产品。在时间安排上应尽量做到以下几点：

① 尽量为客户着想，最好由客户来确定时间。

② 应根据客户的特点确定见面时间。注意客户的生活作息时间与上下班规律，避免在客户最繁忙的时间内约见客户。

③ 应看推销产品与服务的特点确定约见与洽谈的时间，以能展示产品及服务优势的时间为最好。

④ 应根据不同的访问事由选择日期与时间。

⑤ 约定的时间应考虑交通、地点、路线、天气、安全等因素。

⑥ 应讲究信用，守时。

⑦ 合理利用访问时间，提高推销访问效率。如在时间安排上，在同一区域内的客户安排在一天访问，并合理利用访问间隙做与销售有关的工作。

（4）确定访问地点的原则。

① 应照顾客户的要求。

② 最经常使用，也是最主要的约见地点是办公室。

③ 客户的住居地也是销售人员选择的约见地地点之一。

④ 可以选择一些公共场所。

⑤ 公共娱乐场所也是销售人员选择的地点之一。

12.2.2　约访的方法

1. 信件或 E-mail 约访

利用信函或 E-mail 约见客户。信函可以很好地表示对客户的尊重，展示公司和营销人员的个人形象，但是由于成本较高，因此常常用来进行大客户的约访。

信件或 E – mail 约访的技巧如下：

1）信函的写作技巧

为了体现对客户的尊重，必须有针对性地写信函。那种千篇一律的信函是不会得到客户的重视的。针对性不仅体现在称呼上，信函的内容也要量身打造。信函内容尽量简短、语言优美、激发阅读兴趣。可以真诚地赞美对方，拉近与客户的距离。然后介绍自己，说明自己可以带来的帮助，并提出拜访的要求。必须强调的是，约访的目的是为了面谈，而不是销售产品。

为了体现专业性和赢得对方的信任，信封里除了信函外，还可以呈上自己的名片、重要的荣誉证书、资料。

【案例】

约访信函案例

××行长：

您好！

我的一位朋友是您企业的一名员工，常听他提起您，每每看到他提及您时脸上洋溢着那一份敬仰、钦佩的神情，我就有一种冲动：想拜访您、认识您，进而得到您人生光环折射给我的一点点光辉，我一点都不是在夸张，因为一位很有技能，也肯付出辛苦的人，那么无怨无悔的追随着他的私营老板，足以证明这位老板的无限魅力。

我是一位寿险代理人，毕业于×××学院，毕业后在一所大专院校任教，1997 年加盟保险业，从业以来为数十位中高端客户提供家庭理财计划及员工福利计划，也曾获得了很多荣誉，包括全世界代理人最高荣誉：国际信誉质量认证奖——IQA，我的大部分工作是在拜访成功的企业人士，我深知道这些人士大部分都没有兴趣在企业顶峰时刻谈论企业的保险问题，但是我们正处在中国大陆与国际接轨的时代，保险制度在中国大陆日趋完善，保险这种集回避税收、保全资产、保全生命价值、增值财富的多项功能，又被有机会得以了解诸功能而又有远见的成功人士所利用。我只希望能用我多年来积累的专业技能及对保险业日益神圣的责任感为您提供有关保险咨询，以备您需要时参考。

冒昧的请求，我将于下周三与您用电话约访。我会牢记：仅占用您几分钟。

希望有机会为您提供服务，希望有机会向您学习。

顺祝万事如意！

××呈上

电话：×××××××××××

2）亲自送达或用挂号信投递

投递信函的方式有两种，一种是亲自前往，虽然这种方式费事费力，但可以向本人或者其公司人员了解相关情况，进一步收集资料，确保信函到达客户手中，有利于安排下一步拜访计划。第二种是用挂号信邮寄，一般对于挂号信客户会比较重视，有效解决寄抵率和阅读率的问题。

3）后续的电话联络是信件或 E – mail 约访能否产生效果的关键

信函寄出的三至五天内给客户打电话，时间长了客户就会对你的信函淡忘。有了信函约访，客户已经对营销人员产生了良好的印象，采用电话跟进遭到拒绝的可能性大大降低。销售人员需要确认客户是否收到信函,并确定面谈时间。

2. 访问约见法

访问约见法是通过访问客户来和客户商定面谈的时间。访问约见法时间、交通成本较高,但有助于通过观察客户的家庭环境、工作环境等来了解客户。访问约见法的关键是争取与有决定权者的预约面谈机会,采用访问约见法要把握以下几个原则:

(1) 应尽量设法直接约见客户的购买决策人。

(2) 应尊重接待人员。为了能顺利地约见预定对象,必须取得接待人员的支持与合作。

(3) 做好约见前的各项准备工作。如必要的介绍信、名片等,要刻意修饰一下自己,准备好"态度与微笑"。

3. 电话约访

电话约访就是利用通信手段与客户约见。电话约访时间、费用上的成本很低,可以用作信函约访的跟进,也可以用作普通客户的约访,因此,使用非常广泛。但是,如果没有信函作为铺垫,成功率会大大降低,因此需要较高的技巧。

1) 电话约访的技巧

(1) 心理准备。

电话约访由于不见面,没有"情面"障碍,并且不容易把握恰当的时机,更有可能遭到直接的拒绝,有些甚至很没有礼貌,所以易导致挫折感。因此,约访之前要做好心理准备。首先便是要理解顾客的拒绝,客户的时间非常宝贵,谁也不愿意受到打扰;第二,要理解成功是建立在失败的基础上的,也许几次、十几次、几十次失败的约访才能迎来一次成功的约访,失败是正常的;第三,自己具备接受拒绝的气度,心情才不容易受到影响,才能自信地进行下一次电话约访。

(2) 面带笑容。

销售人员礼貌、热情、自信的态度更容易获得客户的认同。电话约访中虽然客户看不到销售人员的表情和动作,但是可以通过语气和用词感受到。因此,打电话之前整理好情绪,微笑着说话是电话约访的一个重要技巧。可以在旁边放一个镜子,打电话时随时检查自己的表情。

(3) 激发兴趣。

打电话的前 10 秒很重要,要争取到客户的兴趣,客户才能配合打完电话。客户对公司、产品本身并不感兴趣,他感兴趣的是公司、产品将带给他什么样的利益。因此,一定要强调面谈将给他带来的利益。可以利用牧群原理来强化客户的兴趣,同时强化信任关系。牧群原理是牧群的移动是由大多数的移动决定方向,个体并无意识,也就是个体有随众心理。所以可以列举出客户身边购买案例,如果是公司客户的话可以列举一些比较知名的典型客户,以此强化顾客的兴趣和信任。

(4) 要求见面。

约访的目的就是争取一个面谈的机会,而不是在电话中进行销售。面对面的交谈更有利于成交,尤其是金融产品,具有专业性、复杂性,要选择良好的实际,借助一些展业工具才能达到很好的效果,这些条件电话沟通都不具备。因此不要在电话中过多介绍,要尽快直奔目标。这样可以引起客户的好奇心。为减少被拒绝的可能性,可以用"二择一"的方式提出约会的要求。

2）电话约访的步骤

（1）准备。

找一个安静的不受干扰的地方，尽量选择客户方便的时间。准备好客户的名单，明确电话约访的目的，写好要说的话。

（2）寒暄致意。

销售人员："请问一下，某某小姐在吗？"

客户："我就是，什么事？"

销售人员："您好，是这样的，我叫高深。"

（3）同意。

客户："有什么事吗？"

业务员："请问现在可以跟你聊几句吗？或者我等一下再打电话约您？"

客户："什么事呢，请讲吧！"

（4）自我介绍。

"我是××××保险公司的业务顾问，我姓高，叫高深"。

（5）道明来意。

"我前一阵子帮您的朋友王小姐做了一份个人的财务计划，她看了之后很满意，所以她建议跟您联系一下，提供相关资料给您参考。"

（6）拒绝处理。

情景1：

"请直接在电话里讲就可以了。"

"因为怕打扰您太多时间，电话里也很难让您了解清楚，反正公司可以派我为您免费仔细介绍，您一般是家里还是单位比较方便？"

情景2：

"您把这些资料寄给我好了。"

"我这里资料只有一份，而且资料里有一些专业术语，我觉得当面讲比较好，不知您是星期四上午9点还是下午3点比较方便？"

情景3

"这些时间我都不方便。"

"抱歉我不知您这么忙，可见您是成功的人士。推荐人说不要打扰您太长时间，只能花您10分钟时间把一些有关资讯告诉您，您什么时间方便。只要10分钟即可！"

情景4

"我真的没有兴趣。"

"如果您感兴趣的话，那才奇怪呢。世上只有两种人对保险很感兴趣。一种是躺在病床上，一种没有养老的。"

（7）提出要求。

"不知您哪个时间比较方便？是明天上午十点，还是后天下午三点？我到您的办公室找您。"

（8）确认约会。

确认约会时间、地点，加深客户的记忆。

（9）礼貌地结束对话。

"祝您工作愉快！"

12.3　接　　触

当我们经过约访,成功地走近客户的时候,我们还需要掌握一些与客户接触的方法和技巧,这样才能和这些客户接触成功,进而才会有更多的交流机会,最终实现自己的销售目的。

12.3.1　接触客户的步骤

步骤1:称呼、打招呼。

步骤2:自我介绍、递送名片。

步骤3:感谢对方的接见,诚恳地感谢对方能抽出时间接见自己。

步骤4:寒暄。与客户拉家常、说一些轻松的、有趣的话题,说一些相互赞美的话,问一些关心的问题等。让彼此的紧张心情放松下来,解除客户的戒备心理,拉近与客户的距离。

步骤5:开场白。营销人员最终的目的还是要把客户引入到产品销售这个话题上来。如何做好这个引入的开场白,非常关键。

12.3.2　接近客户的方法

与顾客的第一次接触是个难题,也是个门槛,因为此时双方还不太熟悉,客户对营销人员可能抱有戒心。如果这个阶段的工作富有成效,后面的工作就很容易展开。因此,可以灵活地借助一些方法来达到接近客户的目的。

1. 自我介绍法

这是一种最常见的接近方法,业务员通过自我介绍的方式接近顾客,介绍自己的身份、姓名、企业和产品,有时还会说明接近的目的。一般有口头介绍、资料介绍和名片介绍等方式。

2. 他人介绍法

这种方法是通过他人的帮助接近顾客,有他人亲自引荐和间接引荐两个方式,他人间接引荐主要通过电话、名片、介绍信、信函、便条等形式。他人介绍方法接近顾客的效果一般都非常好,能有效引起顾客注意,并能增强顾客信任,排除交流障碍。因此,营销人员人脉关系的积累非常重要。

3. 迂回接触法

这种方法不直接以推销或者成交的目的接触顾客,而通过其他的方式获得顾客的注意和兴趣、好感,这种方法虽然比较费力,但能有效绕过顾客的抵触情绪。常见的方法有:

（1）通过交往与顾客达到一定的熟悉程度再展开销售。

（2）通过为顾客提供帮助(如提供信息、个人事务处理上的帮助、体力上的一些帮助等)获得顾客的好感。

（3）通过接触对购买决策人有影响的人。

（4）通过售后服务等方式引导顾客认识自己的产品和服务。

（5）通过与客户熟悉的人群的接触从而获得他人推荐的机会等。

例如银行的客户经理在争取企业客户时,可以利用自己的资源为准客户介绍客户,从而获得他的感激和信任。

4. 利益接触法

我们在一些企业里面看见,其销售活动往往不是通过销售产品,而是通过"为顾客提供利益"、"为顾客提供赢利方案"的方式进行的,特别是针对组织和企业客户的时候,这时与客户的接触不直接是产品和业务员本身,而是"一套方案"。金融产品的营销人员可以充分强调金融产品带来的利益和保障,达到引起客户注意和兴趣的目的。

5. 利用事件法

这种方法以事件为契机,成为接近顾客的理由,事件可以是自己企业的事件,也可以是客户的事件。诸如庆典、酬宾、开业典礼、扩大经营、公关事件、奠基、合作、舞会、晚会,甚至自然灾害、危机事件等,都是接近客户的最好时机。

6. 征询调查法

这一方法也是利用接触顾客的时机展开推广和销售活动,比如市场调查、专业客户座谈、客户意见访谈、客户需求征询、技术支持和售后服务接触、向客户咨询、求教等。销售人员可以利用这些机会接近客户,这种方法隐蔽了直接推销产品这一目的,比较容易被客户接受。

7. 赞美接近法

销售人员利用人们的自尊和希望他人重视与认可的心理来引起交谈的兴趣。当然,赞美一定要出自真心,而且要讲究技巧。首先,赞美应尽量切合实际。推销人员应细心观察与了解顾客,对值得赞美的地方加以赞美。第二,赞美时态度诚恳,语气真挚,使顾客感到心情舒畅。第三,应注意赞美顾客本人,如不应只赞美顾客的衣服好看,应赞美顾客会选择衣服与懂得颜色搭配。

8. 馈赠接近法

销售人员可以利用赠送小礼品给客户,从而引起客户兴趣和好感,进而接近客户。一些小而有意义的礼品符合顾客求小利、求雅趣的心理,极易形成融洽的气氛,因此,在实际推销中经常被推销员用作接近顾客的"跳板"。

12.3.3 建立信任

刚刚开始和客户接触时,很多客户的第一反应是冷淡、怀疑,甚至是敌对。只有和客户建立了信任,才能进行下一步的工作。因此,销售开始之前都要进行接触,一个重要的目的是和客户建立信任,在没有和客户建立信任之前,任何销售行为都是徒劳。尤其是金融产品,是一种无形产品,客户不仅关注产品本身,更关注营销人员的信用和专业能力。在某种程度上,营销人员的信用也代表的他所服务的金融企业的信用。建立客户的信任要从以下几方面做起:

1. 良好的第一印象

第一印象是客户对营销人员第一次接触后形成的印象。初次见面时给我们的最初印象往往形成日后交往时的依据。人与人之间的相互交往、人际关系的建立,往往是根据第一印象所形成的论断。据心理学方面的有关研究表明,人们对其他人或事物在 7 秒钟之内的第一印象可以保持 7 年。给他人留下的第一印象一旦形成,就很难改变。从第一印象所获得的主要是关于对方的表情、姿态、仪表、服饰、谈吐、眼神等方面的印象。它虽然零碎、肤浅,却非常重要。因为,在先入为主的心理影响下,第一印象往往能对人的认知产生关键作用。

与客户见面时,客户对你的第一印象取决于销售人员的外表衣着与言谈举止,它包括以下三个方面。

1) 塑造专业形象

第一次会见客户时,你给他留的第一印象是你的仪表,并与你销售的产品和服务联系起来。很难使客户相信一个衣冠不整头发乱糟糟的营销人员可以提供高质量的产品和服务。给客户留下良好的第一印象,首先要着装得体,郑重其事。这样才能体现对客户的尊重;第二,要保持自信的态度;第三,在问候、握手、递送名片、交谈等环节中要遵守商务礼仪。

2) 对拜访抱着热情积极的态度

销售过程中要保持热情积极的态度。微笑可以向客户反映出一个积极的形象,表现你的友善,同时它也是与人沟通的催化剂。

3) 有吸引力的开场白

第一句话的印象是你成败的关键,开场白的传达方式决定你是否能够打动人心。开场白的传达方式、真诚与创意会影响整个约谈的气氛,也会影响准客户的聆听态度。如果一开始就取得了客户的注意力和尊敬,你很可能全场都得到同样的关注和尊重。客户会因此而削弱了对营销人员的提防,和客户建立信任关系便有了良好的开端。一般开场白的模式可以是"问候 + 自荐 + 介绍来访的目的"。

例如,陈总,听说您是炒股技术派,非常注重用技术手段来分析大盘走势。我们公司有不少技术派的专家和客户,我给您介绍一下他们的情况吧?这是以客户的兴趣引出话题。李小姐,听说您对 QFII 和伞形基金很感兴趣,但还不是很了解,我给您解释一下吧?这是通过对客户的疑问解答来引出话题。"张小姐,您好!我是××保险公司的×××,今天我给您带来的这款保险产品非常适合您这样的自由职业者,它可以为您提供全面的保障,市面上很少见的!"

2. 以客户为中心

销售的本质是价值交换,在销售产品之前,一定要让客户认识到产品对他们的价值。因此,营销人员一定要先把自己的产品抛开。以客户为中心,就是要求营销人员做到:先解决客户的问题,充分了解客户需求并为其提供满意服务,让客户真切体会到产品带来的价值、营销人员的真诚和专业性,这对与客户建立信任关系非常重要。

以客户为中心需要做到以下几点:

(1) 第一时间解决客户的问题,是一个很重要的与客户建立信任关系的方法。如果客户希望营销人员能为自己提供一些指导意见,说明其在工作中遇到了一些问题或困难,而此时如果电话销售人员能够帮助客户解决问题或困难,那么与客户的信任关系就能够建立起来。

(2) 关注客户需求,通过提问获知客户的信息。不仅要获得客户的相关基本信息,还需要知道客户现在对现状的态度,尤其是不满的地方,这样有利于之后进一步激发客户明确的需求。当客户已经意识到现在所面临的问题的严重性后,通过引导客户解决问题的询问,让客户看到解决这些问题后给他带来的积极影响,从而促使客户下决心行动。

(3) 用良好的服务来体现以客户为中心。首先,销售过程本身就是提供服务的过程,客户的购买说明了对服务的认可,然而,服务并没有随着购买的结束而结束,恰恰相反,而是更多服务的开始,在售后也提供良好的服务,是增强客户忠诚度、建立长期的信任关系的基础。

3. 真诚的赞美

在和客户交往的过程中,巧妙的赞美客户,往往能够拉近和客户的距离。人是有感情的动物,人人都喜欢听赞美自己的话,往往稍微一句简单的赞美都令对方感到无比的温馨,自然而然就可以化解与客户之间的生疏感,进而与客户打成一片。同时还要学会真诚、自然、有事实根据地赞美别人。

赞美顾客要注意以下几点:

(1) 须出自内心,不可信口开河,娇揉造作,不要让对方觉得言不由衷,阿谀奉承。一般具体的就客户的某一优点加以赞美更能显得真诚。

(2) 根据事实,不可乱发表意见,就事论事,不可言过其实,否则变成溜须拍马、效果反而不好。

(3) 贵于自然,赞美对方于无形之中,使对方不觉得我们在赞美他。

(4) 适可而止,见好就收,见不好也收。

比如说:"您白手起家,企业规模发展得这么大,真是不容易啊。"

"您是职业女性,又要上班,又要带孩子,家里还井井有条,真是不简单啊。"

4. 建立同理心

在人与人之间的沟通中,"同理心"始终扮演着相当重要的角色,"同理心"指能易地而处、切身处地理解他人的情绪,感同身受地体会身边人的处境及感受,并可恰当地回应其需要。由此,站在对方的角度来分析,在金融产品销售中,"同理心"就是站在广大客户的立场上,同情、理解、关怀客户,接受客户的内在需求,并感同身受地予以满足,从而最大程度地满足客户的需求,使客户感到营销人员是和自己站在一起的。合理地运用"同理心"能够让营销人员在判断客户决策路径的过程中,充分地认知客户的情绪、感受及需要,最终形成以客户需求为导向的销售模式。建立深层次的同理心要做到以下几点:

(1) 站在客户的角度,将心比心,把自己放在客户的位置,体验客户的处境。

(2) 专心倾听客户讲话。专心地倾听客户的谈话,不时加以回应,可以让对方觉得被尊重,觉得找到了知音。

(3) 能正确辨识客户的情绪。营销人员要善于观察客户的非语言性的动作,从中可以解读客户心底深处的想法。

(4) 能正确解读客户说话的含义,从客户的话语和表情中理解客户真实的想法。

比如,对客户的处境的理解:"我和您差不多年龄,很能理解您的处境,上有老,下有小,在单位又是骨干,身上的担子不轻啊。"对客户对保险行业的误解:"我很能理解您的想法,早些年保险市场是比较乱,使人有受骗的感觉,但现在随着国家监管力度的增强,保险市场也越来越规范。""这是我们与银行合作的产品,受到更强的监管,您尽管放心!"

5. 真诚的态度

在营销人员刚刚与客户接触时,客户都会怀有一种戒备的心理,出于安全的考虑,往往会将自己的真实情感隐藏起来,只有真诚地对待客户,才能使客户放下戒备心理,对营销人员敞开心扉,营销人员才能从客户那里获得真实的信息,才有机会发掘客户的需求,客户才会放心购买其销售的产品。因此,客户不仅关心产品的价格、质量,更关心营销人员的人品。营销人员如果表现得过于精明,甚至耍花招,会给客户不安全感,更谈不上向客户销售产品。以诚相待,就必须开诚布公。营销人员应该主动、坦诚地向客户提供自己一方的情况,否则,客户不可能跟你积极合作的。只有你首先表现出你的真诚,才能引导客户采取同样的态度。因此,开诚布公,态度诚恳,公开自己的立场和目标,适当地流露出自己的感情、希望和担心,会消除对方的戒备之心。

6. 良好的专业能力

客户购买产品,也希望得到专业的服务。尤其是金融产品,专业性较强。如果营销人员能够具备卓越的专业能力不仅能够为客户提供良好的服务,也能赢得客户信任。营销人员所必须具备的专业能力包括自己的产品、服务和企业状况,竞争对手的产品、服务、企业状况以及行业状况等。尤其对于自己所销售的产品,营销人员不仅应当非常了解、熟悉,知悉其相对于竞争对手的优势,即独特卖点 USP,同时一定要很清楚自己的产品在客户那里是如何被使用、如何帮助客户创造价值的,这样才能帮助客户做决策,提高客户运用自己的产品解决实际问题的能力。一旦树立起专家形象,就更加容易赢得客户的信任。

专业能力获得的途径包括以下四个方面。

(1)通过接受公司的岗前培训获得。如今很多金融企业都为员工提供了完善的培训,员工可以通过培训提高自己的专业能力。

(2)通过阅读获得,如浏览公司的网站,阅读产品说明、公司内刊、媒体的相关报道等。

(3)通过与同事、同行沟通获得。

(4)通过亲身体验、亲自使用获得。

12.4　挖掘客户需求

12.4.1　什么叫需求

需求是客户尚未被满足的消费欲望。客户购买产品不是因为产品有多好,而是因为产品满足了他们的需求,所以为了让销售更有针对性,更有效率,满足客户真正的需求,我们需要好好挖掘客户需求。

12.4.2　需求的分类

消费者需求按其是否在购买行为中表现出来分为显性需求和潜在需求。

显性需求是指消费者意识到,并有能力购买且准备购买的有效需求,比如客户可能会直接说出:我需要办理一张定期存折。对于显性需求,企业较容易把握。

隐性需求是指消费者没有直接提出、不能清楚描述的需求。这种需求往往是模糊的,是需要引导的。企业要激发消费者的隐性需求,要更了解和体会客户才能更好地满足消费者的隐性需求。比如客户会说:我需要理财,不知道哪些理财产品适合我。甚至有时客户自己都没有意识到自己的隐形需求。

显性需求和隐性需求的联系如下:

(1)不明显性。

隐性需求不是直接显示出来的,而是隐藏在显性需求的背后,必须经过仔细分析和挖掘才能将其显示出来。隐性需求来源于显性需求,并且与显性需求有着千丝万缕的联系。

（2）延续性。

在很多情况下，隐性需求是显性需求的延续，满足了用户的显性需求，其隐性需求就会提出。两者需求的目的都是一致的，只是表现形式和具体内容不同而已。

（3）依赖与互补性。

隐性需求不可能独立存在，它必须依赖于显性需求，离开了显性需求，隐性需求也就自然而然地消失了。同时，隐性需求和显性需求之间又是互为补充的，也就是说，隐性需求是为了弥补和完善显性需求的不足而存在的，它可使需求目标更好地实现。

（4）转化性。

是指以用户的显性需求为基础，通过与用户交流，可以启发用户将隐性需求转化为新的显性需求。

12.4.3 挖掘客户需求方法

为了更好地销售产品，除了满足客户的显性需求以外，还要最大限度地挖掘客户的隐形需求。而挖掘客户需求的基础就是尽可能多地掌握客户的资料。正确的发问及有效倾听是最佳办法。

1. 正确的发问

1）封闭式提问

封闭式提问是指提出答案具有唯一性，范围较小，有限制的问题，对回答的内容有一定限制，提问时，给对方一个框架，让对方在可选的几个答案中进行选择。一般可以用可以用"是"或者"不是"，"有"或者"没有"，"对"或者"不对"等简单词语来作答。这样的提问能够让回答者按照指定的思路去回答问题，但难以得到问句以外更多的信息材料，且具有较强的暗示性，不利于真实情况的获得。在会谈中，封闭式提问可以引导客户，是必要的，但不宜多用，因为它不利于获得更多信息。封闭式提问要多和其他类型的提问配合使用。

例：请问您有过基金投资的经历吗？

请问您每月既要还贷又要养家觉得压力大吗？

2）开放式提问

开放式提问是指提出比较概括、广泛、范围较大的问题，对回答的内容限制不严格，给对方以充分自由发挥的余地。开放式提问能够创造宽松的谈话氛围，使客户畅所欲言时，从而为营销人员提供更多的信息。如果问了很多封闭式的问题，这会给客户造成一种压力，同时也不利于自己对信息的收集。所以在前期了解客户的需求时，应多问一些开放式的问题，以便让客户能够自由、毫无拘束地说，这样才更有可能使你从中获得有用的信息，找到新的商机。

例：将来在投资方面有什么打算？

对孩子十年后的教育资金，您有什么样的规划？

3）主动发问

营销人员在开场白之后应主动地进入发问阶段，为自己的销售创造主动权，同时也易于收集客户的真实信息。信息是挖掘需求的基础，信息收集得越多，越有利于深度挖掘需求。例：

请问您多大年龄？

家庭有几口人？

近 5 年有什么打算？

4）连贯发问

发问时要注意问题的连贯性,通过相连贯的问题了解客户的现状并挖掘客户的潜在需求,先问简单的问题,再问复杂的问题,根据客户的回答逐个深入。这样就比较容易全面地收集到信息。我们看看以下这个示范。

基金营销人员:张先生,您在知名外企上班,收入不错,应该不是"月光族"吧?

客户:呵呵,说实话,我还真是"月光族"。其实我自己也不知道把钱用到哪里去了。平时外出吃饭、朋友聚会、逛逛商场,钱就用完了。

基金营销人员:我很理解您,刚参加工作时我也这样。您有没有考虑过将来买房、结婚啊?

客户:父母会支持一部分,当然,也不能完全依靠他们。

基金营销人员:那您有没有做一些股票投资呢?

客户:股票玩过一段时间,感觉要花很多时间,而且自己在这方面不在行,风险太大,还是存银行简单。

基金营销人员:看来您是个稳重的人。您这么年轻,可以适当的承受一些风险,可以使家庭财产快速增长。至于您说的问题,通过购买基金完全可以解决。(介绍产品)而且我们的基金定投特别适合您这种情况。

2. 有效的倾听

在销售中,"听"比"说"更重要,应该把大部分时间让客户进行自由的表达。然而在实际沟通中,并不是人人都能做到有效倾听。认真倾听,可以听出需求、听出问题、听出疑虑,客户不经意的一句话都可以让营销人员获取更多的信息。客户听得不够认真会影响客户情绪;听得不清楚,会误解客户的意思。倾听和一般意义上的听有很大不同,我们需要不断修炼倾听的技巧。

有效倾听的技巧如下:

(1)站在客户的立场,真诚地了解客户的问题,关心客户所面临的困难,尽快让客户解除防备心理逐渐接受你、信任你。

(2)使用积极的肢体语言,可以把"倾听"理解为"倾斜着身子,面向客户仔细听",同时你要对客户的表述做出适当的反应,如点头、微笑、向前倾身等。

(3)摘要复述客户的话意,适时重复他的话,表示完全的了解和尊重;必要的赞扬、赞同和理解可以提升交流的融洽度。

(4)观察客户的肢体语言与表情,判断客户话语的真实含义从而把握销售的主动权。

(5)适当做笔录,适当记录可以体现出你的专业形象和认真、负责的态度。

3. 通过提问需获得的信息

1）判断客户的资格

根据自己的销售目标,向客户提出一些特定的问题,通过对方的回答来确定他究竟是不是符合你的目标客户。例如,销售银行的信贷产品可以通过向客户提出有关经营状况、产品状况、财务状况等问题判断客户的风险状况,从而确定客户是否为银行的目标客户。

2）客户对金融服务的需求

根据客户表现的需求意向,用封闭式的提问的方式来进一步明确客户的需求,并尽可能多地获得其他所需的信息。提问的问题可以是:保险的费率和理赔的速度,哪一点对您来讲最重要呢? 为什么?

3）决策

用委婉的口气提问,确定客户方的决策人是谁。要让客户乐于回答你的问题,直截了当地问客户"您负责这件事儿吗?"显然这并不是一种好的提问方式。如果您换一种方式问:"除了您之外,还有谁参与这个决策呢?"客户觉得自己受到重视,事情的进展自然就会相对顺利一些。

4）预算

为了能成功地推销出自己的产品,你要了解客户方的预算。如果客户的预算较低而你却需要向他推销高档产品,成功的概率相应地就会很低,反之亦然。这里可能会有一些困难,因为客户一般都不愿意把他的预算是多少告诉你,你可以从其他的项目谈起,逐步地诱导其透露一些预算的问题。

5）向客户提供自己的信息

用恰当的方式把有利于自己的信息传递给客户,让客户感到购买你的产品是一个正确的决定,提高客户的满意度,这些对你日后的销售工作也可能会有很大的帮助。

请看以下示范:

保险销售人员:关于家庭保障计划,我想请教一下王先生的想法,您可以谈谈吗?（亲切地注视着对方）

客户:是这样的。我和我爱人都是私企里面的普通职员。

保险销售人员:嗯（点头）

客户:我们的工资现在还算可以,但估计以后的退休金不太高。

保险销售人员:是这样的。（点头）

客户:将来的养老一定得有保障。我儿子今年5岁了,他将来肯定得上大学,这些钱肯定得尽早计划。

保险销售人员:是的,孩子的教育基金必须得考虑。（点点头）

客户:还有我父母,尽管有退休金,可是我母亲有严重的心脏病,常年吃药。

保险销售人员:哦（轻声,表情严肃）

客户:所以这也得花钱啊。我的工资尽管不低,可开销也大,存不下钱来。我的工作压力也大,如果哪天发生点以外,一家人可怎么过啊。

保险销售人员:王先生真是方方面面都考虑到了。您放心吧,我一定给您制定一份完美的家庭保障计划,解决您这些顾虑。

12.5　异议处理

从接近客户、调查、产品介绍、示范操作、提出建议书到签约的每一个销售步骤,客户都有可能提出异议;营销人员如果懂得异议处理的技巧,就能冷静、坦然地化解客户的异议,每化解一个异议,就摒除与客户一个障碍,就越接近客户一步。因此,销售是从客户的拒绝开始的。

12.5.1　什么是客户异议

客户异议是在销售过程中,客户对销售人员的不赞同、提出质疑或拒绝。

12.5.2　异议的种类

有三类不同的异议,必须要辨别。

1. 真实的异议

客户表示目前没有需要或对你的产品不满意或对你的产品抱有偏见,例如,"我目前没有投保的需求。""这种理财产品收益太低了。"

2. 假的异议

假的异议是指客户用借口、敷衍的方式应付销售人员,目的是不想诚意地和销售人员会谈,不想真心介入销售的活动。"我没有空"或者客户提出的异议并不是他们真正在意的地方,如"你们的信用卡外观不够时尚"等,虽然听起来是一项异议,但不是客户真正的异议。

3. 隐藏的异议

隐藏的异议指客户并不把真正的异议提出,而是提出各种真的异议或假的异议;目的是要借此假像达成解决隐藏异议的有利环境,例如,客户希望降价,但却提出其他如品牌、风险等异议,以降低产品的价值,而达成降价的目的。

12.5.3　异议产生的原因

异议有的是因客户而产生,有的是因销售人员而产生。了解异议产生的各种可能原因时,能帮助自己更冷静地判断出异议的原因,针对原因处理才能化解异议。

1. 原因在客户

客户方面提出异议的原因可能有以下几种:

(1)拒绝改变。比如,没有接受保险观念的人,要从目前可用的所得中,拿出一部份购买未来的保障,就容易拒绝。

(2)当客户情绪正处于低潮时,没有心情进行商谈,容易提出异议。

(3)客户的意愿没有被激发出来,没有能引起他的注意及兴趣。

(4)客户的需要不能充分被满足,因而无法认同你提供的商品。

(5)客户预算不足会产生价格上的异议。

2. 原因在营销人员本人

(1)营销人员无法赢得客户的好感。

(2)营销人员的举止态度让客户产生反感。

(3)营销人员做了夸大不实的陈述。

(4)营销人员为了说服客户,往往以不实的说辞哄骗客户,结果带来更多的异议。

(5)使用过多的专业术语,销售人员说明产品时,若使用过于高深的专业知识,会让客户觉得自己无法使用,而提出异议。

(6)营销人员引用不正确的调查资料,引起客户的异议。

(7)不当的沟通。

(8)展示失败。

12.5.4　处理异议的原则

1. 事前做好准备

营销人员要对公司的情况、所要销售的产品进行深入学习,尤其是比较复杂的金融产品。

对客户可能会提出的异议列出来,考虑一个完善的答复。比如保险营销人员就应该预测到客户可能提出的异议有关于支付的异议(如我刚刚买了房,手头比较紧)、关于保险产品的异议(如很多人说买保险不如存银行)、关于需求的异议(如单位给我们缴纳的社会保险挺全面的,我不需要保险)、关于信用的异议(如要是你们保险公司倒闭了怎么办)和拖延的异议(如不急让我再考虑考虑)。面对客户的拒绝事前有准备就可以胸中有数,从容应付;事前无准备,就可能张惶失措,不知所措;或是不能给客户一个圆满的答复,说服客户。因此,很多金融企业在推出新产品之前对营销人员进行培训是非常必要的。

2. 选择恰当的时机

对客户提出的异议不仅需要给予一个比较圆满的答复,而且要选择恰当的时机进行答复。有些异议需要在客户异议尚未提出时解答,这样可使销售人员争取主动,先发制人,从而避免因纠正客户看法,或反驳客户的意见而引起的不快。有些异议提出后立即回答,这样既可以促使客户购买,又是对客户的尊重。有些异议需要过一段时间再回答,比如异议超出了自己的解答范围,为了对客户负责,需要请教或请示别人。

3. 永远不和客户争辩

不管客户如何批评我们,销售人员永远不要与客户争辩,因为,争辩不是说服客户的好方法,与客户争辩,失败的永远是销售人员。一句销售行话是:"占争论的便宜越多,吃销售的亏越大"。

4. 销售人员要给客户留"面子"

销售人员要尊重客户的意见。客户的意见无论是对是错,是深刻还是幼稚,销售人员都不能表现出轻视的样子,销售人员要双眼正视客户,面部略带微笑,表现出全神贯注的样子。对于客户的错误,销售人员不能语气生硬地对客户说:"您错了"、"连这您也不懂";而应该先对客户表示理解。如"您这么认为可以理解,但是……"等语句引导客户。

12.5.5 客户异议处理技巧

1. 忽视法

所谓"忽视法",顾名思义,就是当客户提出一些反对意见,并不是真的想要获得解决或讨论时,这些意见和眼前的交易扯不上直接的关系,你只要面带笑容地同意即可。

忽视法常使用的方法如微笑点头,表示"同意"或表示"听了您的话"。

"您真幽默"!

"嗯!真是高见!"

客户:"你们对 VIP 客户能够提供××服务就更好了。"

销售:面带微笑"你说的对,我会向上面转达您的建议"。

2. 补偿法

当客户提出的异议,有事实依据时,你应该承认并欣然接受,强力否认事实是不智的举动。但记得,你要给客户一些补偿,让他取得心理的平衡,也就是让他产生两种感觉:产品的价格与售价一致的感觉;产品的优点对客户是重要的,产品没有的优点对客户而言是较不重要的。

世界上没有一样十全十美的产品,当然产品的优点越多越好,但真正影响客户购买与否的关键点其实不多,补偿法能有效地弥补产品本身的弱点。

补偿法的运用范围非常广泛,也很具有实际意义。

客户:"你们的理财产品收益率太低了。"

销售:"这是一款保本型的理财产品,它的收益的确不高,但风险很小,无论如何都不会损失本金"。

3. 太极法

太极法取自太极拳中的借力使力。澳洲居民的回力棒就是具有这种特性,用力投出后,会反弹回原地。

太极法用在销售上的基本做法是当客户提出某些不购买的异议时,销售人员能立刻回复说:"这正是我认为您要购买的理由!"也就是销售人员能立即将客户的反对意见,直接转换成为什么他必须购买的理由。

例:客户:"收入少,没有钱买保险。"

销售人员:"就是收入少,才更需要购买保险,以获得保障。"

4. 反问法

反问法:客户提出类的异议,销售员就题反问顾客。让客户重新审视自己提出的异议的合理性。

例:客户:"你们要再下降五个点"。

销售:"您一定希望得到百分之分百的服务,难道你希望得到的服务也打折吗?"

5. 以退为进法

从人的心理来讲,当自己的意见被别人直接反驳时,内心总是不痛快,甚至会被激怒,因此,销售人员最好不要开门见山地直接提出反对的意见。在表达不同意见时,先用对客户的观点表示理解,或者同意客户的部分意见,软化口气,再表达在另外一种情况,询问客户是否这样比较好。

例:潜在客户:"这个金融产品的起点金额太大了,不是我马上能支付的。"

销售人员:"是的,我想大多数的人都和您一样是不容易立刻支付的,如果我们能配合您的收入状况,在您发年终奖金时,多支一些,其余配合您每个月的收入,采用分期付款的方式,让您支付起来一点也不费力。"

6. 直接反驳法

在"是的……如果"法的说明中,我们已强调不要直接反驳客户。但有些情况您必须直接反驳以导正客户不正确的观点。

例如:客户对企业的服务、诚信有所怀疑时。

客户引用的资料不正确时。

出现上面两种状况时,你必须直接反驳,因为客户若对企业的服务、诚信有所怀疑,你拿到订单的机会几乎可以说是零。例如,保险企业的理赔诚信被怀疑,你会去向这家企业投保吗?如果客户引用的资料不正确,你能以正确的资料佐证你的说法,客户会很容易接受,反而对你更信任。

例:客户:"我朋友说你们的保险产品理赔很困难。"

营销人员:"您的朋友肯定是误解了,他是在什么情况下申请理赔的? 我们的理赔程序是…… 在×个工作日内就可以完成!"

12.6 促 成

在推销过程中,促成交易是一个特殊的阶段,它是整个推销工作的最终目标,其他阶段只是达到推销目标的手段。没有成交,推销人员所做的一切努力都将白费。因此,营销人员应该具有明确的推销目标,千方百计地促成交易。

12.6.1 促成的含义

促成交易是指营销人员通过推销说明等工作激发起客户就购买商品或服务一事,做出肯定的购买决策。

作为推销过程中最重要的一个步骤,促成交易的重要性是不言而喻的。"如果没有卖掉,那就意味着什么也没发生。"这句话在商界非常有名,它说明成交是任何商业活动的中心。但对许多推销人员来说,它也许是最大的一个绊脚石。有些推销员,尤其是缺乏经验的推销员,把推销说明做得很突出,处理顾客异议的技巧也相当高明,但是却没有认识到可进行试探促成交易的所有重要信号,以致失去了成交的良机。

12.6.2 促成交易的信号

购买信号是指客户在语言、表情、行为等方面所泄露出来的打算购买的一切暗示或提示。在实际推销工作中,客户为了保证自己所提出的交易条件,取得心理上的优势,一般不会首先提出成交,更不愿主动、明确地提出成交。但是客户的购买意向总会通过各种方式表现出来。对于推销人员而言,必须善于观察客户的言行,捕捉各种购买信号,及时促成交易。

客户表现出来的购买信号主要有语言信号、行为信号、表情信号等。

1. 语言信号

顾客通过询问使用方法、价格、售后服务、支付方式、新旧产品比较、竞争对手的产品及市场评价、说出"喜欢"和"的确能解决我这个困扰"等表露出来的购买信号。以下几种情况都属于购买的语言信号:

(1)客户对产品或者营销人员的服务给予一定的肯定或称赞。

(2)询问产品的细节,如缴费方式、收益情况、对账单的寄送等。

(3)表示自己有支付能力。

(4)对某一种金融产品特别感兴趣,并再三关心它的优点和缺点。

(5)征询家人意见或与家人低声商量。

(6)真心认同营销人员的观点。

(7)询问优惠政策或进行讨价还价。

语言信号种类很多,营销人员必须具体情况具体分析,准确捕捉语言信号,顺利促成交易。

2. 行为信号

通过客户的行为我们可以发现许多客户发出的购买信号,因此作为一位营销人员应尽力使你的客户成为一位参与者,而不是一位旁观者。在这种情况下,通过你的细心观察,你就会很容易发现购买信号。当你捕捉到了购买信号时,再稍做努力就可以成交了。促成的行为信号有:

（1）反复、仔细地翻看产品资料。

（2）关注营销人员的话语及动作并不住点头。

（3）排除干扰（如把电视机声音调小）以认真倾听营销人员讲话。

（4）坐着的姿态由前倾转为后仰，身体和语言都变得轻松。

（5）时而看着营销人员，时而看着产品资料。

（6）从滔滔不绝突然变得沉默不语。

（7）不再提问，而进行思考。

3. 表情信号

从客户的面部表情和体态中所表现出来的一种购买信号，如微笑、下意识地点头表示同意你的意见、神色活跃、对产品表示关注等。例如，一位保险推销员，在给顾客讲述一个充满感情的、很有说服力的、第三者的故事时，竟让对方忍不住双目含泪。

客户的语言、行为、表情等表明了顾客的想法。营销人员可以据此识别客户的购买意向，及时地发现、理解、利用顾客所表现出来的购买信号，促成交易。促成的表情信号有：

（1）皱着眉头，好像很难做出选择似的。

（2）表情由冷漠、深沉转为自然、亲切、随和。

（3）眼睛转动由慢变快、眼神发亮而有神采。

（4）由若有所思变得明朗轻松。

（5）抿紧的嘴唇放开并直视营销人员。

（6）听介绍时眼睛发亮。

12.6.3　促成的时机

把握成交时机，要求推销人员具备一定的直觉判断与职业敏感。一般而言，下列几种情况可视为促成交易的较好时机：

（1）当客户表示对产品非常有兴趣时。

（2）当营销人员对客户的问题做了解释说明之后。

（3）在营销人员向客户介绍了推销品的主要优点之后。

（4）在营销人员恰当地处理客户异议之后。

（5）客户对某一推销要点表示赞许之后。

（6）在客户仔细研究产品、产品说明、报价单、合同等情况下。

下面是一个保险营销人员捕捉促成信号的案例。

保险营销人员：“张总，如果按照我给您的这个计划投保，您可以获得（具体保障说明）。”

客户：“是这样啊，那你们的理赔办理需要多长时间啊？”（询问细节，这是一个购买信号）

保险营销人员：“……”

客户：“能不能再优惠一些？”（询问细节，又是一个购买信号）

保险营销人员：“这已经是我可以给的最大的优惠了，张总，您也知道，保险产品不同于其他产品（具体说明理由）”

客户：“好的，让我想想。”（说完，仔细翻阅保险计划书，陷入沉思，又是一个购买信号）

保险营销人员：（耐心等待20秒钟，如果客户仍然没有继续询问的意思，就可以主动出击了）“张总，我都跟您联系一年多了，您自己也知道保险的重要性，早一天投保，早一点享受保障,您就别犹豫了。这个计划是我根据您的情况为您量身定制的。如果您没有其他什么疑问,我就帮您填保单了。"

客户:"好的,把保单给我看一下。"(又是一个购买信号)

保险营销人员:"好的。"

保险营销人员将保单交给客户,在必要的地方进行了讲解,之后,客户在保单上签了字。保险营销人员成功拿下了这一单生意。

12.6.4　促成的方法

1. 假定成交法

假定成交法又称假设成交法,是指营销人员在假定顾客已经接受推销建议,同意购买的基础上,通过提出一些具体的成交问题,直接要求顾客购买产品的一种方法。采用此种方法来促成交易,要求营销人员始终有这样的信念:准顾客将要购买,而且也一定会购买,通过接近了解到顾客确实有这种购买需要,也有购买能力,既然是对双方都受益的事情,准客户没有理由放弃这样的机会,对自己也充满了的信心,密切注意顾客所发出的购买信号,以及时地、主动地提出成交的假定,如果客户不表示反对,交易就可达成。

例:在客户发出购买信号后,营销人员对客户说:"这款基金产品非常适合您的情况,我来帮您开个户。"

"麻烦您把身份证给我一下,我来帮您填好保单,明天就能上报核保,您可以尽早拥有一份保障了。"

假定成交法的优点是节省推销时间,效率高。它可以将推销提示转化为购买提示,适当减轻顾客的成交压力,促成交易。

假定成交法也有一定的局限性。这种方法以推销人员的主观假定为基础,不利于顾客做出自由选择,甚至会令其产生反感情绪,破坏成交气氛,不利于成交。所以,在使用这种方法时,要注意下列几点:

(1)应适时地使用假定成交法。一般只有在发现成交信号,确信客户有购买意向时才能使用这种方法,否则会弄巧成拙。

(2)应有针对性地使用假定成交法。使用这种方法时,推销人员要善于分析顾客。一般地说,依赖性强、性格比较随和的客户以及老客户,可以采用这种方法。但对那些自我意识强,过于自信的客户,则不应使用这种方法。

2. 选择法

选择成交法是指推销人员向顾客提供两种或两种以上购买选择范围,并促使客户在有效成交范围能进行成交方案选择的一种成交方法。它是假定成交法的应用和发展,仍然以假定成交理论作为理论依据,即营销人员在假定成交的基础上向客户提出成交决策的比较方案,先假定成交,后选择成交。客户不在买与不买之间选择,而只是在不同产品之间做出选择,使客户无论做出何种选择,导致的结局都是成交。

例:"每年的红利是寄到您家呢还是寄到您办公室?"

"关于这份保单的保费您是选择20年缴呢还是10年缴呢?"

3. 请求成交法

请求成交法又称之为直接成交法,这是销售人员向客户主动地提出成交的要求,直接要求客户购买销售的商品的一种方法。这种方法很讲究使用的时机。一般来说有以下几种：

（1）营销人员很了解老客户的需要，而老客户也曾接受过推销的产品，因此老客户一般不会反感营销人员的直接请求。

（2）若客户对推销的产品有好感，也流露出购买的意向，发出购买信号，可又一时拿不定主意，或不愿主动提出成交的要求，营销人员就可以用请求成交法来促成客户购买。

（3）有时候客户对推销的产品表示兴趣，但思想上还没有意识到成交的问题，这时营销人员在回答了客户的提问，或详细地介绍产品之后，就可以提出请求，让客户意识到该考虑购买的问题了。

（4）客户提不出新的异议时，当客户已经提不出新的异议，想买又不便主动开口时，推销员可利用直接请求法，以节约时间，结束推销过程。

例："既然您对这款理财产品的收益率这么满意，现在手头有余钱，可以多买一些啊。"

4. 从众成交法

从众成交法是指推销人员利用顾客的从众心理，促使顾客立即购买推销品的一种成交方法。

日常生活中，人们或多或少都有的从众心理，从众心理必然导致社会趋同的从众行为，因而顾客在购买商品时，不仅会按照自身需求来选购推销品，而且也要考虑社会上对此种推销品的行为规范和审美观念，甚至在某些时候不得不屈从于社会的压力而放弃自身的爱好，以符合大多数人的消费行为。

从众成交法正是抓住人们的这一心理特点，力求创造一种时尚或流行来鼓动人们随大流，进而来促成交易的成功。

例：营销人员对客户说："王小姐，这种理财产品非常适合您这样的高级白领，你们公司好多人已经购买了"。

"这种团体险是专门为你们这样的公司开发的，是基本医疗保险的一个非常好的补充，你们同行业的 X 公司、Y 公司等都为员工购买了，很受员工欢迎呢。"

5. 利益汇总成交法

利益汇总成交法是销售员将所销的金融产品将带给客户的主要利益汇总，提供给客户，有利于激发客户的购买欲望，促成交易。但此办法必须准确把握客户的内在需求。

例："张先生，您的这份保障计划在缴费期内有充足的意外事故保障金，期满后又有一笔不菲的养老金，能够让您度过一个无忧的晚年。"

6. 小点成交法

小点成交法是指销售员通过解决次要的问题，从而促成整体交易的办法。牺牲局部，争取全局。小点成交法是利用了客户的成交心理活动规律。从客户购买心理的角度来看，购买者对重大的购买决策往往心理压力较大，较为慎重，担心有风险而造成重大损失，导致难以决断，特别是成交金额较大的交易。而在进行较小的成交决策时，心理压力较小，会较为轻松地接受营销人员的引荐，比起进行较大的交易决策要容易。然后再就"大点"方面达成协议，从而促成交易实现。

例："受益人写您妻子好吗?"

7. 最后机会法

最后机会法是指给客户提供最后的成交机会，促使购买的一种办法。如"这款基金产品的费率将在下周恢复原价。"当客户面临一种稍纵即逝的机会时,心理上产生一种"机会效应",害怕失去某种利益,于是就把成交时的心理压力变成成交动力,促使他们成交。同时也伴随向客户在有限制条件的基础上提供一定的优惠条件而促成成交的一种方法。这种方法实际上是对顾客的一种让步,主要满足客户的求利心理动机。有利于巩固和加深买卖双方的关系,能够起到有效的促销作用。

8. 富兰克林成交法

富兰克林成交法最早是一名叫做"富兰克林"的美国人发明的。据说富兰克林做一件事情的时候有这样的一种习惯,取出一张纸,拿笔在上面画一条线,左边写上做这个决定的好处,右边写上做这个决定的坏处。应用这种方法,也可以在销售上达到很好的效果。

富兰克林成交法又称理性分析成交法,就是鼓励潜在客户去考虑事情的正、反面,突出购买是正确选择的方法。客户在面临作决定的关键时刻,总犹豫不决。这时你拿出一张纸,将购买产品的优点写在左边,不买这种产品的缺点写在右边,然后让客户一一分析优缺点。你就在一旁帮助顾客记忆优点,至于缺点就由顾客自理了。

你要承认这些缺点,但要以优点来淡化缺点,当顾客发现购买产品的优点多于缺点时,他就会买。

例:准保户犹豫时,处理完反对问题时

××先生/女士,有一个想法跟你分享一下。成功人士在作决定时都会进行利弊的分析。我们现在就来看一看,参加保险会有哪些好处呢?你也列一下。那么如果买了保险,会对你造成哪些负面的影响呢?

(如图所示,请在白纸上写下购买保险的 10 个好处,然后请准保户讲弊处,代理人不出声帮客户写下问题,只问除此之外还有吗?)

买保险的优点	买保险的缺点
1. 身故保障 10 万	
2. 医疗保障	
3. 伤残保障	1. 缴费太贵(以大化小)
4. 退休保障	2. 缴费期长(豁免)
5. 解决子女的教育费用	3. 提取不便(专款专用)
6. 急用时可领用现金	
7. 可以更改受益人	

9. 激将促成法

当客户已出现欲购买信号,但又犹豫不决的时候,营销人员不是直接从正面鼓励他购买,而是从反面用某种语言和语气暗示对方缺乏某种成交的主观或客观条件,让对方为了维护自尊而立即下决心拍板成交。争强好胜是人的本性,营销人员如果善于把握这一特点,在适当的时候使用激励的语言,激发客户的购买意愿,促使客户下定决心,也是促成签单的重要方法之一。但是,在使用该方法时,要注意分寸,不能伤害客户的自尊心。

例:"李总,这个计划书完全是根据您的财务状况制定的,以您的实力,这点钱肯定不成问题,而且像您这么顾家的人,相信也不会因为钱的问题而放弃对家庭的责任吧。况且这点钱对您来说不成问题。"

10. 故事成交法

故事成交法是指通过讲一个和客户目前状况紧密相关的故事,在客户听完故事后,引导其去思考、权衡,从而最终达成交易。这是巧妙地利用人们喜欢听故事的心理去说服客户。讲一些小故事,一来可以活跃一下气氛,二来可以引起客户的反思,三来故事可以为销售带来更强的信赖感。

故事成交法非常适合金融产品。

例:"我的一个客户几年前在我的介绍下买了××股票型基金。碰上这两年股市大涨,资金翻了几番。前不久家里装修,他把基金卖了,把家里装修得非常漂亮。"

故事成交法在保险行业可以得到更加有效的使用。客户普遍觉得,不幸的事情离自己很遥远,通过讲故事的形式可以让客户感觉到危机,进而认识到投保的重要性。保险营销人员应当注意搜集身边发生的故事。

例:这是一个保险营销人员的讲述。"有一天,我认识了一位从事律师工作的人,他给我留下了他的电话,让我有时间到他家去详谈。可是由于那些天我正好有事没有及时过去。20天过去了,我终于抽出空来。我打电话给他,是他太太接的,让我到他家去拜访。可是一进门,我就看到了他的遗像。原来5天前他在出差的路上遇到车祸不幸去世了。他太太还以为丈夫投保了,听说没有投保后失声痛哭。我太后悔了,如果我早点去他家拜访,他们一家人可能就会有更大的保障了。保险就是未雨绸缪,一旦发生意外,还可以给家人一个安慰,至少生活上暂时不会有太大的落差。"

12.7 客 户 维 护

以往在企业营销活动中,有相当一部分企业只重视吸引新客户,而忽视保持现有客户,使企业将管理重心置于售前和售中,造成售后服务中存在的诸多问题得不到及时有效的解决,从而使现有客户大量流失。然而企业为保持销售额,则必须不断补充"新客户",如此不断循环。这就是著名的"漏斗原理"。而实际上为争取这些新客户所花费的宣传、促销等成本显然要比保持老客户昂贵得多,从企业投资回报程度的角度考虑是非常不经济的。金融企业产品同质化程度高,产品生命周期短,营销策略和手段也大同小异,争取新客户越来越难,所以对客户进行维护和售后的服务非常必要。

12.7.1 客户维护的作用

1. 留住老客户可使企业的竞争优势长久

维护老客户有利于提高客户的满意度和忠诚度。可以使企业有机会深度挖掘客户需求,从而根据客户的需要而进行改善、优化和创新,并在技术和产品的强力支撑下,长期保持企业的竞争优势。

2. 留住老客户还会使销售成本大幅度降低

发展一位新客户的投入是巩固一位老客户的5倍。老客户的维护不仅成本低,而且见效快。对一个新客户进行营销所需费用较高的主要原因是,客户购买金融产品,往往是基于对企业品牌、专业性、服务等方面的信任,而这种信任的建立所需要花费的费用,远远高于一次性购买金融产品所带来的利润。许多金融企业,新产品推出以后,大部分的客户是老客户。因此,确保老客户的再次消费,是降低销售成本和节省时间的最好方法。

3. 留住老客户有利于发展新客户

老客户推销作用不可低估。因为对于一个有购买意向的消费者,在进行购买产品前需要进行大量的信息资料收集。其中听取亲友、同事或其他人亲身经历后的推荐往往比企业做出的介绍要更加为购买者相信。客户的口碑效应在于:1 个满意的客户会引发 8 笔潜在的生意,其中至少有 1 笔成交;1 个不满意的客户会影响 25 个人的购买意向。

4. 获取更多的客户份额

由于企业着眼于和客户发展长期的互惠互利的合作关系,从而提高了相当一部分现有客户对企业的忠诚度。忠诚的客户愿意更多地购买企业的产品和服务,忠诚客户的消费,其支出是随意消费支出的 2 倍~4 倍。而且随着忠诚客户年龄的增长、经济收入的提高或客户企业本身业务的增长,其需求量也将进一步增长。

12.7.2 做好售后服务

售后服务,是指金融企业把产品(或服务)销售给客户之后,为客户提供的一系列服务。在市场激烈竞争的今天,客户在选购产品时,不仅注意到产品本身,在同类产品的质量和性能相似的情况下,更加重视产品的售后服务。因此,企业在提供价廉物美的产品的同时,向客户提供完善的售后服务,已成为市场竞争的新焦点。只有向客户提供了满意的售后服务,才能提高客户的忠诚度,和客户保持长久的关系。比如,银行在客户开户后帮助客户掌握金融产品的使用方法,定期向客户寄送对账单。保险做好理赔工作,证券公司及时向客户提供各种资讯等,都是售后服务。

12.7.3 正确处理抱怨和投诉

金融企业经常会碰到客户抱怨的情况,一旦处理不好,就会导致不满和纠纷。但从另一个角度看,客户抱怨又是对服务效果最好的反馈信息,如果处理的好,甚至有可能提升客户的信任度。

1. 虚心接受客户的抱怨

站在客户的角度考虑问题,认同客户的感觉,尤其不能和客户争论。如果是企业或营销人员的原因导致客户投诉,就要勇敢地承认错误,不要辩解太多。太多的辩解会让客户怀疑你的诚意,也会引起客户更多的抱怨,不利于问题的解决。

例:客户:你们的理财产品的收益率根本没有当初承诺的那么高!

银行:您的心情我非常理解。这类理财产品是不能向客户承诺收益率的。可能是我们的工作人员没有解释清楚,使您产生了误解。这是我们工作的失误,我在这里向您道歉。

2. 反应迅速,立刻补救

如果想要有效地化解客户抱怨,应该在第一时间解决。如果无法马上解决,至少也要让客户看到解决问题的诚意;让客户知道目前的情况进展,那么即使处理过程有所延迟,他们也会接受。

如果投诉发生在服务完成之后,应该有一套快速反应机制,一些优秀的金融企业已经建立了 24 小时反应机制。即使在短时间内不能完全解决,也要对客户投诉作出快速的反应,让客户感到他是受到重视的,这非常重要。

3. 主动提出解决方案

在客户因为服务失误而遭受到时间和金钱的损失时,正确的做法是支付金钱或提供额外的服务给他们。补偿方式应该在做服务承诺前事先确定。不过,在许多情况下,客户最想得到的是道歉和承诺避免类似错误的再次发生,提出解决方案并争取客户同意。这时不但要问客户是否同意,还要问客户是否满意。如果问题的解决需要一定的时间,则应确立相应的跟踪机制,以保证问题得到解决。

例:客户:我的信用卡申请已经7天了,怎么还没有拿到?

银行:是吗?请稍候,我马上给您查一查。

银行:让您久等了。我刚才查到,你的信用卡申请资料还缺少一些材料。没有及时通知到您是我们工作的失误。非常抱歉。这样吧,一旦您材料补齐,我们立即为您进行审批手续。此外,我们还赠送您一件小礼品以示歉意。

4. 处理抱怨和投诉的步骤

第一阶段:聆听客户抱怨。以诚心诚意的态度来倾听客户的抱怨,并适当进行记录。

第二阶段:分析抱怨原因。如果是营销人员个人的原因或者是金融企业的原因,应当真诚地向客户进行检讨和道歉。如果是由于客户本身的疏忽或误解引起,也应该检讨自己是否能做到更好,帮助客户减少这些疏忽或误解。

第三阶段:找出解决方案。要及时确定解决方案,如果是自己职权之外才能处理的,应马上转移到其他部门处理。此时,接待人员仍然必须负起责任,直至有关部门接手处理。

第四阶段:把解决方案传达给客户。解决方案应该马上让客户知道,耐心加以说明和说服,使客户接受。

第五阶段:尽快实行解决方案。解决方案确定后,应尽快实行,以免使问题恶化。

第六阶段:检讨结果。为了避免同样的问题再度发生,有关人员必须分析原因、检讨处理结果,吸取教训,使未来同性质的客户抱怨减至最少,直至消失。

12.7.4　进行客户回访

客户回访是金融企业用来进行产品或服务满意度调查、客户消费行为调查、进行客户维系的常用方法,由于客户回访往往会与客户进行比较多的互动沟通,更是企业完善客户数据库,为进一步地交叉销售、向上销售做准备,认真的策划就显得尤为重要。

客户回访是客户服务的重要内容,做好客户回访是提升客户满意度的重要方法。客户回访对于重复消费产品的企业来讲,不仅通过客户回访可以得到客户的认同,还可以进一步创造客户价值。

1. 进行客户细分

在客户回访之前,要对客户进行细分。客户细分的方法很多,单位可以根据自己的具体情况进行划分。客户细分完成以后,对不同类别的客户制定不同的服务策略。例如,有的公司把要回访的客户划分为:高效客户(市值较大)、高贡献客户(成交量比较大)、一般客户、休眠客户等;有的公司从客户购买产品的周期角度判断客户的价值类别,如高价值(月)、一般价值(季度/半年)、低价值(一年以上)。对客户进行细分也可以按照客户的来源分类,例如,定义客户的来源包括:CALL IN、自主开发、广告宣传、老客户推荐等;也可以按客户的地域进行分类,如国外、国内,再按省份如山东、北京、上海等,再往下可以按地区或者城市分;也可以按客户的拥有者的关系进行管理,如公司的客户、某个业务员的客户。如果是公司客户也可将客户按其行业划分类型,如金融业、制造业、房地产业等。

客户回访前,一定要对客户做出详细的分类,并针对分类拿出不同的服务方法,增强客户服务的效率。总言之,回访就是为了更好地为客户服务。

2. 建立和运用数据库系统

为了提高效率,很重要的方法就是建立和运用数据库系统,例如,利用客户关系管理(CRM)中的客户服务系统来完成回访的管理。将所有客户资料输入数据库,如果可能,还要尽量想办法收集未成交客户的资料,并进行归类。无论是成交客户还是未成交客户,都需要回访,这是提高业绩的捷径。不断地更新数据库,并记录详细的回访内容,如此循环便使客户回访制度化。日积月累的客户回访将导致单位的销售业绩得以提升。

3. 明确客户需求

确定了客户的类别以后,明确客户的需求才能更好地满足客户。特别是最好在客户需要找你之前,进行客户回访,才更能体现客户关怀,让客户感动。

很多单位都有定期回访制度,这不仅可以直接了解产品的应用情况,而且可以了解和积累产品在应用过程中的问题。我们回访的目的是了解客户对我们的产品的使用情况,对我们单位有什么想法,继续合作的可能性有多大。我们回访的意义是要体现我们的服务,维护好老客户,了解客户想什么,要什么,最需要什么,是要我们的售后服务再多一些,还是觉得我们的产品应该再改进一些。实际上我们需要客户的配合,来提高我们自己的服务能力,这样才会发展得越来越好。

一般客户在使用产品遇到问题时、客户购买的产品有故障或需要维修时、客户想再次购买时是客户回访的最佳时机。如果能掌握这些,及时联系到需要帮助的客户,提供相应的支持,将大大提升客户的满意度。

4. 确定合适的客户回访方式

客户回访有电话回访、电子邮件回访及当面回访等不同形式。从实际的操作效果看,电话回访结合当面回访是最有效的方式。

按销售周期看,回访的方式主要有:

(1)定期做回访。这样可以让客户感觉到公司的诚信与责任。定期回访的时间要有合理性。如以产品销售出一周、一个月、三个月、六个月⋯⋯为时间段进行定期的电话回访。

(2)提供了售后服务之后的回访,这样可以让客户感觉公司的专业化。特别是在回访时发现了问题,一定要及时给予解决方案。最好在当天或第二天到现场进行问题处理,将用户的抱怨消灭在最小的范围内。

(3)节日回访。就是说在平时的一些节日回访客户,同时送上一些祝福的话语,以此加深与客户的联系。这样不仅可以起到亲和的作用,还可以让客户感觉到一些优越感。

5. 抓住客户回访的机会

客户回访过程中要了解客户在使用本产品中的不满意,找出问题;了解客户对本公司的系列建议;有效处理回访资料,从中改进工作、改进产品、改进服务;准备好对已回访客户的二次回访。通过客户回访不仅可以解决问题,而且能够改进公司形象和加深客户关系。

产品同质化程度很高的情况下,客户购回产品后,从当初购买前担心质量、价位,转向对产品使用中的服务的担心。所以在产品销售出后,定期的回访十分重要。

6. 利用客户回访促进重复销售或交叉销售

最好的客户回访是通过提供超出客户期望的服务来提高客户对企业或产品的美誉度和忠

诚度,从而创造新的销售可能。客户关怀是持之以恒的,销售也是持之以恒的,通过客户回访等售后关怀来增值产品和企业行为,借助老客户的口碑来提升新的销售增长,这是客户开发成本最低也是最有效的方式之一。开发一个新客户的成本大约是维护一个老客户成本的6倍,可见维护老客户是如何重要了。

实训:

保险销售实训

实训项目:保险销售面谈实训。

实训目的:掌握客户面谈的流程,知道做好哪些准备工作,掌握客户沟通的技巧,逐步掌握说服顾客的能力。

实训要求:到保险公司进行面谈销售实训。参加保险公司安排的产品培训及其他相关培训,选择合适的销售对象,按照约访—接触—挖掘需求—异议处理—促成的流程,进行销售。对每次面谈销售进行总结。填写《客户拜访记录表》。

客户拜访记录表

拜访客户公司名称/姓名:	
拜访性质(第几次拜访):	
拜访人:	拜访日期:
随行人员:	填表时间:
携带资料使用情况:	
拜访目的:	
客户或客户联系人及联系方式:	
客户公司概况/客户个人、家庭概况:	
客户已购买金融产品的情况和对其他金融产品的需求状况:	
客户有无购买欲望:	
客户对本公司及本公司产品的评价:	
拜访人对客户评价:	
下次拜访计划:	

任务十三　电话营销的技巧

【知识目标】
掌握电话营销的特点及做好电话营销应注意的关键点。

【能力目标】
能够运用所学方法和技巧进行金融产品电话营销的方案策划。

【素质目标】
能技巧性进行金融产品电话营销。

随着电话、手机等通信工具的普及,电话营销以其"便捷、高效率、低成本"的优势在各行各业迅速发展。近年来,电话营销在金融行业的使用越来越普遍。被广泛运用于保险产品、信用卡、理财产品等产品的销售当中。

13.1　电话营销的流程及其特点

和面谈销售一样,电话营销的流程分为接触(开场白)—探询和挖掘需求—异议处理—促成—售后服务五个阶段。与单纯进行电话约访不同,电话营销的整个销售过程都在电话当中进行,客户不能和销售人员见面,不能看见产品的销售工具,仅仅依靠声音传递信息。而且电话营销的整个过程时间很短,很少有时间留给销售人员思考。这些都给电话营销的进行带来了难度。因此,电话营销和其他营销方式相比,更加具有技巧性。

13.1.1　电话营销只靠声音传递讯息

销售人员只能靠"听觉"去察觉客户的反应并判断销售方向是否正确。同样地,客户在电话中也无法看到产品资料、销售人员的肢体语言、面部表情。一方面客户在了解产品方面缺乏直观性,另一方面客户只能借着他所听到的声音及其所传递的讯息来判断自己是否可以信赖这个人,并决定是否继续这个通话过程。

13.1.2　销售人员必须在极短的时间内引起准客户的兴趣

在电话营销的过程中,如果没有办法让准客户在20秒~30秒内感到有兴趣,客户可能随时终止通话,而不必像面谈一样顾及到情面。这样,销售人员就几乎没有挽回余地地失去了销售机会。

13.1.3　电话营销是感性的销售而非全然的理性销售

电话营销是感性销售的行业,销售人员必须在"感性面"多下功夫,先打动客户的心。在客户对销售人员产生好感及信任的基础上,再辅以理性的资料加以强化,这样才能达到良好的销售效果。因此,电话营销员一定要找到对方的兴趣点,与对方产生互动,才能更好地做好电话营销工作。

13.2　电话营销应注意的关键点

13.2.1　心态准备

电话营销是一项充满挑战性的工作,营销人员每天要遭遇无数的怀疑、拒绝,甚至有些顾客会非常地不礼貌。因此,没有良好的心态就无法胜任工作,更别提取得良好的销售业绩。首先要正确认识自己的工作。销售是帮助客户解决问题,通过解决问题,双方均获取价值。正确看待自己的工作,才会信赖赢得客户的信赖。第二,客户的拒绝和一定比例的销售失败是不可避免的,有时十几次甚至几十次失败才会迎来一次成功。所以销售人员一定要清楚,电话营销在一定程度上是概率的游戏,失败是正常的,必须克服畏惧心理,勇敢面对。坦然的面对拒绝并鼓起勇气再去尝试是一个销售人员必备的能力。具备积极地工作心态不仅能使自己进入良好的工作状态,而且能通过声音感染客户,提高销售的成功率。

13.2.2　声音准备

在电话销售中,只听其声,不见其人。声音不仅能够传达信息,也可以传达情绪、传达态度。因此,声音本身比它传递的信息能起到更重要的作用。首先,表现出亲和力,对于陌生客户而言,亲和力可以迅速拉近和客户的距离。第二,保持适度的热情,伸手不打笑脸人,热情的态度能通过声音传递给客户,在一定程度上能使客户接受销售人员的销售行为。保持热情的秘诀就是微笑。有些公司在员工的座位上放置一面镜子,目的就是让他们随时提醒自己保持微笑。但是,表现出热情一定要适度,尤其是对于尚且比较陌生的客户。如果过于热情反而会让客户警惕。第三,适当的语速也可以增强声音的感染力。语速太慢会使客户失去耐心,但如果语速太快,会影响发音的清晰度,而清晰的发音可以很好地充分表达自己的专业性。此外,过快的语速会给人一种压力感。第四,与主动去说相比,善于引导客户去说更加重要,这不仅是尊重客户的一种表现,而且还有利于收集客户信息、挖掘客户信息,为销售的成功打下良好的基础。一般来说,客户和销售人员说的时间一般分别保持在三分之二和三分之一。

13.2.3　准备名单

由于电话销售成本较低,一些金融企业采取按号段拨打、随机拨打等盲打的方法,不仅会引起客户的反感,而且会降低自身的信誉。现在有关的监管部门加强了监管,金融企业也要加强自律。首先金融企业可以采取正当的方式取得电话号码,并建立数据库,然后按照一定的标准对号码进行筛选,确保电话营销的对象是有关产品细分市场的目标客户群体。使电话营销工作更加有针对性。另外还要确保电话营销的对象具有购买的决策权,以免浪费时间和精力。

13.2.4　准备产品资料

在电话营销时,有时需要使用一些相关的产品资料,尤其是对于较为复杂的金融产品而言。在电话营销之前,应预计可能用到的产品资料并把它们放到手边。另外,销售人员还要熟悉资料,知道各项信息在资料中的位置,保证需要时能够很快找到。在电话营销中,让客户等待销售人员寻找资料是非常不专业的。

13.2.5 准备方案

由于电话营销的销售过程很短,在极短时间内要想达到全部营销目标并非易事。因此,事先准备好周密的方案,预测可能发生的各种情况并考虑好相应的对策,并且控制电话营销按照方案进行,这些都关系到电话营销的成败。

1. 分析客户

每一个类型客户因为所处的行业、性质、职位、年龄、所在城市,甚至当时的心情及遇到事情等的不同都会影响到其需求,所以我们就需要对客户进行比较深入的了解,从行业、地域、年龄、性别、个性等多种方面去考虑。在分析客户的基础上,销售人员才能采用适当的方法使客户产生信任,才能知道什么产品才能满足客户的需求并且用合适的方法推荐给客户。因此,在进行电话营销之前应尽可能多地掌握客户资料,这些是分析客户的基础。

2. 明确目的

目标明确才能有的放矢。目标就是通过电话营销所要达到的效果。由于销售人员和客户之间建立信任感要有一个过程,常常不能一次就达成目标,所以有时应将目标进行分解。电话营销所要达到的目标多种多样,对于新客户,电话营销的目标主要有:了解客户的需求、告诉客户本公司能够提供的产品和服务、让客户记住本公司、向客户销售产品和服务等。对于老客户,电话营销的目标主要有:近期是否有需求、对之前的产品和服务是否满意,能否介绍一些其他客户等。明确了目标以后才能有针对性地设计电话营销的脚本。

3. 挖掘客户需求,寻找产品与服务和客户需求的切合点

销售的进行必须建立在客户需求的基础上,为了销售产品,销售人员必须了解客户的详细需求,寻找他和产品的切合点,向客户强调"购买利益",以吸引客户。为了挖掘需求,电话营销行业广泛采用 SPIN 销售法。SPIN 销售法是情景性(Situation)、探究性(Problem)、暗示性(Implication)、解决性(Need-Payoff)四个英语词组的首位字母组成的合成词由四种类型的提问构成,每一种提问都有不同的目的。

(1) 有关现状的提问(Situation Questions)。了解有关客户组织与现状的背景信息。

(2) 有关问题的提问(Problem Questions)。发现和理解客户的问题、困难和不满。

(3) 有关影响之提问(Implication Questions)。发掘问题不解决将给客户带来的不利后果。

(4) 有关需求与回报之提问(Need-Payoff Questions)。取得客户对于解决问题后的回报与效益的看法,将讨论推进到行动和承诺阶段。

通过 SPIN 销售法,电话销售人员可以引发客户说出隐藏的需求,放大客户需求的迫切程度,同时揭示自己产品的价值或意义。使用该策略,销售人员还能够全程掌控长时间销售过程中客户细微的心理变化。

例:某保险公司的 SPIN 问题设计

情景性(Situation)问题:

问:您是做什么工作的?

问:您工作多久了?

问:您有几个小孩?

探究性(Problem):

问:您一定想让孩子读最好的学校吧?

问：那您是否为您的孩子准备了充足教育费用呢？

问：目前国内通货膨胀每年都达到3%以上，您认为仅仅是储蓄够吗？

暗示性(Implication)：

问：如果您的孩子有机会读更好的学校，而只是因为储蓄不够，您会不会很遗憾很自责呢？

问：如果使用您收入的30%来为孩子教育储蓄，会不会影响您现在的生活质量呢？

解决性(Need-Payoff)：

问：如果有一种理财方式既能够解决您孩子的教育问题，又不会影响您现在的生活质量，您会不会感兴趣呢？

4. 准备一些成功的案例

从众和攀比是每个人的心理趋势，有时利用一些实际案例可以增强生动性和说服力，比直接说服效果好得多。在电话营销中，案例要简单有力，与客户的情况相关联，在叙述案例时要强调它带来的价值和效益。

比如，如果希望向一位长期购买基金、没有想过做稳定型产品的客户销售稳定型产品，可以准备以下案例：

先前有一位客户是炒股高手，在股市赚了不少钱，但是一直都没有把钱分散在不同投资工具上，结果在二次的崩盘中，几乎把所有资金都赔光了，幸亏后来发现，他太太私下购置了一些稳健型的分红型保险，保障了他们一部分的资产，虽然获利不高，但总比全部亏损好。

5. 对可能提出的异议进行回应

在电话营销中，出现异议非常正常。不过，有些异议是客户的习惯抵抗反应，销售人员可以忽视；但如果是真的反对意见，一定要及时解决，让客户满意。对于客户的异议，销售人员应该视为加强信任的推进器。当销售人员圆满地处理每一个异议时，那么，客户的信赖程度自然会逐步加深。关于异议处理，本书已有专门章节讲述。

13.3　做　好　记　录

每一次打电话结束后，都要对电话的内容加以记录，记录的内容应该包括客户基本情况、同类产品的购买情况、对本公司产品的认可程度、与客户的沟通情况等，不仅为后续跟踪提供依据，而且可以积累经验教训，改进电话销售方案。

13.4　后　续　跟　踪

电话营销工作是一个累积的过程。在电话销售中，我们没有任何现实的身价证明，也没有出示任何的商业契约的情况下，仅仅是通过声音就让顾客建起强烈的信任，这无疑是件非常困难的事情。因此，一次电话就达到全部目的的情况是非常少的。这就需要销售人员持之以恒地加以跟进。首先要通过第一次电话来判断客户是否值得跟踪，这主要从客户对产品和服务的兴趣、需求以及是否有购买决定权和支付能力等几方面判断。其次，为了提高跟进的成功率，可以根据客户需求邮寄相关资料给他，预想客户可能提出的问题，想好如何回应。第三，为了加深客户的印象，可以以合适的频率向客户问候，和客户分享利益，比如促销信息等，等待销售机会的降临。因为经过首次电话收集信息，跟进的电话更加具有指向性，而客户和销售人员的熟悉和信任程度也在不断地累积,因此成功的几率更高,所以进行电话跟进比向陌生客户进行电话营销更加重要。

电话销售

实训项目:去某一个具体的金融企业的电销业务部亲身实践一次电销业务。

实训目的:了解电销部门的业务,进行电销实训。

实训要求:到金融企业电话营销部门,如银行信用卡电话营销部门(有些银行这类业务外包给专门从事金融产品电话营销的公司)、保险公司电话营销部门,进行电话销售实训。

(1) 参加部门提供的实训,根据部门提供的客户名单、按照电话营销的流程和规范,进行相应产品的电话营销服务。对每次电话营销进行总结。填写《电话销售记录表》。

(2) 按照部门的要求,对现有客户进行电话回访。

建议:由于电话营销和面谈销售的成功率较低,并且很多因素并非销售人员可控。因此,在短暂的实训期间可能会出现零成交。对此,老师和同学均要做好充分的心理准备。

电话销售记录表

客户公司名称/姓名:	
第几次电话:	
电话销售员:	电话销售日期:
资料准备情况:	
电话销售目的:	
客户或客户联系人及联系方式:	
客户公司概况/客户个人、家庭概况:	
客户已购买金融产品的情况和对其他金融产品的需求状况:	
客户有无购买欲望:	
客户对本公司及本公司产品的评价:	
电话销售员对客户评价:	
下次电话销售计划:	

任务十四　其他金融产品销售方式

【知识目标】

了解电子邮件营销、短信营销、博客营销和网络即时通信工具营销的方法和技巧。

【能力目标】

能够运用电子邮件营销、短信营销、博客营销和网络即时通信工具营销的方法和技巧进行金融产品销售的策划工作。

【素质目标】

能技巧性地运用这些方法进行金融产品销售。

【引导案例】

邮件营销助力基金理财

股市的红火,带动了基金进入了红火时代,但是基金产品同质化明显,基金公司之间的竞争加剧。基金公司除了通过旗下基金的业绩来吸引投资者外,越来越注重品牌形象的推广、新销售渠道拓展与以及电子邮件营销 EDM 营销推广。

如何利用邮件营销来进行基金以及理财产品的销售,或者说如何去说服消费者以及客户产生对某款基金产品的购买欲望。邮件营销平台最大的好处就是可以及时有效地处理好客户与公司的关系,所以在此方面应该说游刃有余。

1. EDM 营销目标

首先找到营销的目标,需要了解某类基金产品的覆盖范围是集中在哪些城市,覆盖的金额是多少,通过金额来判断覆盖人群的收入状况、文化学历以及购买的可能性,争取到最大的购买量。并且主要针对公司的客户进行一次问卷调查,通过交流来了解客户的习惯,发出购买基金的邀请。

2. EDM 方案设计

分析客户收入水平与投资习惯,通过以前积累的用户行为特征数据,以客户理财偏好关注度为分类标准,将所有客户分为八个类别,并制定了八套以基金为主的综合理财方案,建立一个定时发送任务,在活动的当天的凌晨 1 点左右,给客户发送过去。

通过商网 EDM 后台,对许可邮件的跟踪检测,打开率、点击率、回应率及停留时间等指标,较以前有大幅度提升,显示出一对一个性化沟通与顾问营销的威力。

通过对原有用户分类的继续再调整,将用户细分为几个小类,针对新基金感兴趣的小类又重新制定了基金的专门推介与介绍。在第一批邮件发出的第四天凌晨又进行了一次定时发送。这次的回馈率又上了一个台阶,并根据易智后台追踪到每一个用户,客户经理针对目标大客户展开了一对一的跟踪营销。

基金认购之前,基金公司就已经掌握了近乎准确的预售金额,包括老客户交叉销售金额、老客户推荐新客户销售金额、新客户销售金额,为认购作了充分的准备。

基金认购当天,效果空前的好,新客户大幅增长。最后,又利用商网 EDM 邮件营销系统(手机短信营销),对部分价值客户进行短信告知(需要在开始的订阅表单中增加电话联系方式选项)。一切都在基金公司的预料中进行,成功实现基金的全额认购。

当然此次营销的成功,有赖于此基金公司本身的品牌影响力和以往的业绩,同时与企业内部的营销团队的努力是分不开的。在整个营销的过程中传统媒体的广告投放与 EDM 营销的紧密配合,让企业真正做到了运筹帷幄、决胜千里的营销境界。

(资料来源:http://edm.ishang.net)

14.1　电子邮件营销(E-mail Direct Marketing) 技巧

如今,电子邮件是企业和现有客户沟通常用的渠道之一。在国内电子邮件营销的反应率很低,但是成本低、投递速度快、精准性和个性化易操作使得许多基金、证券等金融企业选择使用这种营销方式。但是做好电子邮件营销也并非那么简单,因为便宜而一网打尽式的邮件投放不仅不能收到理想的投资回报,甚至可能造成收信人的反感。要想得到收信人更多的关注和喜爱,电子邮件营销应借助于一些技巧。

14.1.1　EDM 优化

邮件营销是一种成本极低的营销方式,因此,几乎所有的邮箱都充满着垃圾邮件。人们对垃圾邮件的容忍度越来越低,主题行如果不能在 1.5 秒左右的时间里说服客户,他将不会为此花时间进行下一步动作。即使他们愿意为此进行下一步操作,打开邮件,也只有 5 秒钟的时间来决定邮件内容是否会被完整阅读。因此,优化邮件的内容,提高阅读率是电子邮件营销能否成功的重要因素。

1. 邮件要有明确的主题

电子邮件的主题是收件人最早可以看到的信息,邮件内容是否能引人注意,主题起到相当重要的作用。一般来说,邮件能否满足收件人的需求决定着收件人是否继续阅读邮件内容。例如,"小赵理财精华帖 20120104"、"老牛看财经 20110109"等。

2. 邮件内容能满足客户的需要

当总体思路确定之后,还需要对邮件内容进行认真的规划,尽管每一期邮件的内容都不同,需要在统一的指导思想下规划内容,做到内容连贯、针对性强,而不是每期邮件的内容完全相互独立,甚至没有任何相关性,向客户发送产品或服务信息必须满足客户的某种需求,这样才能引起客户的兴趣。主要方法有通过邮件列表、新闻邮件、电子刊物等形式,在向用户提供有价值信息的同时附带一定数量的广告。许可邮件营销比未经许可的 E-mail 营销具有明显的优势,有助于客户在网上寻找产品,减少广告对用户的滋扰,增加潜在客户定位的准确度,增进与客户的关系、提升客户品牌忠诚度等。比如发个实用的电子杂志、行业新闻或者是节假日的一些祝福问候,这样就可以提醒客户有这样一种金融产品存在,当他们想购买某种产品时,他们就会第一时间想到你。我们一旦有了新的金融产品,就可以通过邮件营销的方式向这些用户进行推广宣传。

3. 使邮件简洁

电子邮件应力求内容简洁,用最简单的内容表达出你的诉求点,如果必要,可以给出一个关于详细内容的链接(URL),收件人如果有兴趣,会主动点击链接的内容,否则,内容再多也没有价值,只能引起收件人的反感。而且,对于那些免费邮箱的使用者来说,因为有空间容量限制,太大的邮件肯定是被删除的首选对象。根据经验,每封邮件不宜超过 7K 字节。有些发件人为图省事,将一个甚至多个不同格式的文件作为附件插入邮件内容,自己省事了,却给收件人带来很大麻烦。由于每人所用的操作系统、应用软件会有所不同,附件内容未必可以被收件人打开。

4. 规范邮件格式

虽然说电子邮件没有统一的格式,但作为一封商业函件,至少应该参考普通商务信件的格式,包括对收件人的称呼、邮件正文、发件人签名等因素。这在一定程度上代表着公司的形象,给收件人留下一个良好的印象。

此外可以向客户发送专属邮件,该类邮件工作量较大,但是可以对高端客户进行营销;例如,"针对李志刚先生的资产建议函"提示该客户一些不合理的理财方式,存款到期如何转化等事宜。专属邮件让客户感到了尊重,因此被重视的可能性较大。

14.1.2　避免被当做垃圾邮件

由于电邮营销费用低廉,但也会导致垃圾电邮充斥。而电邮服务器也会配置垃圾邮件过滤功能,以保障收件箱不会被垃圾邮件淹没。不同的网站设置不同的垃圾邮件过滤系统,进行测试是很重要的,发送到不同的电子邮件地址以测试电邮是否被过滤,可以发送电子邮件到 Gmail、Hotmail 等电子邮件,看看是否会被标记为垃圾邮件,然后,可以作出相应的调整。

14.1.3　发送频率

研究表明,同样内容的邮件,每个月发送 2 次 ~ 3 次为宜。发送频率越高,收件人的印象就越深。过于频繁的"邮件轰炸",只会让人厌烦,如果一周重复发送几封同样的邮件,你肯定会被列入"黑名单",这样,你便永远失去了那些潜在客户。成熟的电子邮件营销计划必须确定好邮件发送频率,并严格执行,这有助于建立顾客信任度。

14.1.4　及时回复邮件

评价 E - mail 营销成效的标志之一是顾客反应率,有客户回应,当然是件好事,理应及时回复发件人。然而并非每个公司都能做到这一点。可以想象,一个潜在客户发出了一封关于产品的询问,一定在急切地等待回音,如果等了两天还没有结果,他一定不会再有耐心等待下去,说不定早就成了竞争对手的客户。

14.1.5　明确目标客户,整理邮件列表

未经许可的滥发邮件一方面效率低下,另一方面也不利于建立金融企业严谨的形象。金融企业一般都掌握着大量的客户信息,应当通过细分客户群、明确目标客户来高效地利用客户信息,比如根据客户的性质(个人和企业)、资产的数量、关系的远近对邮件列表加以归类,向客户发送含有针对性内容的电子邮件,这样才能提高阅读率。

14.1.6　对电子邮件使用效果进行分析

很多金融企业把每次的电子邮件营销作为单一营销活动来对待,完全没有对使用效果进行追踪。这样就永远不知道哪些客户对电子邮件营销的反应度高,哪一类型的电邮营销效果

好,每个客户一年收到多少封电子邮件。没有历史数据,也很难建立准确的营销活动反应模型,以达到降低成本并提高营销投资回报率。因此,每次电子邮件营销活动结束后,要对反应率、打开率、点击率和投资回报等指标进行分析并在数据库中进行记录。只有在不断尝试和学习的过程中,企业才能把握对自己客户最有吸引力、最能提高销售和利润的优惠和内容是什么,最佳投递的时机是何时,从而在竞争中胜出。

14.2 金融产品短信营销

【引导案例】

短信营销系统在证券行业的应用

证券业是一个服务性行业,券商之间的竞争其实就是服务的竞争,谁的服务质量好,谁的服务项目多,谁就能争取到更多的市场、更多的客户。面对越来越激烈的竞争,各个券商使出浑身解数,推出如透支、手续费返还等各种交易方式和手段来吸引客户。然而,这些都属于被动的服务方式,对于业余炒股的大多数中小户、散户来说,不可能每天花大量时间去及时了解股市的各种实时信息。证券公司主动地为客户提供一些信息服务,尤其是一些重要信息的通知,已经成为证券公司树立形象、加强客户关系管理的一个重要手段。

目前证券行业普遍面临的问题:

信息交流问题:信息传递的时间段集中、信息交互量大,交互次数频繁,难以实现数据集中以及实时交互管理。

资讯服务问题:股市行情多变,客户不便于随时随地及时准确地了解交易情况和信息。

业务中存在的具体问题及解决方案:

移动短信营销:

营销移动信息化主要针对企业内外之间、企业与客户之间的信息传递移动信息化,以更快捷、更简便的方式进行营销互动。

问题 A:证券行业交易频繁,客户数量众多,难以便捷及时地将各项交易信息传递给客户,影响客户满意度。

问题 B:企业呼叫中心话务量大,接通率不高、通信成本高。

问题 C:面对市场竞争的日益激烈,需要进一步提升证券服务企业形象、服务水平以及降低通信成本。

解决方案:

证券行业在传递信息时多采用设立呼叫中心系统或者客户经理等方式,这些方式在交易活动中不能及时、迅速地把信息传递给客户,同时客户拨入的难度不断加大,无法为客户提供准确及时的信息,从而造成了服务质量较低的现象,影响了企业的形象。短信方式的使用可以极大地满足业务活动的需要。证券公司可以通过短信实现证券企业与客户之间的营销互动,不仅成本低,而且方便及时;还可以利用短信根据不同行业发布信息,向客户发布产品信息、市场点评等公告信息。利用短信的方式对股票价格、大盘走势等信息及时快速地发送到用户的手机上,并利用公司优势资源,对客户提供股票推荐、信息提醒等增值服务,不断提高服务质量,满足客户的个性需求,使客户的满意度和企业的形象不断提高。

运用短信营销平台的价值：

(1) 减少了企业的运营成本,保证业务数据安全。

短信系统的使用,直接对接业务应用系统,不用再进行平台的开发或嵌入,减少了开发费用,同时操作的便捷性使企业轻松拥有通信平台;同时接入方式——数据库对接,保证了业务资料的绝对安全。

(2) 提高了工作效率,保证了信息的实时、迅速共享。

短信的迅速快捷符合证券行业对信息的要求,同时对大量数据的处理能力能够满足行业业务活动的需要,在信息迅速共享的同时,大大提高了工作效率。

(3) 提升服务质量,促进业务飞速发展。

使用短信的方式为客户提供主动式的服务,与客户建立双向互动,及时了解客户的关注方向,提供贴身服务,从而不断提高服务质量,促进业务的发展。

（资料来源:群英 qycn. com 作者 QY002　2011－09－06）

随着经济的不断发展和营销手段的不断更新,短信营销已经成为一种新的营销模式。作为"第五媒体",手机短信平台以其速度快、效率高、成本低、高精确、受众广等无可比拟的优点受到金融企业的关注。

14.2.1　客户选择

客户的选择,实际上就是产品定位与市场细分相结合的一个体现。业务产品适用于什么场合、什么人群,短信的宣传就应该针对什么人群。这样,一方面可以在最短的时间内将适用的产品推荐到适用的人群中去,力争在最短的时间内取得经济效益;另一方面,也尽量避免用广告短信去骚扰那些不需要这些产品及服务的人群,引起客户的反感。比如证券公司可以按照资金量、风险偏好等因素将客户加以细分,向不同的客户进行不同业务的宣传。

14.2.2　短信的内容

短信的内容直接影响到用户的响应率,可以毫不夸张的说,它是短信营销成败的关键。以最普遍的短信而言,70个字符(不分中、西字符集)中,首先要吸引客户的主意,第二要把所要传递的信息表达清楚,第三要挑动客户的消费欲望,最后还要留下落款,可谓字字玑珠。因此,短信内容必须有效地组织语言,短小精悍、风趣活泼的语言会留下更好的印象。

例:某新产品上市的促销短信

特大喜讯:应广大客户要求,中国平安集团成立以来首次推出"年年有领取、岁岁有分红、身价有保障、本金能返还"的一款新产品,现正抢购中,详询××××××××。

美元超发引发全球通胀,面对着辛苦赚来的财富日益缩水,博时回报基金业绩比较基准一年定期存款＋3%,将为您肩负抗击通胀、保卫财富的重任。相信博时,赢得回报。详询×××××××,投资需谨慎。

当客户的手机里充满着营销短信时,个性化的营销短信更能脱颖而出。为某一客户单独发的短信更能体现对客户的尊重,更能吸引客户阅读,也更能让客户记住。个性化的短信不仅仅是一个个性化的称呼,有时像祝福词等内容也要量身打造,在一定程度上会增加金融企业的成本。

14.2.3 时间选择

发短信也要注意时间的选择,掌握不好时间,也会让客户厌烦。要避开客户的工作高潮时段和休息时段,发手机短信的最好时间应是上午的十点半到十二点,下午的三点半到六点,晚上,七点到九点,这些时间一般的时候,人们比较容易接受你的短信。一般周六晚上和周日,没有特别的预约不要发短信给客户。

14.2.4 频率选择

短信营销并不是频率越高效果越好,频率过高反而会引起客户的不满,不利于客户对产品的接受。对于同一内容的短信,最多发送两次。而对于同一企业发出的不同内容的短信,则视性质而定。如果是客户需要的重要信息,可以根据信息更新的频率来定。比如,证券公司可以每天向客户发送行情信息。但如果是业务宣传的信息,频率不宜过高,但频率过低又起不到必要的刺激作用。从金融产品的性质来看,由于单次消费金额较大,客户的消费频率不可能太高,因此,此类短信的发送频率也不宜太高。另外,可以在客户有较大收入时,向客户推荐。比如说,发奖金时,或者其他金融产品到期时。但前提是,要有一定渠道的信息来源。

14.2.5 灵活地使用短信营销

在金融行业,除了使用短信营销进行新产品促销职位之外,还可以用来进行多种形式的客户服务,实现无线移动式、低成本、高效、大规模的客户管理。

(1)账户信息短信通知,企业用户资金汇入、划出通知,银行卡用户信息通知。

(2)定时发送股市期货市场的开盘、收盘信息,新股认购信息,专家点评、个股推荐。

(3)提供影响市场行情的信息短信快递。

(4)代理人通知、客户付款通知、保险政策查询、开发潜在客户。

(5)续保通知、新险种通知、节日问候、实时接受客户咨询和建议。

(6)还款催缴。

短信营销还可以和其他营销方式结合起来使用。比如,用短信营销进行试探,看客户对某种产品有没有需求,然后再进行电话营销或者面谈。再如,在用其他方式营销成功后,用短信进行售后服务以及客户维护。

14.3 博客营销技巧

如今,微博的影响力越来越大,就连一向严肃的金融行业,都纷纷加入了微博营销的行列,博客营销成为金融业新的营销方式。目前,大型国有银行、股份制银行、地方性商业银行、证券公司、基金公司都建立了自己的微博,在微博上和目标客户互动,了解他们的需求,赢得追随者,提升自己的品牌影响力。

14.3.1 选择博客平台

一般想打造一个免费的博客,首先要选择大型的博客比较好,像这样的博客网站都是浏览量非常大的,在这里开通博客自然能让你事半功倍。金融企业不约而同地选择了新浪微博,可见微博平台的重要性。有些金融企业在不同的微博平台上都建立了微博,但效果是截然不同的。

14.3.2　精心组织博客内容

博客是利用博主的知识、资源传播商品信息的营销活动。要吸引足够的追随者,一定要做到定位准确,乐于帮助别人解决问题,善于分享资源,甚至用有趣的图文博得眼球。在这个过程中传播少量的产品信息,才能使微博营销达到一定的效果。据调查,仅仅在微博上发布产品信息的博客并不能收到很好的效果。金融企业为了聚集人气,想出很多办法,甚至在博客上颠覆了传统的严肃形象,如解答专业问题,发表热点财经新闻、旅游信息、搞笑图片等,发起抽奖活动、公益活动,在互动时采用时下流行的"咆哮体"等。有些金融企业还在博客内部划分了板块,以便有针对性地解决博友的问题。

14.3.3　重视互动

博客的魅力之一,就是互动性强,维护博客群体,需要经常博友回复。或者是听取一些他们的意见。如银行的博客可以解答博友的关于金融产品的疑问,了解他们的需求。必要的时候也可以在博客中组织一些有益的活动,带动他们的积极性。比如鹏华基金曾在微博上发起转发抽奖活动。互动甚至可以延伸到线下。

14.3.4　定期更新

博客需要经常更新。定期更新是留住和吸引博客粉丝的最佳方法,从而得到更多的访问浏览量。定期更新还有利于搜索引擎优化,使更多的粉丝更容易找到,从而进一步提高访问量。

14.4　网络即时通信工具营销技巧

即时通信工具是通过即时通信技术来实现在线聊天、交流的软件,目前中国最流行的有QQ、MSN等,而国外主要使用ICQ、MSN。它可以通过即时通信功能,知道好友是否正在线上,与他们即时通信。在传递信息比传送电子邮件所需时间更短,而且比拨电话更方便,无疑是网络年代最方便的通信方式。通过"群"功能,即时通信工具还允许多人使用网路即时通信。可以传递的信息包括文字、图片、各种格式的文件。还可以进行语音与视频交流。作为和客户交流的工具,即时通信工具在商界也得到了广泛的运用,金融企业可以用它来进行客户联络、客户服务等多方面的用途。

14.4.1　完整设置

要想取得好的营销效果,完整的设置是必不可少的,它代表着个人和企业的形象。头像一定要正规,要给人一种信任的感觉,而且还可以打造个人品牌和知名度,对以后的其他推广也是相当有益的。资料要尽可能详细和完善,这样做的目的是让别人更多地了解自己,从而取得别人信任。

14.4.2　寻找客户

利用即时通信工具营销,首先要确定营销对象。根据陌生人的注册信息来寻找自己的客户,一个快捷的方法就是通过群去定位人。如果是公司客户,则可以通过一些网站的行业分类来进行查找。以基金公司为例,找群的方式有:一是通过搜索引擎进行关键词搜索,比如以"基金交流群"作为搜索关键词。二是利用即时通信工具的查找功能,按照条件进行搜索。三是建立自己的基金交流群,放在网站、博客、论坛让别人加入。

14.4.3　有技巧地沟通

即时聊天在沟通方面一定要有技巧,不要让客户产生反感,否则很有可能会失去一大批客户,因为转介绍和转负面宣传很厉害。在其他管理员管理的群进行聊天,若直接发布广告,或发表其他缺乏技巧性的言论,有时会让群主"踢"出群。因此,沟通时一定要注意技巧。先用生动有趣的语言或图片或者真诚的专业化的帮助与好友或者群内成员打成一片,然后技巧性地传递产品信息。让别人在接受你的同时,接受你的产品。对于老客户而言,即时通信工具也是一种客户关系维护的工具。要想保持长期的关系,必须满足客户的需求。

给客户发送的内容可以是节假日、客户生日的问候和祝福,客户需要的新品上市的信息,有价值的资讯,富有生趣又能传递企业信息的图片和一些耐人寻味的小故事。

实训:

多种网络营销手段的综合运用

实训项目:电子邮件营销和博客营销。

实训目的:能够通过实训综合掌握运用多种网络营销工具的手段,使营销手段多样化,效果更明显。

实训要求:①针对特定的金融产品,从 EDM 营销目标、EDM 方案设计和优化、发送频率、邮件回复等方面设计一套电子邮件营销方案。②针对特定的金融产品,从客户选择、短信的内容、时间选择、频率选择等方面设计一套短信营销方案。③针对特定的金融产品,从博客平台的选择、博客内容的组织、博客的管理等方面设计一套博客营销方案。

建议:可以把学生分成 6 人左右小组,每个小组撰写一套方案。方案可以涉及到以上三类。方案完成后,每个小组派代表汇报,接受其他同学的提问。

任务十五　销售礼仪

【知识目标】

掌握销售面谈和电话销售的步骤和基本礼仪的要求。

【能力目标】

充分认识礼仪的重要性,能进行销售面谈、电话销售的策划、准备和实施。

【素质目标】
能在各种销售场合技巧性地运用礼仪。

【引导案例】
一位保险销售员去一家公司拜访那里的一位女总裁。由于在预约电话里听说了他所要销售的保险产品很吸引人,女总裁接待了他。小伙子进来以后,径直走向女总裁,伸手与女总裁握手,未等女总裁招呼,就在沙发上坐下,并从包里翻出一堆资料,放在桌上。在里面找了半天,才找到需要的资料,拿给女总裁看。女总裁原先对产品的兴趣一扫而空,婉拒了小伙子。事后她对别人说:"男士向女士、地位低者向地位高者先伸手,未经招呼就落座,没有条理的资料,都说明了这个小伙子不懂得起码的礼仪。很难相信一个连起码的礼仪都不懂的人具有很强的专业性,也很难相信他所代表的公司能够提供良好的产品。"一笔本来很有希望达成的交易由于礼仪欠妥而落空了。

礼仪不但是社交场合的一种"通行证",而且还是体现修养水平和业务素质的一种标志。礼仪有多种表现形式,不同的场合,不同的对象,有不同的礼节和仪式要求,在各种销售场合,懂得各种礼仪并将它们恰当地运用到工作中去,不仅可以展现营销人员良好的形象,还可以加强信任,提高销售的成功率。

15.1　销售面谈礼仪

销售面谈是营销人员直接面对客户,用语言、表情、肢体语言、展业工具等手段全方位影响客户的手段。和其他销售方法相比,对客户的影响力更大。在面谈中注重礼仪,可以展现营销人员个人及公司的形象,体现专业性,表达对客户的尊重,赢得客户的信任,从而为达成交易打下良好的基础。

15.1.1　准备

1. 预约

因为面谈预约在面谈环节中必不可少,当有必要去拜访别人时,必须要考虑客户是否方便,为此一定要提前口头、书面或电话通知对方。

2. 着装准备

为了给客户留下良好的第一印象,营销人员要对外表进行适当的修饰。要选择适当的着装。适当的着装不仅能体现营销人员的个人形象,也可以展示品牌形象和企业形象。最好是穿公司统一服装。女性还可以适当地化妆。

3. 客户信息了解

在面谈之前要努力收集到顾客资料,尽可能了解顾客的情况,并把所得到的信息加以整理,装入脑中,当作资料。可以向别人请教,也可以参考有关资料。不仅仅要获得顾客的基本情况,如对方的性格、教育背景、生活水准、兴趣爱好、社交范围、习惯嗜好等等以及和他要好的朋友的姓名等,还要了解对方近况,如乔迁新居、结婚、喜得贵子、子女考大学,或者工作紧张、经济紧张、充满压力、失眠、身体欠佳等。如果是公司客户的话,要尽可能地了解公司的经营状况,如品牌、产品、经营模式、管理方式等。总之,了解得越多,就越容易确定一种最佳的方式来与客户谈话。

4. 工具准备

"工欲善其事,必先利其器"一套完整的推销工具是营销人员绝对不可缺少的战斗武器。推销工具包括产品说明书、企业宣传资料、名片、计算器、笔记本、钢笔、价格表、宣传品等。凡是能促进销售的资料,推销人员都要带上。营销人员借助于这些工具,可以更加直观地向客户展现产品。调查表明,营销人员在拜访顾客时,利用推销工具,可以有效地降低劳动成本,提高成功率。此外,对于这些工具的内容、摆放位置营销人员一定要非常熟悉,这样使用起来才能驾驭自如,展现营销人员的专业形象。

5. 礼物准备

为了拉近和客户的距离,拜访客户时可以带些礼物,如送给客户一些印有公司介绍、标志的笔记本、台历等,它能让客户一看见这些东西就想起你。

15.1.2　登门

1. 要守时守约

一般来说,推销员若与顾客约定了拜访时间,就一定要严格遵守,如期而至,不要迟到,更不能无故失约。如果有紧急的事情,或者遇到了交通阻塞,立刻通知你要见的人。如果打不了电话,请别人替你通知一下。如果是对方要晚点到,你要充分利用剩余的时间。例如,坐在一个离约会地点不远的地方,整理一下文件。

2. 敲门

要用食指敲门,力度适中,间隔有序敲三下,等待回音。如无应声,可再稍加力度,再敲三下,如有应声,再侧身隐立于右门框一侧,待门开时再向前迈半步,与主人相对,经允许后进屋。

3. 入座

进屋后,不经对方邀请不能随便坐下。如果主人是年长者或上级,主人不坐,自己不能先坐。主人让座之后,要口称"谢谢",然后采用适当的坐姿坐下。主人递上烟茶要双手接过并表示谢意。如果主人没有吸烟的习惯,要克制自己的烟瘾,尽量不吸,以示对主人习惯的尊重。主人献上果品,要等年长者或其他客人动手后,自己再取用。

4. 称呼

选择正确、适当的称呼,反映着自身的教养、对客户的尊敬,也是良好沟通的开始。正式场合中的称呼有以下几种:①行政职务如"王总"、"吴书记";②技术职称如"李教授";③泛尊称如"先生"、"小姐"。

5. 握手

一般在见面和离别时握手。如果带着手套,应摘下手套,以示尊重对方。一般应站着握手,以示敬意。握手时,应伸出右手,掌心向左,虎口向上,稍稍用力即可,如果男士和女士握手,则男士应轻轻握住女士的手指部分。时间1秒钟~3秒钟。一般来说,妇女、长者、上级应先伸手,对方伸了手,另一方也应伸出手来握。见面时对方不伸手,则应向对方点头或鞠躬以示敬意。同时问候对方"您好"、"见到您很高兴"等。握手时表情应自然、面带微笑,眼睛注视对方。

6. 递名片

一般递名片的顺序应是地位低的先把名片交给地位高的,年轻的先把名片交给年长的。对方递名片时,应该大方收下,然后再拿出自己的名片来回报。

递交名片时,要用双手的食指和拇指分别夹住名片的左右端,双目注视对方,面带笑容,并可欠一下身。接受名片时,要认真仔细地拿着看一看,并小声念出名片上的名字加职务。接到名片后,还要对对方表示谢意,然后很郑重地把名片放入名片夹内,或放进上衣口袋,切忌将名片扔在桌上,或拿在手上摆弄玩耍。向别人索要名片时,应以请求的口气说:"假如您方便的话,可否留下名片,以便今后联系。"也可含蓄地向对方询问单位、地址、电话等,如果对方带有名片,就会较自然地送上。

15.1.3 面谈

1. 语言

面谈时,语言要客气,多使用敬语、谦语和雅语。语气要缓和,态度要诚恳。避免直接否定客户的观点、和客户争论。注意观察客户的举止表情,适可而止。当客户有不耐烦或有心不在焉的表现时,应转换话题或口气。

敬语:如初次见面称"久仰",很久不见称"久违",请人批评称"请教",请人原谅称"包涵",麻烦别人称"打扰",托人办事称"拜托",赞人见解称"高见"等。

谦语:如称自己为"愚","家严、家慈、家兄、家嫂"等。

雅语:如"请用茶"、"请慢用"。

2. 眼神

眼神是推销人员在交谈中调节与客户心理距离的手段。交谈中,恳切、坦然、友好、坚定、宽容的眼神,会给人亲近、信任、受尊敬的感觉,而轻佻、游离、茫然、阴沉、轻蔑的眼神会使人感到失望,有不受重视的感觉。谈话中要和对方进行双目对视但也不能死死盯住不放,更不要东张西望、左顾右盼。

3. 倾听

认真倾听顾客谈话,是成功秘诀之一。日本"推销之神"原一平说过:"就推销而言,善听比善说更重要。"倾听客户谈话能够赢得客户的好感,成为客户的忠实听众,客户就会把你引以为知己。反之,推销员对顾客谈话心不在焉,或冒昧打断客户谈话,或一味罗罗嗦嗦,不给客户发表意见的机会,就会引起客户反感。营销人员还可以从客户的述说中把握客户的心理,知道顾客需要什么,关心什么,担心什么。推销员了解顾客心理,就会增加说服的针对性。

认真倾听需要技巧。一是要注意神情专注,并时常与顾客交流目光,点头示意或用手势鼓励其说下去,避免呆若木鸡的神情;二是要注意表情应随顾客讲话的情绪变化而变化;三是要有耐心。

4. 置身恰当的位置

据研究,社交距离一般在0.5米~1.5米之间,小于这个距离,会给对方一种压迫感,大于这个距离,又显得没有诚意。如果营销人员和客户同处一室,应把上座让给顾客。有两个扶手的沙发(或椅子)是上座,长沙发(或椅子)是下座;面对大门的是上座,接近门口处的位置是下座;靠墙壁的一方是上座,这在咖啡馆谈生意时尤为注意;在火车上,面对前进方向的是上座。当然,这些区分并不是硬性规定,但若推销员遵守了这些礼节,在一定程度上就表示出了对顾客的尊重和谦让之心。

15.1.4 面谈结束

谈话时间不宜过长。起身告辞时,要向主人表示"打扰"。出门后,回身主动伸手与主人握别,说:"请留步"。待主人留步后,走几步,再回首挥手致意:"再见"。

15.1.5 迎客礼仪

客人来访时,营销人员应主动接待,领客人进入会客厅或者公共接待区,并为其送上饮料,如果是在自己的座位上交谈,应该注意声音不要过大,以免影响周围同事。营销人员在前面领路时,切记始终面带微笑。

在公司内不同场所领路时,应该留意以下重点:①走廊。应走在客户前面两三步的地方。让客人走在走廊中间,转弯时先提醒客人:"请往这边走。"②楼梯。先说要去哪一层楼,上楼时让客人走在前面,一方面是确认客人的安全,一方面也表示谦卑,不要站得比客人高。③电梯。必须主导客人上、下电梯。首先必须先按电梯按钮,如果只有一个客人,可以以手压住打开的门,让客人先进,如果人数很多,则应该先进电梯,按住开关,先招呼客人,再让公司的人上电梯。出电梯时刚好相反,按住开关客人先出电梯,自己才走出电梯。

15.1.6 送客礼仪

如客户提出告辞时,推销人员要等客人起身后再站起来相送,切忌没等客人起身,自己先于客人起立相送,这是很不礼貌的。"出迎三步,身送七步"是迎送宾客最基本的礼仪。因此,每次见面结束,都要以将"再次见面"的心情来恭送对方回去。通常当客户起身告辞时,营销人员应马上站起来,主动为客户取下衣帽,帮他穿上,与客人握手告别,同时选择最合适的言词送别,如"希望下次再来"等礼貌用语。尤其对初次来访的客人更应热情、周到、细致。当客人带有较多或较重的物品,送客时应帮客人代提重物。与客人在门口、电梯口或汽车旁告别时,要与客人握手,目送客人上车或离开,要以恭敬真诚的态度,笑容可掬地送客,不要急于返回,应鞠躬挥手致意,待客人移出视线后,才可结束送客仪式。

15.2 电话销售礼仪

在电话销售中,客户看不见营销人员的仪表、表情、动作,但是仍然可以从遣词用句、语气、语调中听出营销人员的态度、情绪、服务意识、修养等。因此,在电话营销中,也应该注重礼仪,这有助于和客户之间建立信任。

15.2.1 准备

1. 时间的选择

尽量在客户方便的时候打电话。打通了以后要询问,"现在方便吗?",如果对方不便则约好下次的通话时间。同时也要选择恰当的时机确保自己在通话时不受外界干扰。

2. 姿势准备

打电话前,先润润嗓子,使声音听起来自然、流畅、清晰、柔和、富于感情。身体端坐,切勿趴在桌子上,这样才能使声音听起来富有生气。话筒要尽量贴紧耳朵,将音量调整合适,话筒与嘴角保持一个拳头的距离,不要太近太远,音量适中,音调平稳,勿尖锐或低沉。

3. 情绪准备

调整情绪,保持一个愉悦的心情;拿起话筒以前要把微笑表现在脸上并保持在整个谈话过程中;并在整个通话过程中都应保持平稳的情绪,给对方一个良好的印象。要有和缓的语调,切勿给人以压力感。利用语调可以解除对方原本不愉快的心情,引导对方也能平心静气地与你沟通。注意说话的口气,要让人感觉到诚恳。

4. 资料准备

打电话前要把可能用到的资料放在手边,需要时可以第一时间找到,以免让客户久等。同时准备好记录用的纸和笔,以便在通话时记录下重要的信息,以免下次和客户接触时忘记客户提供过的信息,那样是不礼貌的。可能用到的资料有:①产品资料,如果是较复杂的产品,一旦客户问起可以较快地给予答复。②简单的客户资料。

5. 通话方案准备

把要讲述的内容写在纸上,尽可能把所要传递的信息一次传递,以免多次打扰。尽量言简意赅地达到通话的目的,节省大家的时间。预测通话的时间,让客户有所准备。

15.2.2　开场白

首先说明自己的身份:"您好,我是××公司××部门×××"。然后确认对方身份:"请问您是王先生吗",使用礼貌用语,电话中尽量使用尊称。确认身份后,向对方问候,并对打扰对方表示歉意。如果对方不是要找的人,则礼貌地地请对方把电话递给要找的人。找到客户后,再次确认并问候。

15.2.3　交谈

交谈中,要使用礼貌语言,注意保持热情的态度、缓和的语气和平稳的语调。内容要有次序,简洁、明了,便于对方理解和记忆。对方发表意见时要耐心倾听,并适时地说"嗯"、"对"、"是的"等,表示自己正在耐心倾听;即使对方表现出不耐烦、不礼貌也要保持冷静,用礼貌的态度、缓和的语调促使对方冷静下来。控制通话时间,不宜过长,如果通话时间过长要向对方表示歉意。通话时,如果发生掉线、中断等情况,应由打电话方重新拨打,并表明中断原因。

15.2.4　结束

结束前重复重要信息,并获得对方的确认:"是这样的吗",及时修正所记录的内容,并再一次重复,直到它完整地表现客人的意愿;如果对方提出要求,向对方进行承诺让对方放心:"我会尽快处理。"并约好下一次接触的时间。保证下一次去拜访是在客户方便的时间。然后对客户表示感谢:"谢谢您对我们的信任"、"谢谢您的建议"。最后收线:"愿您周末愉快"、"祝您节日快乐"、"再见"。

15.2.5　挂断电话

让客户先挂断电话,以示对对方的尊敬。

实训:

销 售 礼 仪

实训项目:金融企业营销人员个人礼仪。

实训目的：通过销售礼仪的培训，使得同学们能够在未来的职场上更易被人们所接受。

实训要求：①在本模块任务二的电话销售实训中在准备、开场白、交谈、结束、挂断电话等各环节使用电话礼仪。②在本模块任务二的面谈销售实训中在准备、登门、面谈、结束面谈、迎客、送客等环节中使用面谈礼仪。③如果没有以上实训条件，可以进行电话销售和面谈销售的模拟，在模拟过程中使用电话销售礼仪和销售面谈礼仪。

建议：可以分为6人~10人一大组，其中2人为1小组，相互之间进行模拟。有条件的话，可以将模拟的过程拍摄下来，然后在大组中进行相互点评，这样可以看清自己的优点与不足，同时学习他人的长处。

参 考 文 献

[1] 张志勇 . 金融产品营销的可靠性及其特征[J]. 活力,2010(2).
[2] 肖刚,王正萍 . 浅谈金融产品研发中存在的弊端及改进措施[J]. 哈尔滨中国工商银行软件开发中心,
     哈尔滨中国工商银行黑龙江省分行,2005(04).
[3] 梁宇 . 个人金融产品差异化与商业银行竞争力的作用机制分析[J]. 金融发展与研究,2009(02).
[4] 代咏梅,王健美,王丹 . 浅谈商业银行个人信贷业务的潜在风险[J]. 华章,2009(15).
[5] 刘寒秋 . 浅析商业银行个人信贷业务风险与防范对策[J]. 河南财政税务高等专科学校学报,2010,
     (04).
[6] 茅朝阳 . 我国商业银行个人信贷业务风险管理体系的完善[J]. 金融经济,2010(12).
[7] 刘君义 . 个人信贷业务风险控制浅析[J]. 湖北农村金融研究,2009(06)
[8] 米辉辉 . 商业银行个人信贷风险管理对策研究[J]. 当代经济,2009(02).
[9] 刘森 . 商业银行个人信贷产品的比较分析[J]. 金融管理与研究,2010(08).
[10] 朱建林,罗尔豪 .《个人贷款管理暂行办法》对农信社信贷管理的启示[J]. 中国农村金融,2010(02).
[11] 熊敏 . 商业银行个人基金理财业务的发展策略[J]. 科技情报开发与经济,2007(23).
[12] 邹睿蓉,邹睿娟 . 商业银行个人理财业务现状与对策分析[J]. 现代商贸工业,2009(06).
[13] 吴珏 . 我国商业银行个人金融产品营销策略研究[J]. 全国商情(经济理论研究),2008(03).
[14] 柴青宇 . 我国商业银行市场营销问题与对策研究[J]. 黑龙江金融,2010(12).
[15] 李清华 . 国有股份制商业银行个人信贷业务发展及营销策略研究[J]. 新疆金融,2009(12).
[16] 刘惯超 . 是什么抑制了中国的消费需求[J]. 经济学家,2010(11).
[17] 成昕 . 试述产品生命周期的营销策略管理[J]. 中国集体经济,2008(16).
[18] 肖钊华 . 我国上市商业银行核心竞争力研究[D]. 湖南大学,2010.
[19] 杨萌 . 中国光大银行大连分行交叉销售策略研究[D]. 大连理工大学,2010.
[20] 武皓军 . 我国商业银行全面风险管理体系的建设与优化[D]. 西南财经大学,2010.
[21] 张亮 . 股份制商业银行营销风险评价与对策研究[D]. 吉林大学,2010.
[22] 赵春艳 . 消费信贷与宏观经济关系研究[D]. 吉林大学,2010.
[23] 舒广 . 一种商业银行开放式基金销售系统的设计与实现[D]. 吉林大学,2011.
[24] 张秀 . 某商业银行客户积分管理系统设计[D]. 吉林大学,2011.
[25] 邹颖璐 . 青岛市税收收入能力估算研究[D]. 重庆师范大学,2010.
[26] 王宗秀 . 我国中小股份制商业银行赢利能力分析[D]. 西南财经大学,2010.
[27] 刘冉 . 基于客户需求的商业银行个人理财市场细分研究[D]. 西南财经大学,2011.
[28] 吴镝 . 国内商业银行个人理财业务发展问题研究[D]. 西南财经大学,2011.
[29] 朱茜 . 我国地区性商业银行个人理财业务发展研究[D]. 西南财经大学,2011.
[30] 李聪珊 . 基于 SWOT 分析的城市商业银行跨区域经营的研究[D]. 西南财经大学,2011.
[31] 田明超 . 我国商业银行的理财业务和其发展战略之间的关系研究[D]. 西南财经大学,2009.
[32] 杜欣欣 . 我国商业银行财富管理研究[D]. 山西财经大学,2011.
[33] 王静 . 中国银行人民币理财产品营销策略研究[D]. 兰州大学,2009.
[34] 宋喆 . 中国银行陕西省分行金融衍生产品营销策略研究[D]. 西北大学,2009.

［35］ 贾湘萍．山东农行个人金融业务营销策略研究［D］．天津大学,2009.

［36］ 刘妮．我国商业银行个人理财业务营销策略研究［D］．湖南大学,2008.

［37］ 辛树森．个人金融产品营销［M］．北京:中国金融出版社,2007.

［38］ 赵萍．中国零售银行的理论与实践［M］．北京:中国社会科学出版社,2004.

［39］ 杨明生．商业银行中间业务产品实用手册［M］．北京:中国金融出版社,2002.

［40］ 孙双锐,薛文才.商业银行营销管理［M］．兰州:兰州大学出版社,2001.

［41］ 鼓雷青.银行业市场营销［M］．济南:山东经济出版社,2002.

［42］ 易国洪.商业银行客户经理［M］．重庆:重庆出版社,2003.

［43］ 巴伦一．商业银行客户经理营销技巧60招［M］．武汉:武汉出版社,2004.

［44］ 唐双宁．在防范风险前提下大力推进商业银行中间业务发展［Z］．中国金融,2005.

［45］ 邓儒文．商业银行零售产品［Z］．中国银行国际金融研修院,2004.

［46］ 蒋丽君.金融产品营销.大连:东北财经大学出版社,2009.

［47］ 蒋丽君.金融产品营销实务.大连:东北财经大学出版社,2011.

［48］ 刘行光.销售这样说,客户才会买.北京:新世界出版社,2011.

［49］ 赖丹声.银行营销实战案例.北京:清华大学出版社,2006.

［50］ 蒋先润.销售攻心术.北京:新世界出版社,2009.

［51］ 邵宏彬.销售就用这几招:最受欢迎的销售方式与技巧.北京:新世界出版社,2012.

［52］ 舒冰冰.电话销售 实战案例精选.北京:机械工业出版社,2012.

［53］ 王宏.保险销售人员口才训练.北京:人民邮电出版社,2010.

［54］ 郭晓冰.银行营销实战技巧.北京:清华大学出版社,2006.